改变,从阅读开始

奖励的恶果
Punished by Rewards

〔美〕艾尔菲·科恩／著

冯杨／译

山西出版传媒集团　山西人民出版社

献给爱丽萨

推荐语

艾尔菲·科恩再次粉碎了一条普遍的迷信，他令人信服地展示了使用奖励来控制儿童和成人会产生哪些破坏性的后果。每一位父母、老师和管理者都应该阅读这本书，而且得尽快。

——托马斯·高登，"成功父母培训"
（Parent Effectiveness Training，P. E.T）的创始人

本书以非正统的、偶尔理想化的、革命性的内容，对行为主义大棒加胡萝卜的哲学进行了令人大开眼界的批评，极富于挑战性和启发性。

——《每周出版评论》

艾尔菲·科恩打开了一个新的世界，帮助读者澄清了奖励所引发的严重伤害，有助于用更好的行为来取代那些代价高昂的行为。

——W. 爱德华·德明，管理咨询顾问

本书对一些广为流行的关于如何激励他人的假设提出了清晰而富于竞争力的挑战。《奖励的恶果》一书适用于经理、老师、父母，以及所有依赖大棒加胡萝卜哲学的人们。

——理查德·M. 莱恩，罗切斯特大学心理学教授

科恩指出，……奖励会扼杀人们想要做到最好的欲望，……他对现行激励机制的批评有着大量可信的证据来支持。

——《洛杉矶时报》

非常清晰、充满挑战力和令人满意的一本书。艾尔菲·科恩对奖励产生的有害效果进行了开创性的考察，每位父母和老师都应该人手一册。

——阿黛尔·费伯，
《如何说孩子才会听，怎么听孩子才肯说》一书的合著者

译者序

冯杨

这些年翻译过不少本心理学、教育学和管理学方面的书籍，但这本是最特别的。很多同类的书籍都是根据某种既定的理论或哲学，直接传授你如何做的方法和技巧，而这本书却是直接剑指行动所依据的理论前提，旨在颠覆我们很多人都已经习以为常的一种观念甚至可以说是一种迷信：用奖励（以及惩罚）可以有效地激励和改变人们的行为。

流行行为主义的理论观点在实践中广为运用，其基本套路就是我们常说的胡萝卜加大棒，用胡萝卜（奖励）诱使人们做我们想要做的事情，一旦不成，就用大棒（惩罚）来加以约束和强化。这种做法及其背后的观念早已在人们心里扎根，大多数人都觉得这是理所当然的，在教育和管理领域中，大家也习惯于用这种思维来理解和处理事情。每个抚育孩子的家长，每个教育学生的老师，每个管理员工的经理，只要稍微静下来反省一下，都会发现自己在思维和行动上多多少少有着胡萝卜加大棒的影子。然而，艾尔菲·科恩以其多年的思考、观察和积累，用大量可信的证据证明了胡萝卜和大棒不论在短期还是在长期都引发出很多问题，不论出于什么样的初衷，采用奖励却往往导致惩罚性的、事与愿违的效果。

在翻译这本书的过程中，我常常被作者呈现出来的证据和分析惊讶到，心里也不断受到了大大小小的冲击，很多原来以为很合理甚至压根儿没想过会有什么问题的做法和观念，在一点一点地被撼动被颠覆。回想起自己亲身经历和亲眼见到的家庭教育例子，还有自己身为大学老师十年来教书育人的种种体会和经验，我渐渐明白了很多以前产生过的困惑，这要多谢作者为我提供了一个新的视角。

同时，我也越来越对教育和管理心生敬畏。每个人都是一个独特的生命和个体，要激励人们去做什么或不做什么，奖惩手段并不是全然不能用，关键是要在什么样的信念下和情况下使用。如果像流行的行为主义那样以为只要用"做这个就能得到那个"来激励人们，就可以无往而不利，不仅其结果往往事与愿违，而且其本质上是对人的一种蔑视和不尊重。人性并不是像行为主义所假设的那样主要受外在物质的刺激，人之所以为人，有其独特的内心情感、冲动、信仰、意志、梦想，等等。正如《易经》里面窥视到宇宙万物的运转是"天行健，君子以自强不息"一样，最理想、最持久也最有生命力的驱动永远是来自于自身内在的驱动。外在的物质刺激和奖惩手段，只不过是靠他律来获得短期内的驱动效果，这种短期效果不仅令人质疑，而且从长期而言戕害了人依靠自律去追求梦想、实现自己生命意义的可能性。作为万世师表的孔子一直重视"因材施教"、从情理入手培养人的世界观和人生观，促使人在没有外力刺激的情况下也能"内省"、"慎独"，体现着对人的自律、自强不息的充分尊重。在这一意义上，本书对当今大行其道的行为主义教育管理方法的批判，以及对重视人性丰富多元、重视教育管理的长期性和自律性的呼吁，与中国传统教育观念也是遥相呼应的。实际上，胡萝卜加大棒政策所依据的流行行为主义心理学即使在西方学术界也日渐式微，许多重视人的情感、信仰、内在价值观培养的心理学研究日渐兴起。胡萝卜加大棒之所以仍然盛行，就像本书作者所说的，只不过是因为它简单好用，无需花费教育者和管理者太多时间、精力和心思而已。然而，如果我们确实想要培育出优秀的孩子、学生和员工，就必须破除对流行行为主义做法的迷信，而本书正是这样的一本醍醐之作。

目 录

前 言 001

第一部分　反对奖励的案例

第一章　斯金纳的箱子：行为主义的遗产

鸽子、啮齿动物和狗 / 009
引入强化 / 016
行为主义大受欢迎的背后 / 019

第二章　奖励是对的吗？

为应有的奖惩留出余地 / 025
像对待宠物一样对待人 / 029

第三章　奖励有效吗？

奖励能改变行为吗？ / 042
奖励能改善人们的表现吗？ / 049

第四章　胡萝卜的问题：奖励失败的四大原因

原因一：奖励的恶果 / 057
原因二：奖励破坏人际关系 / 061
原因三：奖励忽视了问题的原因 / 066
原因四：奖励阻止了冒险 / 070

第五章 降低兴趣：奖励失败的第五个原因

老人的计谋 / 076

效果的范围 / 082

奖励降低兴趣的原因 / 084

"但是，如果我们只是……" / 090

损害最小化 / 101

第六章 表扬的问题

"做得好！" vs. 好做法 / 107

依赖表扬 / 111

鼓励性的话语 / 116

担心宠坏孩子 / 124

第二部分 实践中的奖励

第七章 绩效薪酬：为什么行为主义在工作场所不起作用

激励盛行 / 130

激励失败 / 133

激励为什么失败 / 136

钱 / 140

奖励在工作场所的五大问题 / 145

第八章　诱导学习：为什么行为主义在教室里不起作用

学习的动力 / 155

让学生们学习 / 161

更严的控制：特殊教育的案例 / 166

"我做得怎么样？" / 169

第九章　对行为的贿赂：为什么行为主义不能帮助孩子们成为好人

服从的代价 / 175

惩罚孩子 / 180

"后果"的后果 / 185

"如果你表现好的话……" / 189

第三部分　超越奖励

第十章　感谢上帝，今天是星期一：工作中的动力来源

第一步：废除激励 / 200

第二步：重新评估原来的评估体系 / 202

第三步：为真正的动力创造条件 / 205

合　作 / 207

工作内容 / 208

选　择 / 212

第十一章　迷上学习：教室里的动力根源

去除奖励 / 220

我们需要打分吗？ / 222

全优生：一个需要谨慎使用的称呼 / 226

从降低分数的重要性到取消分数 / 228

学习就像探索发现 / 233

又见 3C / 236

合作：共同学习 / 237

内容：值得了解的东西 / 239

选择：教室里的自主权 / 245

第十二章　无需奖励的好小孩

超越控制 / 254

解决问题：回到 3C / 259

关爱孩子 / 265

学校的角色 / 272

选择的机会 / 275

自由度 / 277

选择的障碍 / 280

摆脱奖励 / 283

后　记　285

前　言

我差点没过《心理学导论》这门课。要知道，在上学时候，"心理学"一词意味着"对动物生理和心理行为的实验研究"，我们学生唯一要做的，除了坐着听讲以外，就是训练笼子里的老鼠去按一个小横杆。我们用脆米饼来诱导强化它们，而老鼠们因为被饿得只剩正常体重的80%了，所以为了得到一丁点儿食物几乎愿意做任何事。

我那时总能成功地完成这个任务，但却没太弄明白其中的奥秘。我做了一个有点儿一知半解的叛逆行为（从当时上大二的我来看，这个行为还算可以理解），那就是从老鼠的角度写了一篇实验报告交上去。这篇报告描述了一只老鼠怎样仅凭不断按小横杆，就训练了一名大学生养成不断给它喂早餐的行为。[1]然而老师却并不觉得这篇报告好笑，我说过，我差点儿没过那门课。但这并未阻止我立即为校刊写了一篇恶搞的心理学文章，在文章中我以作者的名义宣称可以100%地避免老鼠按横杆B（这个横杆一按下去就会使笼子上方一个重达300磅的铁砧掉下来），并自豪地指出没有一只老鼠去按过这个横杆第二次。

回想起来，我觉得完全可以说在第一次接触行为主义的时候我就没什么好感，即使这么多年过去也依然如此。后来我搬到剑桥大学——斯金纳学说的大本营时，我决定是时候向他请教一些问题了，这些问题都

---

［1］后来我才知道，几十年前在哥伦比亚大学的报纸上也曾以卡通片的形式开过同样的玩笑（这是有幽默感的行为主义者们最喜欢用的一种方式）。

是我在读他书的时候愤怒地圈划出来的。我邀请他来我的课堂上讲讲，出乎意料的是，他同意了，甚至还对怯生生的学生们提出来的傻问题报以欣然的微笑。

几个月后，我突然想到为一本杂志写一篇斯金纳教授的专访，因而有了两次采访他的机会。在采访中，他耐心地回答了我所有的问题。我发现自己不得不佩服他虽然年事已高、耳聋眼花，但对行为主义依然热情未减。

最终，我摆脱了斯金纳的观点，并对一些广为流行的通过给别人好处来使其做我们想要的事情的行为主义理论，变得越来越担心。例如，我在研究中开始发现大量的证据显示竞争妨碍我们发挥最佳水平，接着很快揭晓，竞争之所以导致如此出人意料的失败，原因之一就是它属于外部驱动力，如果你愿意，你可以把它理解为像引诱老鼠的脆米饼那样。后来，在研究利他主义的问题时，我发现因为孩子的慷慨大方而给予奖赏，反而并不能成功鼓励和培养这一品质。

渐渐地，我意识到我们的社会处于巨大的矛盾之中。我们大声抱怨工作的低效率、学校教育的危机、孩子们的价值观扭曲，然而，我们用于解决这些问题的策略——把诸如激励计划、打分数、给糖果之类的奖励拿出来在人们面前晃悠——恰恰正是引起这些问题的部分原因。我们的社会充斥着忠实的斯金纳主义者，对于如何走出这个不断被我们强化的困境，毫无思考之力。

我回到图书馆，发现了大量记载流行的行为主义观点失败的研究结果，除了少数社会学家，大部分人都不知道这些研究发现。难怪从来没有人为普通大众写一本书，告诉大家在教育学生、管理员工或教导孩子的过程中奖励产生了哪些危害，更不用提对这三方面做一个全面的综合和批判。正因如此，我决定撰写本书，同时我也清醒地意识到，向传统思维提出如此挑战，比从老鼠的角度写一份实验报告更令人不安。

在本书的十二章里，前六章阐明了主要观点。第一章简单回顾了行为主义的传统，社会上广为流行的行为主义观点，以及为什么这些观点被广为接受的原因。第二章评析了奖励是否符合人们的内在需求，首先对奖励合乎道德或逻辑的主张发出挑战，然后提出奖励实际上适得其反。

第三章从哲学思辨转移到实际结果的讨论，通过概括研究证据，表明奖励不仅没有起到促进长期行为改变或提升表现的作用，反而常常使事情变得更糟。接着，在第四和第五章，我解释了为什么情况会如此，提出奖励失败的五个关键原因，这些原因都对奖励造成的实际效果提出了严厉的批评。第六章探讨了我们很少有人会想到要去批评的一种奖励方式：表扬。

本书后半部分讨论了奖励的效果以及其他的替代办法，这涉及我提到过的三个问题：员工的表现、学生的学习、孩子的行为。本书这一部分的安排旨在让那些只对其中一个问题感兴趣的读者不必去读另外两个问题的讨论。第七章和第十章讨论了工作场所的问题，第八章和第十一章讨论了教育的问题，孩子的行为与价值观问题（这既与老师相关也与家长相关）安排在第九章和第十二章。

写作本书既雄心勃勃又充满争议，此刻唯一明智的事情就是把对我的结论进行的指责归功于那些帮助过我的人。我最初是因为特丽莎·艾玛比尔的引介接触到了对奖励的损害作用（尤其是对创造力的损害）的研究。我对如何抚养和教导孩子的看法深受埃里克·夏普斯和玛丽莲·华森的启发。我一直抓住每个机会与他们三位进行交流，我把他们三位都视为我的朋友。

我还数次叨扰了其他一些作者和研究者，挖掘他们的思想，质疑他们的观点，请他们做出回应。尽管他们大部分人都不认识我，但出于某种原因仍然回应了我。我非常感谢里奇·莱恩、巴里·史华兹、约翰·尼克斯、爱德·戴兹、马克·雷普、卡罗尔·阿姆斯以及已故的B·F. 斯金纳（他自然会对这一结果感到震惊）。多年来还有一些朋友敦促我思考这些问题，包括丽萨·莱西、弗雷德·哈普格德、萨拉·沃尼克、艾丽莎·哈利根。

还有很多人花费了时间和精力来阅读本书的初稿并提出批评意见，在此我深深地感谢埃里克·夏普斯、特丽莎·艾玛比尔、艾丽莎·哈里根、菲尔·科曼、约翰·尼克斯、卡罗尔·阿姆斯、爱德·戴兹。尤为感谢三位花时间几乎读完全稿并提出中肯意见的朋友：巴里·史华兹、里奇·莱恩和比尔·格林。比尔已经是第四次为我阅读手稿、提出意见了，这早已超出了一般的职责和友谊。实际上，读者们也应该感谢他，因为他让你们免于阅读我的初稿。

最后，感谢以下几位对我的帮助和支持，他们是：编辑鲁斯·哈普格德、贝西·莱娜，经纪人约翰·威尔，以及众多听过我演讲的观众，他们提出尖锐的问题，迫使我重新思考我对奖励的批评，从而改进我的演讲，并对证据进行再思考。通过他们对我的假设提出的挑战，我获益良多，并希望能够予以回报。

第一部分

反对奖励的案例

第一章　斯金纳的箱子：行为主义的遗产

> 通过把老鼠人格化，美国心理学已经把老鼠的特质赋予了人。
> ——亚瑟·科斯特勒《创造的行为》

有影响力的观点表达得体、颇具说服力，但同时我们也得防范这样的观点掌控自己。当这样的观点在不知不觉中广为接受，以至于成为人们根深蒂固的常识时，我们就得担忧了。如果没有人对这类观点提出异议而且也得不到任何回应，那么我们就已经失控了：不是我们拥有观点，而是观点拥有了我们。

本书所讨论的观点就已经在社会中达到了这样的地位，这个观点就是：激励他人去做某事的最好方法，就是在他人按照我们的意愿行动时给予奖励。学者们已经对此展开了讨论，并将这一观点的源头追溯到行为主义的传统。然而，最让我感兴趣的是，这一教条是如何转化为人们的普遍行为的，它是如何潜伏在我们的集体意识当中并影响了我们的日常行为。

流行行为主义的核心观点是："做这个你就会得到那个。"很少有人去审视这一方法的合理性，人们关心的是他们会得到什么回报，以及在什么情况下这些回报会得到承诺和兑现。我们理所当然地认为这是养育孩子、教导学生、管理员工的合理之道。我们答应一个五岁孩子，如果他在超市里不吵不闹的话就给他买泡泡糖。我们给十几岁的学生打 A 来鼓励她更加努力地学习。我们对销售员许诺，如果他销售掉足够多的公司产品，就可以到夏威夷度假。

无需再多举例就可以说明我们对这样的思维方式和行为方式是多么深信不疑。但我的目标更雄心勃勃，我想证明这种教条存在着基本的错误，它的假设是误导性的，而它引导的实践既在本质上是有害的也在效果上是事与愿违的。接下来的内容尤其是要说明，从纯粹的实用角度来看，流行的行为主义做法往往并未达到预期目标。

进行如此的批判和谴责，并不是说大多数被用作奖励的奖品本身有什么不妥。泡泡糖、钱或者爱与关心，这些本身都没什么问题。奖品本身在有些情况下是无害的，在有些情况下是绝对必要的。我所担心的是把这些奖品当作奖励。把人们想要的或者需要的东西拿来有条件地给予，以此来控制他们的行为，这才是问题所在。换句话说，我们的焦点不在于"那个"（所欲之物），而是"做这个就会得到那个"这种要求。

在这里，我的前提假设是，通过奖励来促使他人的合作，并不像很多人所想的那样是"世界的真实运作"。这不是人性的基本法则，而只是一种思维和说话的方式，一种总结经验并与他人相处的方式。也许它看起来很自然，但实际上它反映的是一种可质疑的意识形态。我相信长期以来我们都是这么做的，不加批判地使用奖励已经使我们付出了惨重的代价，这方面的故事既引人入胜，又令人不安。

鸽子、啮齿动物和狗

在被理论化和系统化之前，奖励早已被人们在实践中运用。著名的行为主义之父约翰·华森说，他 1912 年在哥伦比亚大学开设的一系列讲座开创了行为主义。但是，早在 1898 年，心理学家爱德华·桑代克就提出了类似于"做这个就会得到那个"的效应法则，指出能带来有益结果的行为会得到不断重复。而且，在华森开设讲座的前一年，弗莱德里克·泰勒就出版了有名的《科学管理的原则》一书，描述了如何把工厂里的任务细分，然后按照严格的计划把各部分任务分配给每个工人，并对效率和产出最高的工人予以经济奖励。

更早在一个世纪以前，英国就发明了一套管理学童行为的制度，委派一些学生监督其他学生，那些听话的学生最后可以得到玩具券。[1]

自从动物被驯服以来，人们也一直使用一些基本的刺激手段来驯养动物。

简言之，流行的行为主义做法先于行为主义理论的出现，并为行为主义理论提供了基础，而非相反。不过，简单说明一下这些学术味更浓的理论及其创立人的主要观点，有助于我们理解日常生活中运用的奖励涉及到哪些内容。

通过了《心理学导论》这门课的人都会记得，学习理论有两个主要模式：古典的条件反射论（以巴甫洛夫的狗为代表），以及控制或工具决定论（以斯金纳的实验老鼠为代表）。古典的条件反射论源于这样的观察：罗浮（狗名）闻到肉香时就会自动流口水。把人为刺激和天然刺

---

[1] 这套制度类似于后来用于矫正行为的"代币制"，19 世纪初期最先由纽约市的公立学校采用。后来该制度被彻底废除，因为根据学童受托人的反映，奖励使孩子们"养成了唯利是图的精神"，并"引发了冲突和嫉妒"。

激结合起来，比如一拿出肉就摇铃，罗浮就会把两种刺激联系起来。瞧，最后只要单单摇铃就足以让狗流口水了！[1]

相反，控制决定论关注的是行为之后而非之前的刺激是如何控制行为的。如果行为之后有奖励，对此斯金纳倾向于用"强化"这一术语，那么这个行为就很可能被重复。已经有大量的研究定义和修饰了这一简单原理，并重点关注了如何选择恰当的时间进行奖励以达到最佳效果。但是斯金纳的理论才基本上把我们都熟悉的现象凝练成一句简单的科学原理："做这个你就会得到那个"会使生物体再次重复"这个"的行为。

实际上，每个对此进行过思考的人都会同意，这两种原理都可以用来描述学习是如何进行的。能够印证这种原理的熟悉例子也比比皆是。比如，一个人在洗澡的时候听到冲水声会立刻向后跳就是一个活生生的例子，说明一种刺激（卫生间的冲水声）和另外一种刺激（烫水）被联系起来了。人们常见的小孩一听说可以有糖吃就立刻停止哭闹的事实，也说明奖励确实可以影响行为。

本书更多的是讨论第二种学习模式：控制决定型。不过，首先我们会集中讨论一下这种现象背后的信念，以及所隐含的人性假设。斯金纳主义者们不仅热衷于探讨奖励是如何奏效的，而且倾向于证明我们做的每一件事（甚至连我们是谁）都可以通过强化原理来解释。这正是行为主义的本质，也是我们探讨的出发点。

斯金纳对啮齿动物和鸽子进行了大量实验，但其大部分论著却是对人的行为进行分析。这个矛盾的事实并不妨碍他，因为对他来说，人和其他物种的区别只是复杂程度不同而已。在行为主义者看来，作为人的

---

[1] 实际上，巴甫洛夫没有着手研究行为的规则。他只是研究了消化系统的生理反应，因为最后他恼火地发现，实验室里的狗在还没有闻到任何肉香的时候就开始流口水了。

你比鸽子更复杂主要是因为你有声带。一个能解释关在斯金纳实验箱子里的鸽子为什么会反复啄盘子的学习理论，同样也能解释你我是如何理解符号系统的。华森在《行为主义》的开篇就指出："人类这种动物与其他动物的区别只在于表现出来的行为类型。"正是这本书促使斯金纳成为了一名心理学家。行为主义者普遍都是这样解释"生物体"是如何学习的。

对我们大多数人来说，人类确实具有独特的能力，这一事实足以对行为主义理论提出严肃的挑战。然而，1990年去世、享年86岁的斯金纳可不是大多数人。读他的著作你就会马上意识到，要想不公平地讽刺此君绝非易事，你也很难用反证法来挑战他的观点。评论家们曾感叹道："即使你对斯金纳挑战成功，也只能得出明显荒谬的结论。"斯金纳不仅不会脸红耳热地撤回自己的观点，而且还会乐呵呵地点头称是："这就对了。"例如，他坚持认为，生物体（别忘了，也包括我们）只不过是"行为的集合体"，而这些行为完全都可以通过他称之为"环境因素"的外力加以解释。"一个人不是行为自发者，而是场所，是众多遗传因素和环境条件聚合起来共同起作用的一个点。"那么，这是不是在暗示并不存在我们通常所说的"自己"呢？是的，的确如此，斯金纳回答道。

但是，弗莱德·斯金纳这个人，不是作为科学家，而是作为也吃早餐、也讲笑话、有时也会孤独的一个人，"他"当然也是个"自己"。但令人吃惊又辛酸的是，他竟然对此否认。在斯金纳自传的结尾部分，他写道：

> 有时别人问我，"你认为你自己也是你研究的那种生物体吗？"答案是肯定的。据我所知，我在任何时候的行为都只是遗传天赋、个人历史和当时环境的产物……如果我对人类行为的看法是

正确的话，我就已经写出了一个不存在者的自传。

确实，整本自传的四百多页都让你觉得是另一个不怎么在乎斯金纳的人在讲故事。（他母亲的过世被叙述得平平淡淡，而抚育两个女儿的过程也被描述得像是泰勒的效率研究案例。）这种离奇的超脱感弥漫他的一生，斯金纳曾经说道："我有一种奇怪的感觉，好像我不曾写过这本书……它似乎就是我的行为自然产生出来的，而不是来自那个内心深处的'我'。"[1]

一旦打发了"自己"，就可以轻而易举地去除掉我们珍惜的人类特征，比如创造力、爱、道德和自由。毕竟，谈话只是"语言行为"，而思考只是沉默的谈话。于是，创造力很容易就被降级为一系列环境影响下的奇异行为。斯金纳说（或者语言行为）道：

> 贝多芬在年轻时就掌握了所有的音乐，后来因为经历的一些偶然事件和变化，导致他注入新的因素从而形成美妙的音乐。于是，他不断这么做，他之所以创作是因为他受到了激励创作的高度强化……

那么，爱呢？打起精神来看看吧。当两个人相遇时，

> 甲对乙好，促使乙也对甲好，甚至可能使乙表现得更好。这样来回反馈，直至双方都达到彼此善待、不相伤害的程度。我想这就是通常所说的"坠入爱河"吧。

---

[1] 这一评论和后面其他未标明引用出处的评论均来自我于1983和1984年对斯金纳的专访。

至于道德，对斯金纳和其他行为主义者来说，从来不存在固有的对错之分，而是归结为社会认为某个行为恰当与否的问题，而不是对某事的好坏进行价值判断，其实是根据强化的效果来进行分类……只有好事才得到积极的强化，坏事则得到消极的强化……"你应该说真话"可以解释为"如果你能从同伴的赞赏得到强化，你就会被强化到愿意说真话。"

哲学家们把"好"这个词区分为非道德意义的用法（比如"最好在垃圾袋装得太满之前就把它提出去"）和道德意义上的用法（比如"讲真话最好"）。斯金纳完全消除了后者的用法，而把它归并到前者名下。

斯金纳关于自由的看法更为人所熟知，因为根据他1971年出版的畅销书的题目就可知道，"自由"是行为主义帮助我们超越边界的两大概念之一。几年前，斯金纳接受我的邀请来到我教授的班级做一次讲座。就在他的发言即将结束时，我忍不住调侃了一下，"当然，我们要感谢各种环境因素使您今天大驾光临"。他没有大笑，而是礼貌地微笑着说，"我很高兴这些环境因素发生了"。

斯金纳相信他"选择"了来到我班，而我们所有人也"选择"了自己的行为，就像雪崩时一块岩石决定自己落在哪儿一样。但是这样一来，一个自由选择的自己对一开始就否定了"自己"的行为主义来说就没什么意义了。如果我们胆敢坚持说"打算"做某事，那就要么是因为我们能够从掌控自己这个想法中得到慰藉，要么是我们出于个人或集体的无知而并不知晓究竟是什么在决定我们的行为。"自由"只是一个词汇，指代某种尚待学习的东西，我们用它来指称一系列科学尚未探明其原因的、范围日渐缩小的现象。

现在，我们理解到了行为主义的关键本质：它出于对科学（尤其是那种界定狭隘、从来没有赶上现代物理学发展的科学）的绝对信仰，来分析我们需要知道的每件事情。一些哲学家将此描述为"科学主义"，其假设是所有可靠的知识都是科学知识。分析人类和分析"化合物或植物的生长方式"一样，华森说道。如果人类的某些部分还是科学所不能解释的，那是最糟糕不过的了。凡是不可观察的、不可测验的、不可量化的东西要么不值得研究，要么根本不存在。谈论意识的心理学家只会令华森想起迷信和巫术盛行的古代。如果斯金纳和华森有什么不同的话，那就是斯金纳更加坚定地强调这些观点。

把心理学效法于自然科学的后果就是：心理学的研究对象（我们人）被降格到了与物理学和化学研究对象（物）一样的地位。当我们试图解释"物"时，我们倾向于寻找成因。但当我们解释人类行为的时候，我们谈论的是理由，此时起作用的是有意识的决定，而不是在外力下产生的自动反应。自由只是一种幻觉。记住，不存在自由的"自己"，因为我们只是行为的产生物。这就是赋予行为主义名称的信念。

不仅是学院派的行为主义者相信只有可以衡量的行为才是真的。几年前，一个研究院邀请一群商务人员吃饭，以便让他们填写她新设计的心理问卷。其中一个人，抽着饭前的第三根烟，对工作场所的"信任感"这个问题相当不屑。他说除了字面上的意思以外，实在不明白"信任"这个词是什么意思。过一会儿他又大声反对另外一个问题，该问题问道"如果尽了最大的努力，是不是可以接受失败的结果"。他宣称这是一个矛盾的表述，虽然结果是可测量的，并且用失败来进行判定，但从定义上来说努力却是不能量化的。事实上，如果不能量化，它就不可能是真的。

这个观点彻底地反映了美国人的感知力。不论是行为主义成为这个国家对心理学的主要贡献，还是美国本土诞生的唯一哲学思潮是实用主义，这些都不是偶然的。我们是一个重行动轻思考、重实践轻理论的民族，我们怀疑知识分子，对技术顶礼膜拜，关注的是底线。我们用数字来定义自己，比如能拿回家多少钱，胆固醇有多高，百分点是多少（你的婴儿有多重？），以及标准化的测试分数（你的孩子知道多少？）。相比之下，我们对无形的、非科学的抽象东西，比如幸福感或者学习的内在动机等等，感到十分不自在。

对科学主义进行彻底批判会离题太远，但是有必要明白任何一种实践都是基于某种理论的，不论这种理论是否被明确地辨析出来。根据一项调查，绝大多数老师难以说出或描述他们在课堂上的教学行为是基于哪种学习理论，然而，他们的行为（我们任何人的行为也是如此）都是基于某种假设，哪怕这些假设是看不见的。一个听话保持安静的一年级孩子可以得到彩色恐龙贴纸，这种做法是有理论依据的，它蕴含了关于知识的本质、选择的可能性以及人性的诸多不同的假设。一旦把行为主义的前提假设赤裸裸地揭示出来，就使我们感到不安，那也许就意味着我们应该进一步去质疑基于这些假设的具体做法。

那么，把行为主义的所有观点都归结于华森和斯金纳，是不是有失公允？既对也不对。他们在某些方面的确比后来的研究者和治疗者更极端，比如对内心生活的看法。感觉、态度和动机在他们看来都是值得怀疑的，因为它们在解释人们的行为时无济于事，完全受外部因素的影响，和他们心目中的心理学没多大关系。在很多学术活动中，开拓者们大多刚愎自用、固执己见，只有等到下一代的研究者们才可以修正、改进理论并融合吸收其他理论的有用成分。在某种程度上，虽然斯金纳固步自封，但行为主义的确有所进展。早在他去世之前，斯金纳就一直回避着行为治疗的理论。（在他去世前一晚完成的最后一篇论文中，斯金纳还重申"行为的科学分析是无法解释心理或自我的"。）

虽说更加谨慎且低调的行为主义者们磨平了斯金纳心理学的棱角，但是他们传承的传统与我所描述的在根本上是一致的，至少在最重要的问题上是如此。他们也许会关注这样的发现，比如人们也可以通过观察他人而获得激励，或者态度和行为一样也可以得到强化，但是这些都算不上是对我们前面描述的斯金纳思想的决定性背离。

更重要的是，我们可以与斯金纳分道扬镳，并开始反思当代职场中的绩效薪酬策略，或者每当孩子顺从了父母的要求就在表格上贴一颗星星的做法。再次重申，本书旨在批判这些流行的行为主义做法，而不是批判斯金纳。一旦我们去认真反思"做这个就能得到那个"的内在含义，就有充分的理由感到担忧。

引入强化

可能是为了取得戏剧性的效果，一些社会评论家习惯于夸大他们所批评的观念或行为的流行程度。本书无此必要，因为我们难以想象还能把随处可见的流行行为主义夸大到何种程度。不论我们持何种政治信仰或者处于哪个社会阶层，不论是《财富》杂志前500强的CEO，还是教育学前儿童的老师，我们都深深地浸透在这一教条当中。拿苹果派来奖励别人现在已经成为相当美国化的做派了。

为了鼓励学生学习，我们拿出贴纸、五角星、证书、奖状、上流社会的成员资格，当然最重要的是分数。假如孩子考试考得好，有些家长会奖励自行车、小汽车或者现金，实际上，这无异于拿奖励来换成绩。教育界尤其具有丰富的想象力来发明各种新版本的奖励。例如，在乔治亚州的一所高中，平均成绩是A的学生就会得到金色的身份识别卡，平均成绩是B的得到银卡，不合格的则是普通白卡。直到后来有人抗议说这基本上等同于等级制度，这种奖励才被废除。然而，这些反对意见并未阻止全国仍有很多学校使用类似奖励，他们不但颁发颜色有别的身份识别卡，而且还让当地的商人按照学生平均成绩的积分点来提供不同的折扣。

几年前，必胜客披萨连锁店的一位董事决定（让我们假设他完全是出于利他主义的动机），公司应该推出一项赞助计划，以便让孩子们多读书。然而，为了达到这一目标，他们使用的策略竟然是贿赂。参加这个"读书计划"的孩子需要读很多书，他们每读一本书，就可以从老师那里得到一个证书，而这个证书可以兑换一份免费的披萨。这个计划以及其他类似的计划如今依然在美国大行其道。

但是，为什么只停留在拿食品来做奖励的阶段呢？众议员纽特·金里奇称赞了西乔治亚大学向三年级学生每读一本书奖励2美元的做法。"成年人受金钱的鼓舞，孩子们为什么不是这样呢？"他这样说道，显然他已经克服了那些被称作保守派的人们对拿钱摆平问题的反感态度。使用奖励办法也不是某一意识形态的专利。在如何拯救美国教育的讨论中，不论是出自自由民主党还是保守共和党的公共官员和公司老总们（后者已经在这场讨论中被赋予了特权角色），他们提出的各种建议都一律是行为主义式的。政客们可能会对该花多少钱、是否该让公共基金投入到私立学校争论不休，但对用胡萝卜加大棒这种基本方法来调动孩子们的学习积极性，却没有任何人提出异议。以学生的标准化考试成绩为基础，他们许诺给教学成功者加薪，威胁让教学失败者丢掉饭碗儿，他们以为这么做就万事大吉，教育水平也自然提高了。

为了诱导孩子"听话"（也就是照我们的意愿做事），我们也依靠同样的动机理论，实际上，我们只知道这种理论，只不过拿出来的奖品是另外一套玩意儿罢了。在家里，如果孩子听话，我们会让他们多看一会儿电视、多吃一点甜点或者多给一些零花钱。在学校，老师许诺给听话的班级多留些课间休息时间或者举办特殊的派对。在印第安纳州的一所小学，就餐时举止得体的孩子可以得到享用一次盛宴的奖励。在得克萨斯州的一所初中，"优异的表现"（即"老师所赞赏的行为"）使学生得到金卡奖励，持有此卡可以获得电影票、T恤衫或其他奖品。

这样的例子成千上万，而且也不仅仅限于小孩子。无论何时我们想鼓励他人做或者不做某事，比如减肥、戒烟，选择的方法都是行为操控。因此，在《父母必读》一书中有几章严肃地讨论了如何避免孩子的早孕问题，自然地，他们最终还是诉诸于强化手段，并提出只要女孩能够避免再次怀孕，就可以每天得到1美元的奖励。想出这个点子的心理学家争辩说："既然联邦政府通过补贴来让农民不种庄稼，我们为什么不可以用钱来奖励青少年使她们避免早孕呢？"

与此同时，美国的工作场所也不过是个带有停车场的斯金纳箱子罢了。从拿计件工资的工人，到可获得股票奖励的高级企业主管，从享有特权的每月之星优秀员工，到可以提成的销售员，所有的激励都是行为主义在发挥最佳效力。根据最近对不同规模和类型的企业进行的问卷调查，估计有75%到94%的美国企业都采用了某种刺激或奖惩制度，而且很多奖惩方案显然是最近几年才推出的。这些名副其实的公司顾问们每天干的就是设计新的奖金计算方法，或者发明出替代奖金的新奖品来诱使员工，比如假期、宴会、专用停车场或者很酷的车牌，等等。总之，这个单一而简单的动机模型可以无穷无尽地翻新花样。翻开当今的商业书籍也可以反复看到类似断言："凡是能够被量化的东西，都可以生产出来。凡是得到奖励的行为，都会被再次重复。"杂志和期刊出现了更多同样的说法，一篇题为"如果员工干活，就奖励他们"的文章直白地说道："你给的钱越多，他或她干活儿就越卖力。"

所有对当今普遍盛行的流行行为主义的调查，无不提到了各个角斗场（学校、职场和家庭）的一个常见做法，这个做法通常被用来达到各种理想目标（促进学习、提高工作效率、改变人的态度或行为，等等）。我说的这个做法就是表扬，斯金纳把它说成是"调节行为的最合适的工具"。大部分关于如何做父母和控制课堂的书或研讨会，都敦促成年人一旦发现孩子做了好事就要表扬。有一篇文章提醒母亲们"给出再多的表扬都不嫌多"。企业经理也被赐予类似忠告。即便那些对物质奖励过多表示担忧的人，也毫不吝啬溢美之词。这些当然都是同样的行为主义原则的另一种表现而已。人们往往不是在表达赞赏或高兴，而是有意、有条件地作出表扬，以作为操控他人行为的一种策略。（在第六章我还会进一步阐述表扬作为一种有用的积极反馈和作为一种操纵工具之间的区别。）

行为主义大受欢迎的背后

像我们及周围的人经常做的大部分事情一样，使用奖励已经变得非常自然和不可避免。如果有人提出"我们为什么要这么做？"的问题，就会使我们觉得很困惑，也许还有点不安。一般来说，去质疑我们习以为常的东西是个好主意，越是习惯的东西，对它提出的质疑越有价值。

流行的行为主义思想渗透到我们生活的各个方面并非偶然，有很多原因使大众欢迎它。首要的原因之一就是既有的、与之互补的观念体系。我在前面已经提到的实用主义就是其一，尤其是我们喜欢采取可行的办法完成工作而不愿意纠缠于学理的这种倾向。创业者和企业家为代表的整日忙忙碌碌的民族是没有时间去琢磨问题的根源的，与这种美国精神更为吻合的就是这句能带来确定结果的断言：做这个就能得到那个。

对我们想改变的人许以好处，这是我们大家都感觉熟悉自然的方法，因为其他的传统和信仰也基于类似的思维方式。把按表现来奖励的方式与宗教上的救赎、启蒙或因果报应相比较也许有点牵强，因为宗教思想与行为主义的思想完全不同，但是宗教里的如果怎样就怎样的关联法则在行为主义中一样突出。我们所受的教育告诉我们，道德的行为会得到奖励，邪恶的行为会得到惩罚，当然，这未必就在现世中兑现。"你摆设筵席，倒要请那贫穷的、残废的、瘸腿的、瞎眼的，你就有福了！因为他们没有什么可报答的。到义人复活的时候，你要得着报答。"（《路加福音》14:13–14）我们接受的教育还教导说，良好的行为或努力的工作应该得到奖赏，而正如我在后面会讨论的，这个观点促使人们倾向于认同流行的行为主义，不论其后果如何。

讽刺的是，奖励和惩罚不仅是信仰的核心内容，而且是理性的核心思想，这一点在经济选择中尤其突出。理性决策者顾名思义就是追求快乐、回避痛苦的东西。于是，理性就成了人性的核心部分，至少对许多西方思想家来说是这样。近年来很多作者都对这两个步骤推导出来的论点提出挑战，但是由于我们的经济制度已经根深蒂固地嵌入了这些假设，所以流行的行为主义观点听起来倒是很符合直觉。

事实上，行为心理学和正统的经济学理论已经形成了一种相互赞美的格局，它们共同勾勒出一幅残缺的人性画面，然后相得益彰地来分析人类的行为。经济学的教科书通常开篇就赞美行为主义，以为它们关于消费者或厂商的动机假设寻求辩护。相应的，心理学也假设我们在购买电器时权衡利弊的心理活动同样发生在恋爱过程中。此外，两个学科都共同假设：我们所有趋利避害的行为必然且只能取决于我们的自利心。

我们在其他情境下的信仰，从宗教到经济学，有可能为行为主义铺平了道路，使我们易于接受其前提。但是，我们所见和所做的也很关键。我们从小就体会到胡萝卜加大棒的教育方法，我们大部分人都是这么长大的。我们也很容易全盘接受这种理论，并把它传给下一代。很多刚做父母的人都会吃惊地发现，他们嘴里说出的竟是当年他们父母说的那一套，连语调、口气都一模一样。然而，即使是那些想知道自己怎么会说出当年父母所说那一套的人，也未必意识到自己是怎么接受了当年父母抚育孩子那一套方法背后的基本假设。

一些出色的人物，包括教师、公司里的有权人士等，也常常出现流行的行为主义做法。弗莱德里克·赫兹伯格注意到，那些强调奖惩的经理们会"把自己的动力模式灌输给下属，而这些模式渐渐地也就成为新入行者们的通用模板"。更一般地说，如果我们一直看到人们被奖励所操作，不但会渐渐地视之为理所当然，而且还会推演概括为：如果我们能够通过报酬让成人好好工作，那为什么不能通过奖励让孩子好好读书？而小孩子受到奖励时，他们也会受到启示，以为让他人按自己意愿做事的最好办法就是贿赂。

当然，我们自己使用奖励的经验也有助于解释我们为什么会持续这么做。在有限的程度上（本书后面会讨论这个程度是多有限），奖励和惩罚的确有效。在短期内，我们只要让人们觉得划算，就可以让他们做任何事情。比如，如果我给你提供一种奖励，而你又觉得非常划算，那么你就会去做原本没考虑要做的事情。（事实上，孩子们就非常喜欢琢磨：如果做了那些无聊的事，究竟会得到多少报酬。）如果你能否得到奖励不仅取决于你是否按我说的做，而且还要看你是否马上就做、很快做完或者不断去做，那么你就会非常愿意遵从。奖励和惩罚一样，能够有效地让他人顺从。

如果你是一位发现孩子为了得到冰棒就愿意很快叠好被子的家长，你自然会得出奖励果然有效的结论。你甚至会认为，不采取奖励手段就指望孩子听话是不现实的。安·波吉亚诺及其同事的研究表明，美国成年人，包括为人父母的，都坚信奖励手段的妙用。典型的是，人们普遍认为奖励能增加小孩子做功课的兴趣，或者使他们更愿意表现出利他行为。在一次实验中，即使展示了奖赏适得其反的真相，但参加实验的125名大学生仍然坚持认为奖赏是有效的。（我们将看到，一些拥护行为主义理论的心理学研究者，也同样有可能对那些与自己信仰相矛盾的数据置之不理。）

只要注意一下自己的经历，你也会发现，奖励不但有效，而且特别好用。几年前在爱达荷州举办的一次关于行为主义的讲座中，主讲者讲到一半时，听众中的一名教员不禁说出："但是把贴纸作为奖赏太好用了。"绝对如此。如果她恼火地发现学童们在课堂上叽叽喳喳，要反省让孩子们乖乖坐那么长时间是否合理，或者扪心自问是否主要的问题在于自己不喜欢噪音，这都是需要一定的勇气和思考的。要用尊重的口气给那些 6 岁的孩子解释自己为什么要提出这些要求，显然需要耐心和努力。帮助孩子们养成自控能力并且举止得当，也需要才能和时间。然而，仅仅宣布："孩子们，谁安静下来谁就能得到这个"，却是无需勇气、无需思考、无需耐心、无需努力、无需才能和时间就能办得到的。

在办公室里也是如此。优秀的管理就像优秀的教学一样，其本质是要解决问题并帮助人们做到最好，这也需要时间、努力、心思、耐心和才能。但用奖金来引诱员工却不需要这些。在很多工作场所，激励方案替代了管理：工资和表现挂钩，接下来就自然万事大吉了。

换句话说，尽管权威人物可以单方面分发奖励，但他们也必须承认自己无法绝对地控制员工的动力。正如道格拉斯·麦克格雷格所说，"管理层可以权威地提供或停止加薪，但这也只是促使员工更高水平的需求得以满足（或不满足）的条件之一。"在课堂上和家里也是一样，有能力进行控制，这一点自然让我们感到舒服，而所谓奖励和惩罚其实就是一种权力的行使。简言之，最能解释流行的行为主义大受欢迎的原因就是：它是如此简单好用，使我们欲罢不能。

那么，奖励的广泛运用难道不表明它们的确奏效？若它是失败的策略的话，为什么又如此广受青睐？我想，等我解释了奖励究竟怎样以及为什么难以奏效以后，这个问题的答案也就自然浮出水面了。这里我们暂时只从时间角度来回答：奖励的负面影响要在很久以后才会显现，而那时这些后果与奖励的关系也许并不明显，因此，奖励依然大行其道。

可以说，我们很少意识到，虽然别人看起来对奖励有所反应，但我们得不断地提供奖励才能诱导别人做出同样的行为，这一事实本身就暗示了奖励的长期效应（或者无效应）。一打开电脑就猛敲键盘，也许能帮助系统运行，但如果我每天早上都得这么做，我最终会意识到自己并没有真正地处理问题。如果我必须得越敲越猛，我甚至会怀疑自己这种急于求成的做法是不是把问题弄得更糟。

奖励并不带来我们希望的变化，但这里的关键是还产生了其他的问题：**奖励使用得越多，对奖励的需求就越大**。我越是经常许你以好处来做我想要的事，我越使你对这些好处产生反应，甚至使你越指望得到这些好处。在后面的讨论中，我们将会看到，最后你努力做事的其他更真实的理由都不存在了，剩下的仅仅是为了得到报酬。随后，提供奖励就成了习惯，少了奖励就做不成事情。简言之，当今普遍使用奖励，与其说是人性使然，不如说是太早地使用了奖励。这种反馈循环的局面，不管我们是否意识到它，都有助于解释我们为什么在行为主义的泥潭里越陷越深。

在这里，我描述了一种彻头彻尾、不加思考地热衷于使用奖励的文化。行为主义提供了如此简单好用的方法来诱使他人按照我们的想法去做事。这是我们非常熟悉的方法，因为我们就是被这种方法抚育成人、加以管教的，而且它也和我们熟悉的其他制度和信仰体系十分吻合。除了行为主义理论存在的这些令人不安的问题，我们还有哪些理由去否认它呢？接下来我们就来一起讨论。

第二章　奖励是对的吗?

> 行为主义者不仅仅是出于观察者的兴趣来研究人类行为——就像物理学家想控制和操纵自然现象一样,他还想控制人类行为。
>
> ——约翰·华森《行为主义》

> 太神奇了!可以完全控制一个活的生物体!
>
> ——B.F.斯金纳,1983

如果两个人在死刑之类的问题上有分歧,那么他们可能对这个政策本身正确与否与其所能观察到的效果各执一端。比如,反对死刑的人会说,打着正义的旗号把人杀死有点令人作呕,至于有关死刑如何影响犯罪率的证据,却并不被视为与该反对意见有关。

讨论流行的行为主义也是如此。我们要么关注奖励能否达到预期的效果,要么反思使用奖励是正确还是令人不安。有些人相信,给予奖励固有其合理性,人们的所作所为就应该得到回报,而不论可能产生什么后果。[1]其他人则质疑给予奖励这个想法本身。让这些相互对立的观点淹没到众多研究的故纸堆里去（并且和实际发现混为一谈）吧，本章将对它们逐一剖析。

为应有的奖惩留出余地

美国式神话的一个不变部分，就是任何有志之士都会成功，勤奋最终会有回报。因此，失败者只能为自己的失败负责，毕竟，失败就是你没有尽全力的主要证据。这一教条对那些成功人士特别有吸引力，因为这让他们觉得自己的好运是应该的，而且这一念头让他们不必为那些运气欠佳的人感到内疚（或负责）。

人们常说的"公平世界观"的一个思想是：奖品最终会得到公平分配，哪怕这要等到来生才能实现。社会心理学家发现，持有这一观点的人的确有可能认为那些看似无辜的倒霉蛋肯定是做了什么坏事才运气不好。当然，能坦然面对很多无辜者遭灾受难这一事实，就等于承认这个世界并不特别公平。不难想象，这种思维方式会导致什么样的结果：据报道，一群孩子看完一部关于纳粹的电影之后说，"犹太人肯定是做了什么坏事，否则他们不会得到那样的惩罚"。

刚才描述的观念可以概括为：有功之人必会得到奖励。这一观念的立论基础是一个人们广为接受的更基本的前提：有功之人就应该得到奖励。理论上来说，这两个观点可以分开，但在现实中后者驱动前者。很多人认为，至少在关键的问题上，善有善报。毕竟，承认我们的社会

---

[1]我应该指出，这个立场不是斯金纳的立场，也不是其他行为主义者的信条。

（更不用说生活）并非特别公平多少令人沮丧。希望社会是公平的，仅仅这一个愿望就足以让一些人相信一切应当是或终将应当是如何如何。

让我们稍微更仔细地来审视"有功之人就应该得到奖励"这个观念。对很多人来说，这种观念的道德推论就是，无功之人应该得到惩罚而绝不应该得到好处。我们很多人注意到，如果有人相信某件坏事——哪怕是小孩子所为——没有得到应有的惩罚，他们即便不勃然大怒，至少也会感到不安。在本书的后面部分，我们会证明小孩子的不当行为，应当被看作"可以施教的好时机"，或者是该解决的问题，而不该被认为是需要惩戒的犯法行为。我将证明这种方法不但更以理服人、更具人性，而且在培养小孩子责任感的漫长过程中更加有效。然而我见过有些人对这种论点置之不理，有时对恶棍可能不会得到任何惩戒也表现出明显的不安。**后果是惩罚的代名词，惩罚产生的是怨恨而不是责任感**。但是没关系，按照这一观点，重要的是通过惩处作恶者，正义就能得到伸张，宇宙就得以恢复平衡。[1]

"个人责任感"这个完全合理的理想已经在我们的文化中转变成了对宽容的恐惧，这种恐惧不仅仅限于养育孩子的问题，还延伸到对社会松懈的普遍惧怕。不论是太舒适的监狱引起人们的愤怒反应，还是企业基于成就之外的因素对员工进行补偿在人们看来不合时宜，我们都可以看到这种恐惧。如果报酬不是以表现为根据，我们就会被说成是在奖励无能（或懒惰），给他人免费午餐，而展望这样的前景，足以让正在用餐的企业主管们气得发抖。

当然，只要剥去这种苛刻严厉的外衣，论功行赏、依过受罚这种基本思想，也就是社会学家们所说的公平原则，看起来还是自然平常，符合人们的直觉，对人们来说它实际上就是公平的定义。我们甚至很少会

---

[1] 表达这一观点的流行说法就是：犯罪者必须为他所做的一切"付出代价"，这一惯用语表明了我们通常以经济学的术语来构想正义。

去质疑"付出多少决定了得到多少"这种想法。

但是公平原则的价值并不像表面那样不言自明,我们一旦停下来审视它,什么是"应该的"之类的问题马上就会出现。我们的奖励是以付出的努力为依据吗(越卖力就能得到越多的奖赏)?如果卖力工作了但结果失败了又该如何?论功行赏更合理吗(干得好就会得到更多的奖赏)?"干得好"是按照谁的标准来定义?谁促成了成功?优秀往往是合作的结果,即使是个人的成就也通常建立在其他人前期工作的基础之上。如果好多人都出了力,那么究竟谁才"应该得到"奖励呢?

这些问题渐渐让我们认识到公平只是分配资源的一种方式。有可能让每个人都平均分配,也有可能按需分配。不同的环境条件似乎需要不同的标准。没有几个校长会给那些熬夜备课的老师颁发更多的日用必需品,他们看的是每个班级的大小和要求。也没有几个父母是按照孩子对家庭贡献的大小来决定每个孩子应该得到多少食物。虽然政策制定者和道德理论家们为如何分配有限的健康护理资源这一棘手问题而争斗,但没有几个人会自然地认为社会贡献越大的人应该得到更多的照顾。

简言之,就像社会心理学家麦尔文·伦纳所言,公平模式"只适用于有限的、渴望正义的社会交往"。具体地说,它是"无关个人情感的、经济性的关系"所欢迎的模式。然而,认为公平就是要求人们得到所"赚"的,认为市场法则和公平原则一样,的确是一种非常值得怀疑的说法。正如默顿·道奇所警告的那样,"采用适合市场交换的那一套来看待人际关系是危险的,因为它把经济价值观强行加入人际关系,从而加速了人际关系的非人性化"。

我们知道,在很多情况下,除了公平原则以外,其他很多原则也可以合理地得到实施。事实上,其他原则的确也在很多情况下得到实施。假如我们想预测人们会怎样分配资源,最重要的是需要知道与此相关的人际关系属于哪种。在陌生人之间,公平原则很可能是首选,这一点也不奇怪（该原则主要是以参与者从来没有见过面的实验为根据，但就此假设公平原则普遍适用，的确让人觉得可疑）。其他因素也有助于决定采用哪个原则。比如，文化背景就是一个重要因素：在习惯以社区利益而不是个人利益为导向的社会里，人们更有可能会平均分配奖品，而不会考虑干得好的人得的多。女性比男性更可能把这种平等原则作为分配的基础。最后，个人性格不同也会导致差异。想想什么样的人才会坚持按劳分配还是挺有意思的。

爱德华·桑普逊是一位经常撰文谈论美国文化的心理学家。他注意到，我们已经习惯把"公平原则看成是很自然的事，违背这个原则就不自然"。然而，认为人们的所得取决于所做的"与其说是人性的心理法则，倒不如说是一个文化的社会化实践产生的心理结果"。这并不是说不能为做事者应该得到相应回报这个观点辩护，而是表明我们必须论证和维护这个观点，而不是把它看成是理所当然的真理。

至此，我一直把奖励说成是可以分配的资源，在考虑公司年底该如何分红时这可能是适当的，但这并不能准确地描述其他奖品的分配情况，比如说考试分数、小金星或表扬。人们发明了很多好东西来鼓励想要的行为。不过，如果在这里要适用公平模式的话，那么我们就不能以它为基础来决定员工的报酬该是多少。

不久前，我听到密苏里州的一个老师为她给小孩子发贴纸的做法辩解，其根据是孩子们"赚到"了那些贴纸。这话让我觉得她是想转移视线——也许是逃避责任，使别人不去注意她的做法实际上把学习定位为赚取奖品，而不是为了获得真正有价值的东西。一次完美的拼写作业该值多少贴纸？一张？十张？为什么不是一美元或者一百美元？一旦这么做，我们就可以说任何"奖品"都是通过表现（或表现者）赚来的。但是，由于这些奖品并非是必需品，颁发的原则又不一，我们终将会认识到，不仅奖品的大小由老师武断决定，而且颁奖这个决定本身反映的是学习理论而非公平理论。

有的人坚持说奖励人们的行为是有道理的，但有时候，取消奖励可能产生的后果才是真正让他们担心的。比如，一位商务顾问撰文说，他很惊恐地获悉一家公司平均分配红利，他说，"平庸和卓越得到了同样的奖励"。但在后文中，我们发现，他从道德立场（一个人应该为得到的东西付出代价）的批评出发，最后却是展望可能的后果（一个人付出多少就该得到相应的回报），因而变成了另外一种反对。他担心工人会来质问，如果没有实实在在的好处，"为什么还要卖力干活？"当然，这是一个可以解决的问题，我们可以看看驱动人们的具体动力是什么，以及使用（或不使用）奖励的后果会怎样。

像对待宠物一样对待人

正如行为主义者乐于承认的那样，其关于奖励及具体行为调节的理论，大都建立在对老鼠和鸽子的研究基础之上。就像一位评论家说的，其基本假设似乎是"箱子里饿得半死的老鼠只能按横杆才能得到食物，这一实验几乎抓住了所有人类行为的本质"。

但是，并不是只有研究者才做出这一假设。我们把训练家庭宠物的原则和技巧运用到抚养小孩子的时候，也像他们一样实现了巨大的飞跃。我们谈论儿女的方式所反映出的父母与子女的关系，十足是行为主义式的。一个典型的例证就是讨论该如何"操作"亲子关系。稍稍想一下，就会觉得把"操作"这个动词用于与另外一个人之间的关系有点奇怪。同样地，如果对孩子的表现发出由衷的赞叹："乖女儿！"最适当的回应似乎应该是"汪"。至于工作场所或公共政策，我们不假思索地就谈论如何使用"胡萝卜加大棒"。在胡萝卜和大棒这些词逐渐普遍意味着贿赂和威胁之前，我们有没有想过，真正站在胡萝卜和大棒之间的是公驴。

诚然，我们大多数人并不想把自己，或者更确切地说把我们企图诱导的人，比作狗或驴。我们当然知道人类会反思奖励，并对奖励形成复杂的期待和看法，而动物却不能如此。然而"做这个就能得到那个"的理论来自于对其他物种的研究，或者说这种对行为管理的描述更适合动物。

我的看法是，流行的行为主义在本质上是不人道的。我并不只是说我们人像动物一样受到对待和理解，这只是问题的征兆而已。就斯金纳理论而言，人类自身被连根拔起，人被降格为一套行为。很难想象还有什么比去除我们人性的做法更不人道的了。事实上，把我们学习或工作的目的说成是为了得到奖励（这是比斯金纳更偏激的行为主义者持有的观点），这既不准确，也有损人格。

有观察家认为，通过外在刺激来操纵工人，无异于把他们像孩子一样看待。在某种意义上的确如此，但是用这种方式对待所有年龄的人是有问题的。在其他评论家看来，更适当的比喻是我们像训练动物一样训练人。可是这种描述也好不到哪里，因为现在已经证明，假设任何生物体的行为都是取决于或受控于当时的强化，这即使是对鼠类来说也是不准确的。于是，也许正如社会学家威廉·福特·怀特提出的那样，奖励体制最终暗含的是把人比作非生命体。

企业管理似乎也假定工人和机器一样，他们都是被动的，必须由管理人员刺激才能运作。对于机器而言，管理人员打开电源。至于工人，则是钱取代了电。

行为主义把人看成是被动的、需要刺激物这样的外部动力才能激发行为，这种假设已经过时了。虽然一些当代心理学家继续依赖这种假设，越来越多的研究者已经认识到我们天然具有对自身和周围环境的好奇心，我们寻找并克服挑战，尽力掌握技巧并变得熟练，不断达到所学所做的更高、更复杂水平。当然，有人是这样，有人不一定会这样。而在面对威胁和处在恶劣的环境下，我们都可能退回到损失最小化和成本最小化的策略。但是一般说来，我们对环境的作用并不少于环境对我们的作用，而我们并不仅仅是为了得到奖励才这样做。

在心理学领域里，被动生物体的观点和行为主义的影响一起日渐淡出。但是在日常生活中，在工作场所、教室和家里，这种观点仍然广泛存在于流行行为主义的各种做法中。反过来说，我们的日常实践并未能公平地运用人性的内隐理论。当我们不断地用许诺奖励来促使孩子们对行为负责、学生们学习新知识、员工们做好工作，我们都是在假设他们不会自愿这样做。如果对行为负责、热爱知识、做好工作本来就是我们天性的一部分，那么这种相反的假设就可以说是非人道的。[1]

然而，对人性的基本理解并不是唯一的理由来谴责予以奖励（或惩罚）是非人道的。奖励这一行为本身也是一个理由，因为这种行为的核心就是试图操纵他人。虽然在一些环境中，尤其涉及孩子教育的领域，我们很难想象可以消除所有人为操纵的痕迹（我在后面还会进一步讨论这点），但是，如果由一个人控制另一个人这样的观念来主导人际关系模式，那么凡是受此模式困扰的人都必须反思奖励是否像表面那样有益无害。

显然，惩罚更无情、更明显。"做这件事情，否则有你好看的"就是一种明显的控制他人的意图。但是，奖励实际也是"通过引诱而非

---

[1] 我们有时确实看起来是被奖励所驱动，流行行为主义已经创造出了我们对它的依赖，这至少是部分原因。

强迫来控制他人"。归根结底,奖励并不比惩罚少一丝控制性,因为如同惩罚一样,奖励"典型地被用来引诱或迫使别人去做不愿意做的事情"——或者说是控制者认为别人不会主动去做的事情。这就是为什么我们应该认识到,最重要的(或令人不安的)是:为了激励他人,我们真正要选择的不是奖励或者惩罚,而是依赖于操纵或者不依赖于操纵的方法。

在工作场所,我们无法避免"绩效薪酬的基本目标就是操纵"这一事实。一位观察家更直白地把绩效奖励说成是"贬低人格",因为绩效奖励真正传递的信息是:"让大老板高兴,你就能得到相应的奖励。"我们在家里使用的奖励其实传递的是一样的信息,只是家里的"大老板"变成了老爸。

有时候,奖励的操纵性简直是一目了然。我们来看看所谓的代币经济吧,这主要用于类似于精神病院的病人或学校学童这样的专属性、依赖性人群。这个概念显然也是来自对实验室动物的研究,其基本内容是,值班人员如果注意到病人或小孩子的行为"正确",就会发给他们代币或其他筹码,以后他们可以用此兑换各种好处或奖品。即便在这种做法大受欢迎的时候,由于诸多原因,很多人却因此受到了伤害。不过,撇开具体的反对观点,确实没有比发放可以兑换糖果或其他好处的代币,名为奖励他人合作、实则想操纵他人更臭名昭著的例子了。

然而,我们不需要通过批评这种做法才知道这些,代币经济的提倡者已经直言不讳地把这种赤裸裸的操纵原则阐述得令人信服(尽管是无意的)。在学校心理学的一篇文章中,一位提出这种方案的先驱如此写道:"应该反复提醒孩子们,他们之所以学习正是因为各种强化刺激","老师必须时刻牢记他是课堂的管理者。"如果一个孩子悄悄地把老师发给的各种可以兑换奖励的兑换券积攒起来,而不愿意按照老师的刺激去继续赚取新的兑换券,我们就要警觉到,此时控制孩子行为的是"孩子而不是老师"（这明显被认为是非常可怕的事）。学生如果抱怨奖品的发放不公平，老师"可以通过不予理睬或者改变话题来轻而易举地处理"。如果这样的抱怨"得不到强化……那它就会自动泯灭"。

如同威胁只不过是比贿赂更为刺眼的操纵形式，代币经济也只是一种夸大了操纵性的不那么系统的奖品使用而已。这里需要强调的是，在本质上，奖励不是意图影响、说服和完全解决问题，而是操纵。事实上，如果做一项任务就是冲着奖励者开出的条件，"那么这个人最初选择这项任务的行为就是受限的"。

当我们被别人控制而不是控制别人时，奖励的这个特点更容易理解。正因如此，我们非常有必要设身处地站在那些被操纵者的角度来看问题。教师很容易反对绩效薪酬制度，他们此时不难感受到被管理者用钱来贿赂去做他所谓的好事所带来的屈辱感。但老师变成操纵者之后，则需要更大的努力才能认识到，分数和额外的课间休息也具有同样的性质。员工们也是这样，被操纵性奖励政策压迫得焦躁不安，可一回到家里操纵自己的小孩，采取的也是斯金纳的那一套，只不过奖励的物品不一样而已。

从定义上来说，如果一个人控制另一个人，两个人是处于不平等的地位。使用奖励（或惩罚）就是因为这种地位上的不对等而变得容易且得以延续。自然，这一事实在两个成年人之间的影响不同于在成年人和小孩子之间的影响，但是这一事实本身值得我们考虑。如果你怀疑奖励他人是在强调奖励者高高在上的社会地位，那就想象一下你让隔壁邻居搭便车去了一趟城里，或帮助他移动了一下家具，而他给你5美元作为酬谢。如果这样做使你觉得受辱，想想为什么会这样，这样的报酬意味着什么。有朝一日，地位发生了变化，你成为奖励他人的人，你就应该将这种给予方和接受方之间因地位差别而引起的怨恨心理牢记在心。[1]

如果奖励不仅折射了地位上的悬殊，而且还巩固和昭示了这种悬殊，那么使用奖励更有益于有权势的一方——奖励者——也就不足为怪了。这一点似乎太明显，不值得一提，只是在实际中，人们为奖励辩护时很典型地会说奖励有益于受奖者。我们会声称，强化刺激是为了教会人们需要学习的东西。但是，一位作者在勾画了一个行为调节方案的具体目的之后问道："让囚犯、学生或病人少抱怨、更专心、更温顺、乐于劳动，是符合谁的利益？"当小孩子安安静静坐着不动时，究竟是谁得到了好处？

当然，有些行为管理者，包括强化小孩子表现良好价值观的家长，或者通过多给分来提高学生科研兴趣的老师，可能真的是为了改善受奖人的生活质量。在这种情况下，我们可以接着问，这些奖励达到预期效果了吗？但是，其他使用奖惩的人在标榜自己只是想帮助被他们控制的人时，也有可能是自欺欺人，也许他们实际是为了自己的方便（或持续的控制权力）而已。

要质问一个已被广为接受、根深蒂固的做法，"谁受益？"总是一个非常有用的问题。在实施奖励的情况下，占上风的并不仅仅是奖励者，还有体制、社会实践以及由控制他人行为所维系的现状。两位评论代币经济和课堂策略类似的心理学家观察到，那些宣扬这种制度的人"是用他们的程序来服务于现存学校制度的目的和价值观念"。更一般地说，这些心理学家鼓励我们提问："行为调节在多大程度上……帮助现存的制度达到它的既有目的？例如，为了控制而控制的目的，维持秩

---

[1] 另一个例子是一位杂志编辑的故事，他在工作会议上表达了不同意见之后，杂志社竟然给他提供酒和礼物券来拉拢他。根据一个前任编辑助理的说法，"这让我们觉得自己就像麦当劳里面的每月之星员工"。也许我们应该提问为什么任何人，即使是麦当劳的员工，应该有这种感觉呢？

序和（误导性的）稳定的目的，这些目的难道不是阻碍而非推动了所需要的变化吗？"

但是我们不必依赖批评家就可以弄清这一点。行为主义之父约翰·华森自己已经说出来了，他坦诚地承认他和同事

> 不断地发明和操纵各种刺激诱惑人类，以此来形成所要的反应，而他们希望得到的反应是"有进步"、"很理想"、"好"。（任何社会说某种反应"有进步"、"很理想"、"好"，其实都是在说这些反应不会扰乱现有的传统社会秩序。）

如果说奖励支撑着传统的社会秩序，那么心理学家米哈里·希克斯桑提米哈依的警告就是对的了，他说"淡化传统的奖励威胁到现有的权力结构"。本书旨在对支撑现状的制度提出质疑，因此完全可以看作是政治性质浓厚的一本书，但其政治性并不比流行的行为主义更强。虽然流行的行为主义以客观技巧自居，但事实上却是极其保守的教条主义。

从某种意义上来说，这个结论是自相矛盾的：自称为保守主义者的人大都强调个人自主性和责任感，然而斯金纳一生都否认选择这个观念，并敦促我们控制环境中的强化因素，因为这些因素反过来控制我们。[1]事实上，一些社会改革者十分倾心于行为主义观点（这是华森从约翰·洛克那里推衍出来的），他们把人看作是任由他人在上面写字的白板。

不论自相矛盾与否，很难否认行为控制所体现的保守主义倾向。从很现实的意义上说，应用行为主义者渴望不冒犯他们的管制对象，因此

---

[1] 根据斯金纳的观点，我们之所以不必担心行为主义者及其代理人的滥用（就像《一九八四》里面的瓦尔登二世那样），是因为主要的强化者"并不控制他人，他只是设计出一个控制他人的世界"。斯金纳的这个说法并未说服大家。

提出一套控制系统来帮助维系现存的制度和纲领。但我要说的是一个更为基本的要点。虽然奖惩策略看似是中性的，任何行为在原则上都可能受到鼓励或阻拦，但实际并非完全如此。如果是那样的话，那么这些策略总是被用来维护秩序、倡导顺从就只能被解释为是惊人的巧合。

更为现实的，我们必须承认，流行的行为主义实质上是操纵别人的手段，在本质上是与民主精神、批判性思维和平等参与者自由交换思想等相抵触的。通过奖励促使别人改变现有的秩序（可能包括使一些人成为控制者，其他人成为受控者这样的秩序）不仅不可能，而且措辞上是自相矛盾的。正如一位作者所说："主人的工具永远不会摧毁主人的房子。"这一点似乎和许诺一周每天按时就寝的孩子周末去动物园玩不同，但这就更有理由去认真思考它们的相关性，也就是说，考虑任何操纵系统所隐含的意味。

在结束讨论之前，我想说说别人对上述内容可能会提出的三个反对观点。第一个观点是相对谦和的：把奖励说成固有其操纵性会造成误导，因为只有一些奖励的操纵性才比其他奖励的操纵性强。从某种程度上说，这是对的。事实上，我会提出一个比较粗糙的标准来判断操纵的程度，大致来说就是：我们需要考察奖励者的动机，受奖人的感受，以及奖励本身的诸多特征。

因此，假设我们想给某个人奖励，但同时又要减低其中的操纵性程度。首先，我们应该检查自己的动机是什么，我们最终是想传授一项技巧、倡导一种价值观念、增强自尊心呢，还是主要想让他做我们想要的事？其次，暂时不谈我们的动机是什么，我们应该尽量设身处地地想想受奖人的**感受**，他是否感到受别人操纵。（积极的反馈在有的人看来是有用的信息，在有的人看来不过是控制其第二天行为的伎俩。）最后，我们应该审视一下奖励过程的各种客观特征，包括对激励的重视程度，提供的激励有多大或多诱人，激励与行为表现质量挂钩是否紧密，等等，同时尽量减少受奖人把奖励看成是逼迫自己干事情的程度。

虽然我觉得关注这些特征很合情理，但我们也要小心，不要以为这样做就可以万事大吉。增强奖励的操纵性可能把问题弄得更糟，但是无法回避的事实是，每当我们说"做这个就能得到那个"时，都是在试图控制听话人的行为。也许奖励者能做的就是，最大限度地减小或者分散对方注意力以淡化这一真实发生的事情。

这就引出第二个更彻底的反对意见。不仅是斯金纳及其门徒，而且那些与他们没有多少共同之处的社会理论家们都提出过这样的观点：控制是人类关系中无法回避的，真正不同的只是各个强化系统的微妙差异而已。微微一笑、轻轻点头和钞票一样具有操纵性——也许程度更甚，因为社会性奖励的影响可能比实物奖励的影响更持久。不能仅仅因为我们不容易识别出操控性行为，就说它不存在。

一本叫做《被控制的人类》的书的导言部分就很好地注意到这种观点。据说，那些对书名提出担忧的人只是害怕"危言耸听者"所灌输的"新知识"。现实主义者认识到，"行为控制技术不好也不坏，是中性的"，因此"根本算不上问题"。理由很简单，并没有什么自由可失去（事实上，该词仅出现在引号中）。不论我们喜欢与否，"所有的行为都是被控的……整个世界可以说就是个巨大的'斯金纳箱子'"。

在这里，我想我们得非常小心地梳理一下实际上是完全不同的论断。那种更微妙的强化刺激的确也有控制性。事实上，我早就说过，奖励和惩罚一样都有控制性，微小的奖励和出手大方的奖励也一样有控制性。但是，由此得出结论说人类之间的互动都只能是控制与被控制就大错特错了。持此信念的人要么认为自我和选择都是错觉，我们只做被强化过的事情；要么是把"控制"这个词的外延扩大化了，让它涵盖了许多其他互动行为，比如试图说服某个人，让他相信自己观点的价值。此时，控制这个词变得太宽泛、不够精确，也就没有多大用处了。如果我认为任何两个人在谈论什么事情的时候，每个人实际上都在试图控制对方，那么这只能在我个人杜撰的"控制"定义上成立，并无助于我们真实的理解。

在我看来，一个更站得住脚的观点是：有些人际互动有操纵性，有些则没有。在实践中，两者的界限很难划分，但是对它们进行区分仍然很有意义且很重要。看看这样的类比就知道了：真理和谬误之间的界限也不总是泾渭分明（有可能两者的区别只是在于遗漏了一个相关的事实）。同样，很多人都撒过小谎，但我们不能据此得出结论说，所有人类的交流都是欺骗性的，因而把谈话类型进行区分就没有意义。当然，通过这些类比我想说明的是，我们对控制的看法也一样。

我们可以预料到的最后一个反对观点是，即便可以避免控制他人，不论是使用奖励还是采用其他手段，控制有时是适当的、甚至是理想的互动模式。甚至可以说，没能控制住孩子的家长就不是尽责的家长。在第九章和第十二章，关于这个话题我还有很多话要说，但在此处说上几句也算合理。首先，当人们谈论控制孩子必要性的时候，他们的意思经常是不能对孩子放任自由。很难想象会有人不同意这个观点。但是，说孩子需要调教和引导与说他们需要控制是两回事。我们往往把不同类别的干预混为一谈，一旦我们消除这种混乱，就可以进一步探讨在许多情况下是否还需要前述的操纵性或控制性措施。

我认为年幼的孩子有时的确需要大人的控制，比如，一条底线就是不能允许三岁的孩子随意上街。但是在动用控制之前，我们必须先确定好言相劝不见效果。我们也应该考虑如何实施控制行为：我们是否已经先给出合理的解释了（"有时汽车路过这里速度很快，我爱你，所以得保证你不会受到伤害。"）？我们是否停下来问自己，让孩子做（或不做）的事情真的有必要吗？我们是否考虑过怎样才能帮助孩子成为一个有责任心的人（而不仅仅是让他听话）？

辩解可以无条件使用控制的家长和老师通常不会停下来问这些问题。因为他们常常是采用非此即彼的方式看待世界：要么你控制他人，要么你就得顺从他人，要么你强权镇压，要么就让孩子随心所欲。为孩子设计出灵活、合理的规则（最好和他们一起找出解决问题的方法，而不是把规则强压在他们头上），和一面控制一面放任自由的方法是有区别的。

支持更为强制性措施的人认为，如果孩子没有管教就会失去约束。然而，这类孩子一般都是典型的那种习惯于控制的小孩，也就是那些得不到信任、没有人给他解释或鼓励他去独立思考、没有人帮助他将良好价值观融为自我意识的孩子。控制派生出更多对控制的需要，这反过来却又成为控制的理由。

对于孩子来说，追求合理的目标不像我们想象的那样需要使用太多的控制，更不要说成人了。如果谁坚持控制他人，那就还得需要其他东西起作用——任何论据或证据都无法挑战的一套价值观和人际观。最终，我们也许只能采取这样或那样的视角来看待人类生活。休·雷斯和巴利·史华兹说得好：

> 在斯金纳坚定不移地信奉行为主义的背后，一直有一种道德冲动，一种以为实施系统的行为控制有助于快速解决当今世界严重社会问题的信仰。他的很多哲理性文章都是辩称人是由控制关系界定的生物体。但我们也有道德动机，这就是：对于每个人来说，在生活中方方面面建立对话关系比建立控制关系更好。

本章的主旨是，在所有情况下，给他人奖励并不是明显公正或恰当的做法。相反，由于奖励本质上是操纵他人，因此采取奖励手段来实现目标只能适得其反。有的读者对此会说，不管奖励在道德上是好、是坏或者不好不坏，我们使用奖励的最重要理由是它们的确见效，让我们接下来看情况是否真的如此。

第三章　奖励有效吗？

> 奖励会影响表现，但其影响方式我们才刚刚开始认识。
>
> ——珍妮特·斯宾塞，1971

　　莱昂刚要出门去散步，帕米叫住他说，如果你今天下午帮我打扫厨房，我今晚请你去你最喜欢的餐厅吃饭。莱昂关上门，转身找了块抹布。

　　在劳拉爱做的事中，做数学作业排在了做牙齿根管治疗的后面。于是，费尔宣布说，如果劳拉能在八点之前把第228页上的题目做完，就给她5美元，劳拉赶紧拿出了数学书。

　　这究竟是怎么了？莱昂和劳拉都顺从了他人的意愿，为了获得他们所看重的而做了原本（至少在当时）没打算做的事。在这两个例子中，共同之处是有人用奖励改变了另一个人的行为。这种做法确实有效，而且我们大部分人认为，这就是我们所需了解的全部。

　　但是，让我们再深入一步。奖励能够有效地提升我们做某事的可能性，然而正如我在本章及后两章中要阐述的，奖励同时也改变了我们的行事方式。为了诱使我们做某事，他们提出特定的**理由**，这有时掩盖了他们可能存在的其他动机。不论从哪种合理的角度来看，这种改变都使情况变得更糟。大多数行为主义者不喜欢用惩罚，其原因正如一位斯金纳学派的学者所述：问题"也许不是惩罚不管用，而是太有效了"。我想同样的话完全适用于奖励，为了使奖励奏效，我们付出了太大的代价。

然而，即使这种说法也太过让步，因为事实上，奖励的功效被很多人误解和高估了。因此，我们在这里的出发点就是：仔细考察奖励能改变行为的观念，以及奖励能使人干得更出色的观念。

奖励能改变行为吗？

为了探讨奖励能有效地改变行为这样的说法，我们提出三个问题，首先，奖励对谁有效？其次，奖励的效果能持续多久？最后，奖励究竟对什么有效？（我已经暗示了第四个问题：有效奖励的代价是什么？但这个问题我们暂时先放到一边。）

1. 奖励对谁有效？

奖励最行之有效的地方在动物实验室，因此，也许我们更应该问的是：奖励对什么有效？但当我们审视奖励改变人类行为的可能性时，正如两位管理学专家注意到的，一种模式浮现了出来：

> 行为修正理论的早期（及相当成功的）应用大都只涉及动物（如鸽子）、孩子和被收容的成年人，如囚犯和精神病人。这里的每个个体都必须依靠强有力的他者来得到所需的东西，因此他们的行为相对容易塑造。

请注意，这不是基于道德立场的反对观点，而是描述了对依赖于你的生物体，其行为更容易控制的事实。在某种程度上，可以让依赖他者的生物体处于匮乏状态。比如，实验室里的动物常常不被喂饱，以确保当食物作为强化刺激时它们有所反应。同样，"为了使人们按某种特定的方式行事，也必须使其处于需要状态，这样奖励就能强化所需的行为"。具有某种独立程度的人，比如莱昂，有时也会对奖励做出反应，但要以可预测、系统的方式来促成这种反应就难得多了。

2. 奖励的效果能持续多久？

简单地说，奖励的最佳效果是短期的，要使行为变化持久，通常需要保持奖励源源不断。假如你孩子的行为能通过糖果得到强化，只要你一直给他糖果，便能诱使他整理房间。但这会产生几个实际问题，如果他对糖果腻了从而原本的奖励对他不再有意义了怎么办？或者，如果他对奖励的要求不断升级，而你又不想或不能满足他的要求怎么办？最重要的是，你是否真的希望只有当你手上拿着糖果，你的孩子才愿意帮你干些家务？

在现实世界，甚至在实验室里，**奖励的效果必须取决于它们是否能产生持久的改变——那种即使在没有奖励的情况下也能持续的改变**。对于那些声称在采用了奖励制度后员工的表现大幅改善的部门主管，以及那些吹嘘学生在奖励的刺激下多读书了的教师而言，这是个关键的问题。我们想要知道，一旦诱人的奖励用完之后，员工的生产力、学生的读书欲望会发生什么变化。

理论上你可以永远给予小小的奖励，但实际上要一直保持这么做，即便不是不可能，至少也是不切实际，而且大部分希望见到行为改变的人也会说，在本质上不需要用奖励来维持的改变才是上选，即使是行为主义者也普遍赞同这一点。从刷牙到助人为乐，几乎每一项受到奖励的行为都是我们希望孩子们无需奖励就能长久保持的。在工作场所，人们付出劳动，得到报酬，但正如试图长期采用奖励制度的主管们所发现的，如果目标是帮助人们改变行为，比如提高工作质量，那么对奖励的持久依赖会产生大量问题，包括对金钱而不是糖果的要求不断升级，等等。

如果把是否能产生持久的变化作为评判奖励效果的标准是有意义的，那么研究表明奖励这种手段的效果一败涂地，但是这并不意外，因为我们大部分人在经过认真思考后都会承认，我们的经验证明了奖励是无效的。然而，人们总是没有意识到以下两点：一是在各种情况下奖励是如何完全失败的；二是奖励完全失败这个事实意味着有多大破坏性的控诉。

代币经济方案　我们先来讨论诸如代币经济这样精心创造的改变行为的方法，比如发放可兑换特权的书签，或者对"适宜"的举动进行奖赏。因为这些手段一般都适用于封闭环境中依赖于他人的对象，也就是在类似实验室的场景中实施的，所以从理论上说，它们成功的可能性很大。在1972年首次对代币经济研究进行系统回顾时，两位代币经济的支持者写道：

> 以非代币形式的刺激条件作为强化手段，一般来说效果不明显，这成了代币经济存在的理由。但是，文献资料的研究却得出了不同的结论。大量有关代币方案的报告显示，只有持续地给出代币作为强化，行为才能改变。通常情况下，一旦取消代币，所期望的反应就会下降，人们的表现会回到起点或接近起点的水平。

把上述声明的意思翻译过来就是：一旦好处没有了，人们的行为便回到起点。但事实上，不光是所期许的行为无法在强化手段不起作用的环境中产生，比如医院以外的场所，而且每天早上对病人用的强化手段到了下午就不太灵验了。

十年以后，两位作者中的一位艾伦·卡兹丁回到医院，看看情况是否有所改变，以确认当初的失败是不是因为好政策实施不力所致。然而，回顾了过去这十年的研究结果后，他也只能得出一句不冷不热的结论：代币经济"并不必然是错误的"。在某些采用代币经济的个案中，至少保留了部分干预效果，而在另一些个案里，干预效果一点也没能保留下来。可细究之下，即使是如此谨慎的说法也是站不住脚的。在代币经济最行之有效的案例中，通常还伴有其他更重要的改革措施，比如在学校里，就有减少班级人数、让家长更多地参与等方法，而这些措施或许正是良性效果形成的原因。在卡兹丁的文字里我们几乎能听见他的叹息："一般而言，一旦病人脱离了特定环境，或多或少会失去行为的良性变化，这种假设还是颇为谨慎的。"

曾有人在课堂里做过研究，该研究应该能让我们对卡兹丁的回顾总结有点感性认识。在十二天的时间里，四、五年级的学生玩与数学有关的游戏会得到奖励，玩别的游戏则没有奖励。这些游戏本身在趣味性方面并无多大差异。有奖励的时候，孩子们立刻涌向能得到甜头的游戏，而没了奖励，他们的兴趣急剧下降，许多人的兴趣甚至低于一开始就没有得过奖励的孩子。因此，研究人员得出结论说：

> 旨在提高研究对象参与积极性的力度强大的、系统性的奖励机制，一旦没有了实物奖励和社会外在的奖励时，也可能会产生随之而来的参与积极性的下降。

其他研究人员，包括某些坚定的行为主义学家在这一领域内的调查，也得出与卡兹丁十分相似的结论。他们认为完全有理由怀疑代币经济的长期效果，或者最多也只能说还没有足够的证据表明代币经济一定奏效。最能说明问题的也许是他们发现，在一些案例中，行为变化之所以在原来的奖励停止后仍能持续，恰恰是因为新的奖励取代了原来的奖励。

那么，是否只有代币经济在促使产生持久的行为改变方面失败了呢？代币经济这种手段今天已很少采用，但行为主义学家们还是常常受邀去帮助人们养成好习惯，戒掉坏习惯，比如减肥、戒烟和系安全带。让我们看看行为学家们在这三个方面的成绩如何，这至少也能让我们对他们的成功有个暂时的判断。

减肥 在研究人员做的一个减肥实验中，受试对象得到承诺，如果每次过秤显示体重下降，他们就能每周两次得到 5 美元的奖励。刚开始时，那些得到奖励的人确实收效明显，可在之后的五个月里他们的体重都反弹了。相反，那些没有得到奖励的人却变得越来越苗条。当然，这只是一项小研究，许多受试对象最后没能回来参加测试，所以我们不必太看重它。但十年后发表的另一个类似研究也没能让行为主义学家们得到多少安慰：一年后，奖励组和未奖励组的人们的体重并没有明显区别。（事实上，还是有一个差别，许多被承诺会得到奖励的人没来参加最后的体重测试。）

戒烟 减肥并保持体重不反弹太困难了，因此仅以行为主义学家没能创造奇迹为由全盘否定流行的行为主义有失公允。问题是，如果我们追求的是长期效果，那么流行行为主义在其他方面也没能起多大的作用。一项大型研究招募测试对象，参加旨在戒烟的自助计划，该研究结果发表于 1991 年。一部分测试对象每周上交进展报告并因此得到奖励，另一部分测试对象得到反馈，以加强他们戒烟的动力，其余的测试对象（控制组）则什么也没有。结果如何？第一周奖励组上交报告的人数是其他组的两倍，但三个月以后，奖励组的测试对象比反馈组，甚至比控制组的测试对象抽烟更多。萨利维实验表明，奖励组的测试对象撒谎说已经戒烟的可能性比其他组高一倍。事实上，对那些既接受奖励又得到反馈的测试对象来说，"金钱奖励反而削弱了有针对性的反馈带来的积极影响"。奖励不仅没有帮助，而且是有害的。[1]

系安全带 与前两者相比，关于如何运用行为主义理论帮助更多的人养成系安全带习惯的研究更多。有一位行为主义的热心拥护者及其同事们选取了9家公司的28个方案来做效果述评，这些方案旨在促使员工系好安全带。在6年间，他们观察记录了将近50万辆汽车，结果发现，通过奖励来促使系安全带的做法长期效果最差。在后续的从一个月到一年以上不等的测试中，他们发现那些受到现金或其他奖励的人，系安全带的人数从原来的增加了62%反而变成下降了4%，而没有使用奖励的方案则使系安全带的人数平均上升了152%。该研究报告的作者们显然事先没有料到这样的结果，他们不得不承认："从即时和长期的角度来看，都是非奖励策略的影响更大，这一点是基础强化理论没有预料到的，也是和理论不一致的。"

其他方面的应用 一些采用精神疗法的医生和婚姻问题的咨询专家也用奖励来改变人们的行为。比如有一位行为主义学者甚至建议夫妻之间"用代币来鼓励对话沟通或控制唠叨个没完"。如果我们打算对这些奖励的效果作个评估，就会陷入一场纷纷扰扰的争论，争论行为疗法是否有效，如何判断其成功与否。在所有的评估中引人注目的是，通过奖励某些行为来解决问题的方法，只有在奖励持续地保持吸引力并能源源不断提供的情况下才有可能成功。而且"诱导出所期望的行为不是精神

---

[1] 联系刚刚提到的通过奖励来促使孩子们做数学游戏的例子，奖励消失后，孩子们的兴趣立时下降得甚至还不如刚开始的时候。而在这里的例子中，因戒烟获得奖励甚至比什么都不奖励的效果还糟。这类事情很多而且经常发生，以至于行为主义者们必须发明一个听起来很中性的术语来描述它，这就是在技术上称为的"效果反差"。

疗法唯一的，实际上也不是必然的、最重要的结果"，更重要的是"基本的心理过程"，而行为主义方法却避免讨论这一过程。

在第九章中我会说明，在我们努力帮助孩子变得更有责任心、更关爱别人时也存在同样的情况。完全没有理由认为奖励（或惩罚）有助于达到这些目标，因为孩子得到许诺，只要尽责就能得到奖励，可他们并没有被告知为什么在没有奖励的时候也要一直尽责。

3. 奖励究竟对什么有效？

对奖励能持续多久产生疑问，了解到奖励一旦消失后很少能产生持续效果，人们不禁好奇，奖励到底是怎么回事？人们为什么不能保持最初得到强化的行为？答案是：种种强化手段都没能改变人们的态度和情感上的承诺，而态度和承诺是我们行为的基础。奖励没能产生深刻、持久的变化是因为它们的目的只在于影响行为。如果你像斯金纳那样，认为对人类来说没有什么比行为更重要的了——我们仅仅是行为的汇总，那么这个批评不仅不会让你不安，甚至还可能显得毫无意义。但如果你认为行为反映并出自于一个人的本质（他想什么，感觉到什么，有什么期望和意愿），那就不能指望通过种种对行为的控制来帮助孩子变得慷慨，也无法使成年人决定减肥。

奖励和惩罚实际上只诱导人们顺从，而且相当成功。如果你的目的是让别人服从命令，比如准时到场或做任何你要求的事，那么贿赂或者威胁是很实用的策略。但如果你的目的是提高员工长期的工作质量，帮助学生成为用心的思考者和自觉的学习者，或是帮助学生形成良好的价值观，那么奖励和惩罚完全没用，事实上，比没用更糟，正如我们已经开始了解到的，它们会产生相反的效果。

奖励能改善人们的表现吗?

1961年，肯塔基大学的一位研究生得到了意外的发现。为了做博士论文，路易丝·布赖特维尔·米勒把一系列简单的脸的绘画进行排列，使两张比较相像的脸同时闪现在屏幕上。她找了72个9岁的男孩，每次让一个男孩进实验室，要求他们分辨出屏幕上的两张脸。一部分孩子做对后拿到钱，另一部分孩子每次做完后被告知做得对不对。

米勒预期奖励组的孩子因为有钱作为刺激会做得更好，但她发现那些想要奖励的孩子出的错比其他孩子多得多。而这无关于他们能拿到多少钱（1分或5角），也无关于他们是不是有高度的成就欲（用个性测试来确定）。这一发现令米勒困惑不解。米勒和她的指导老师坦白道："奖励组的表现明显地比另一组差是没有料到的，也无法用理论或以前的经验、证据来解释。"

第二年，另一位研究生山姆·格拉克斯伯格在同一本杂志上发表了他在纽约大学所做的博士论文研究。这一次测试的对象是128位本科生，他们被分别带进实验室，每个人走进实验室都拿到火柴、图钉和盒子，并被告知要用这些材料把蜡烛固定在墙上。他们应该能够想到先把空盒子钉在墙上，再把蜡烛放在盒子上。有些学生拿到的是空盒子，旁边放着火柴和图钉，另一些学生拿到装满了东西的盒子，这样要想出解决办法就不是那么直接、简单了。

与米勒所做的实验相同的是，一部分学生被告知如果他们成功完成任务，能拿到5到20美元不等的奖励，这笔钱在1962年不是一个小数，其他学生则没有得到任何奖励的承诺。尽管这一次测试对象的年龄比前一次大，而且任务也不同，但结果却与米勒的实验极其相似：当任务变得越来越具挑战性时，那些冲着金钱刺激来的人比没有奖励的那一组几乎多花了一倍的时间才想出解决办法。

在当时及随后的几年中,这些研究并没有引起人们的注意,但由于我们大部分人都以为,某些人干得好是因为知道自己会因此而得到奖励,所以在我们回顾过去时,这类早期的研究便有了特殊的意义。那几位研究生当时也许并未意识到,他们所遇到的障碍实际上有重大意义。

1970年代初,一批新的研究报告陆续发表,表明以前的研究结果并非偶然。珍妮特·斯宾塞是得克萨斯大学的心理学家,后来成为美国心理学协会的主席,她发表了两份研究报告,在研究中她让孩子们记住两个词中哪个是"正确的"(该词是由实验者任意确定的),然后在随后出现的词中选择"正确的"那个。如果选择对了,一部分孩子会看见眼前的灯光闪烁一下(或看见豆子从槽中落下),另一部分孩子则得到糖果或实验结束后能兑换糖果的代币。最后的结果显示,得到糖果或许诺有糖果的孩子的正确率低于做对时只得到信息反馈的孩子,这一结果使斯宾塞得出了我们在本章开头引用的评论。

1971年,四份不同的杂志分别发表了四位研究人员的实验报告:

· 一位研究员要求本科生从一页纸上"挑出与另两个模式差异最大的一个模式"。他吃惊地发现,"没有得到金钱奖励的学生比得到钱的学生表现出色得多",而他把奖励翻倍之后,仍然是一样的结果。

· 研究人员大胆尝试走出心理实验室做实验,他们观察了在校刊兼职的大学生,这些大学生学习"按照规定的要求编写标题"。随着时间的推移,他们越来越熟练。一部分学生每完成一条标题就拿到钱,结果一段时间后他们的表现就停滞不前,而那些没有拿到钱的学生却不断提高。

· 一群四年级的学生完成一项任务,当把他们一开始说出的自己最喜欢的东西(某种玩具或糖果)作为奖励之后,他们的表现变得更糟,对此结果研究人员表示"令人困惑"。

・一群高中生要完成五项任务，这些任务有的测试他们的记忆力，有的需要很高的独创性才能完成。同样的，一部分人得到许诺会有奖励，另一部分则没有，不管哪项任务，结果再次表明，奖励组的表现远不如另一组。

从1970年代初到1970年代末，类似的证据越积越多。学龄前儿童用记号笔画画并期望得到奖励，他们画的画数量与没有奖励的儿童相当，可质量却明显差了很多。其他一些研究人员也注意到了，奖励在对数量产生影响的同时，会对质量产生另一种影响。

另一组大学生需要发挥他们的创造力来解决问题，当得知这样做有奖励时，他们却花了更长的时间来解答问题。在一个特别有趣的实验中，一些六年级女孩得到了一份令人紧张兴奋的类似于老师的工作，即教会比她们年幼的女孩玩一种新的游戏。其中一部分女孩被许诺说，如果她们能成功教会，便能得到免费电影票，结果这些女孩变得更容易沮丧，需要更长的时间来表达沟通，而她们教的小女孩对游戏的理解，显然不如另一组没有得到奖励许诺的六年级女孩教出来的孩子。

到了1980年代，任何一位继续这些实验的研究人员都发现，不可能宣称说奖励是让人们更好表现的最佳方法。随着研究越来越深入、成熟，这一结论被一次又一次地证明。当大学生参加智力测试在创造力部分得了高分而受到奖励时，他们却表现出"较低的智力运用能力"。（对这部分需要较少洞察力和发现能力的测试部分，奖励既没有产生阻碍作用，也没有产生促进作用。）在另一个研究中，三年级学生被告知，他们做某些"游戏"（实际上也是智力测试）能得到玩具，但他们的成绩也不如那些没有期望得到任何奖励的学生。在巴利·史瓦兹的研究中，一些成年人被要求为另一种游戏设计规则，这实际上是要像科学家一样思考。然而一旦在任务早期阶段就告知做得好会得到金钱奖励，他们反而做得不那么好了。（他们无法突破那些曾经带来奖励的既定的行为模式。)

几年后，在创造力研究领域领先的特丽莎·艾玛比尔发表了两篇对使用奖励予以抨击的报告。在第一篇报告中，一些年轻的富于创造性的作者们花了五分钟时间来想想他们的工作能带来的奖励，结果他们的创作数量明显不如那些没有被要求这么想的作者，而且他们创作的质量也低于他们自己原先的水平。接着，艾玛比尔对儿童和成年人进行了一系列的研究，在这项研究中，她要求儿童和成人完成各种任务，包括制作拼贴画和编故事等。一部分受试对象得到实物奖励，其他人则没有。结果，再次证明了奖励扼杀创造力，而这与任务的类型、奖励的种类、给予奖励的时机以及受试对象的年龄等因素都无关。

到了1992年，研究人员不断发现奖励会削弱人们的表现。艾玛比尔和她的同事发现，对于职业艺术家，如果某幅作品是受委托而作——即提前约好了报酬，那他的创造性就会大打折扣。马克·莱帕曾经是艾玛比尔的导师，他和一位研究生一起做了个研究，他们召集了一些四、五年级的学生来完成一个类似于妙探寻凶的棋类游戏任务。与那些没有奖励承诺的学生相比，得到许诺说如果完成得好就能拿到玩具的学生不仅解决方法不够系统，而且花的时间更长。更加令人不安的是，一个星期后，那些期望得到奖励的学生在完成另一项完全不同的任务时，表现也不如没有奖励的学生。

其他一些研究人员也从不同的角度对这一问题进行了研究，他们发现了更多的理由以佐证对流行行为主义经验的质疑。其中一系列的调查旨在探寻人们获得奖励的基础。在分别进行了六项不同的研究后，默顿·道奇得出结论：没有证据表明当人们期望得到与表现相应的奖励时，会比期望公平分配或按需分配时表现出更高的工作效率。（在后面的章节中我还会引用其他的证据表明，不论是工作场所中对绩效薪酬的强调，还是学校里对分数的强调，都会起到适得其反的作用，这和道奇的研究数据所预测的一样。）

同时，还有一些研究人员调查人们对奖励的态度。安·波季阿诺和玛丽·贝雷特发现，和那些对学习本身感兴趣的学生相比，那些受外部动力驱使——即学习是为了得到奖励和他人的赞成、认可——的孩子较少运用高级的学习策略，在标准化学业考试中分数也较低。受奖励驱使的孩子的成绩甚至低于前一年考分与他们相同的孩子。

我之所以没有对诸多研究作一个总体的概括，而是分别叙述每项研究，是因为若不了解种种具体细节，人们很难接受最后的结论。毕竟，研究人员自己都很难接受这个结论，至少是直到那么多研究都不约而同得出相似的结果，研究人员才别无选择地接受这一结论。不过，在我们深入探究导致这些结果的原因之前，我们先花些篇幅来梳理这些结果，思考一下这些结果有什么含义，为什么会显得令人惊讶。

回想一下我们在本章开篇之处提出的三个问题：奖励对谁有效，其效果能持续多久，以及对什么有效。我们知道有些人在受到诱人的刺激时会表现得更好，但很少有人会停下来思考，这种情况只在很有限的条件下管用。奖励对谁最有效？道奇认为对"那些对工作缺乏热情"的人管用。如果别人要求你做的事在你看来很愚蠢或者简单，你会觉得只有能获得其他好处时，这件事才值得去做。［如此看来，研究人员发现对于具有挑战性（即不是太难也不是太容易）的工作，奖励效果微乎其微也就不足为奇了，事实上，奖励的效果往往适得其反。］这一点既对任务本身适用，也对个人适用，更确切地说，是适用于解释任务和个人两者间的关系。

奖励的效果能持续多久？对此问题的研究大都与行为改变有关，这在前一章节中已有交代。几乎所有与表现有关的研究都探讨人们得到奖励或奖励承诺后表现如何，为了促使奖励能够长时期的提升工作表现，我们必须不停地提供奖励，或者至少让人觉得奖励一直会有的。

最后，我们终于要面对一些关键问题：在完成什么任务时奖励能使人表现更好？在何种意义上"更好"？至此，我们已目睹太多的证据，可以大概知道答案。奖励通常只有在完成极为简单、不必动脑筋的任务时才能提升表现，即使这样，也只能在数量上有所提高。米勒和格拉克斯伯格做博士论文研究时最先引出了令人意想不到的结果，这些结果与当时盛行的行为主义研究背道而驰，行为主义学家们记录下生物体按下横杆的次数，把数量的增加看作是强化手段提升表现的证据。如果你有一大堆信封要封口，而这么做又能拿到钱，你舔封口处的速度自然就会很快。但问题在于，我们从这个事实中错误地推断出人性的一般准则：给予奖励，人们会干得更好，并把这一准则广泛应用到工作场所和学校。这一错误的应用（一位行为主义学家称之为"过于泛化的反应"）充分说明了为什么我们的公司和学校现在问题重重。

在奖励研究上最具影响力（这里是指对这一领域中屈指可数的几位专家有影响力）的论文之一基于1970年代中期之前所做的研究，得出了以下结论：

> 当满足两个条件时，奖励会对表现产生负面影响：一、当受试对象对任务本身感兴趣时，提供奖励作为动力便是多余；二、当问题的解决之道足够开放，导致寻找解决之道的步骤并非一目了然时。

肯尼斯·麦克格雷的这一分析为我们提供了绝好的出发点，由此我们可以搞清楚奖励何时可能失败。随后的调查证实，如果我们要提高创造力，斯金纳学派的方法是最不可能奏效的。

但是，麦克格雷在暗示奖励只是不适用于有趣及有创造力的任务时，把奖励的失败说得过于保守了。我想更为确切的说法应该是，在完成这类任务时，奖励最有可能产生不利影响，或者最明显的不利影响。确实，一些研究发现，人们在完成诸如乘法运算这样的基本任务时，他们的表现会因为期望得到奖励而改善，但我在本章列举的诸多研究案例，包括那些人们即使在完成简单任务时也表现不佳，或者至少没有改善的例子，都说明我们不能随意假设，使用强化手段对于无需创造力的任务是有意义的。

不论我们的目标是改变行为还是提升表现，是跟孩子打交道还是同成人打交道，不论给予的奖励是成绩、金钱、小金星、糖果，还是其他我们在日常生活中依赖的贿赂，"做这个就能得到那个"都是坏消息。即便是我们在道德上不反对操纵别人的行为、使其按照我们的意愿行事，但事实是，这样的策略也很可能产生事与愿违的结果。正如一位心理学家总结现有的研究后得出的结论：

> 得到奖励的人往往选择较为容易的任务，在利用现有的信息解决新问题时效率更低，他们解决问题的策略也更一板一眼、更缺乏逻辑性。与需要完成同样的任务但却没有奖励的受试对象相比，他们看似更勤奋，做更多的事，但质量颇低，出错也多，更僵化和缺乏创意。

在接下来的两章，我们要探讨为什么会这样。

第四章 胡萝卜的问题：奖励失败的四大原因

> 不尚贤，使民不争。
> ——老子

受到奖励刺激的人比没有奖励的人表现更糟，对此已有无可辩驳的证据，面对诸多证据，研究人员一开始只是抓耳挠腮，困惑不解。一些人试探性地做出解释并试图证明，奖励之所以造成了适得其反的效果，是因为它扰乱了注意力，使人们无法集中于要完成的任务。

的确，用我们喜欢的东西作为奖励来诱惑我们，会妨碍我们专注地做事以至无法发挥最佳水平，但随后的研究表明，问题远不止于注意力不集中。结果显示，心里想着奖励比想着其他与任务无关的事更糟，显然，奖励会影响到我们做事的质量。

我认为，奖励之所以失败主要有五个原因，本章讨论其中四个原因，第五个原因则要花接下来的一整章来讨论。（本书的后半部分将展示这五个原因对工作场所、学校和家庭的含义，并探讨用其他的方法来替代奖励。）这五个原因并非都是从前述实验室研究结果中总结出来的，有些原因反映的是现实世界中奖励对表现的不利影响。但无论如何，我要说的问题并不仅仅是解释为什么人们在期望获得奖励时反而表现不佳，而且是对奖励本身的合理性提出控诉，使人们除了认识到奖励不利于创造力的发挥之外，还关注使用奖励本身存在的诸多问题。这些诸多问题集中到一起，构成了对流行行为主义的核心挑战。

原因一：奖励的恶果

已有越来越多的父母、老师和主管认为惩罚是不好的，因为惩罚实质是企图用令人不愉快的手段来迫使别人改变行为。在本书后面，我会提出理由支持这种观点，出于实用的考虑和道德的原因，我们都应尽力避免使用惩罚。但此刻我想对已经持有这一观点的读者说几句话，因为他们往往会转而采用奖励。

我们应该停止惩罚和批评，努力发现"人们良好或正确的表现"，并以某种特权或赞扬加以褒奖，在某些圈子中，这已成为公开的事实。无论是翻看管理书籍、育儿文章还是参加教学研讨会，你很难不碰到这样的劝告和建议，它们的基本假设是一种非此即彼的选择，要么实施消极的惩罚要么施以积极的强化，要么是大棒要么是胡萝卜，要么是挨巴掌要么是吃糖果。

当只有这种非此即彼的选择时，很显然，除了虐待狂和傻瓜，没人会不选奖励或者胡萝卜。奖励不如惩罚那么具有破坏力，而且如果所使用的惩罚比较严厉，那么两者间的差异更加突出。但这种非此即彼的二分法并不正确，我们在现实生活中不是只有这两种行为控制方法。这倒真是好消息，因为尽管奖励稍微优于惩罚，但两者间的差异被它们的共同点遮盖了。事实上，最大的问题是：**奖励完全不是惩罚的对立面，它们是一枚硬币的两面，而这枚硬币没多少购买力。**

从主要和次要的方面来看，奖励和惩罚都是相似的。正如现代社会心理学奠基人科特·列文所说的，两者都被运用于我们想要诱发"一种现时的力量无法自然产生的行为"的时候。而且，两者的长期运用都形成了同样的模式，最终，我们不得不不断提高赌注，给出越来越多的甜头，或者用越来越多的处罚加以威胁，以使人们继续按我们的期望行事。

这两种方法的背后还有一个更为严峻的事实：奖励和惩罚源于相同的心理模式，它们都把动机视作操纵行为的手段。这并不是说行为主义学者没能区别两者，实际上斯金纳反对在大多数情况下动用惩罚。但是惩罚所体现的学习理论以及由此导致的人性观点，和那些说"做这个就能得到那个"或者威胁"做这个不然你等着瞧"的人并没有什么明显的区别。

当我们把视角从理论转向实践，两者的一致性依然明显。有趣的是，尽管许多人视奖励和惩罚为对立面，但在现实世界中两者常常携手并行。1991年的一份研究报告称，研究人员在四个月的时间里仔细观察了十三所小学的教师，发现在课堂上使用奖励和惩罚的相关度很高，采用一种手段的教师更有可能也采用另一种。对几百名幼儿母亲的调查表明，奖励和惩罚的经常采用确有关联。其他研究发现，甚至那些惯用控制或专横霸道手段对待孩子的人，也常用赞扬这种被视作最不令人反感的奖励形式。这些发现并不能证明奖励的内在本质，但却提供了奖励和惩罚如何相互关联的一种解释。

奖励和惩罚两者之间最引人注目的关联可以概括为：奖励的惩罚。那些为了避免惩罚而施予奖励的人也许没考虑过奖励过程中固有的惩罚特质。有两种特质是应该考虑的，第一种来自奖励和惩罚都旨在控制这个事实，尽管奖励是通过诱惑来进行控制，我在第二章用了不少篇幅阐述这一论点，辨明奖励固有的令人不安的一面。除撇开哲学上的反对意见，如果接受奖励者觉得自己受到了控制，那么这份体验从长期来看将带有惩罚的性质，尽管接受奖励本身通常是令人愉快的。

有位教育学作者把教师倾向于"轻率地施行……膝跳反射似的积极强化"比作使用电牛棒。如果我们停下来思考一下奖励的最终目的，接受奖励者如何被操纵，便可知这个比方一点也没错。或者我们试试另一个比方：问题不在于用蜂蜜还是用醋能抓到更多的苍蝇，而是为什么两种办法都能抓到苍蝇，以及苍蝇对此有何感受。

奖励的惩罚并不仅源于奖励旨在控制，还有第二个更为直接的原因：有些人没能得到期望的奖励，这产生的效果实际上与惩罚很难区别。如果手下的员工或学生没有按照指令去做，许多主管和教师认为应暂缓给予奖励或干脆不给，把奖励在他们眼前晃晃，然后突然撤走。这其实正是许多行为主义学者的建议，他们一方面呼吁不要惩罚孩子（这意味着让坏事发生在孩子身上），另一方面又慷慨建议采用"响应成本"（这意味着让好事不发生在孩子身上）。遗憾的是，那些没有受过训练如何区分这两者的人也许无法明白，为什么得不到期望之物，他们还不应该觉得是受到了惩罚。

家长告诉孩子如果一直表现良好，星期天就会带他去看马戏表演。结果，星期六孩子惹恼了家长，于是我们又听到了熟悉的警告："再这样明天别想去看马戏。"这种威胁取消奖励所产生的作用无异于动用惩罚，对此难道还有什么疑问吗？

即使位高权重者并不是有意取消奖励（达到了一定的标准就得到奖励），但因没能达到标准而无法获得奖励的情形仍随处可见。奖励越诱人，得到的可能性越大，未得到奖励而受的打击也越大。而且还要考虑即使努力得到了奖励或者赢得了比赛，使用奖励本身也是有负面影响的，"想想努力得奖却失之交臂、努力比赛却铩羽而归所产生的影响！"

出路似乎只有两条，一是不管是否达到要求一概给予奖励。公平理论的拥护者认为这种做法很可怕，他们的口号是："不劳无获！没有免费的午餐！（过去几年里报刊杂志上登了一些批评奖励孩子的文章，但实际上他们批评的是奖励给得太勤、太轻易。）但依我之见，无条件给出的好处根本不是奖励。究其本质，奖励是人们想要的东西或事情，达到要求才能获得：只有做这个才能得到那个。答应明天给你个香蕉不是奖励，"你今天帮我忙，明天给你个香蕉"才是奖励，如果我没给你香蕉，你可能觉得犹如受罚。要避免此类情况发生，我得尽力不随心所欲地施予奖励。

另一种做法是事先不设定标准也不承诺给予奖励，主管事后才拿出奖赏："你昨天帮了我，给你个香蕉。"颇为巧合的是，大部分研究发现不期而至的奖励比事先知晓并刻意去获取的奖励有较少的破坏性，但除了阻止人们希望明天还有奖励这样的实际原因，绝大部分时候人们都会事先许以奖励，这并非偶然，其中的关键在于要控制人们的行为，最有效的办法就是告诉他们如果顺从会有什么好处，如果不合作又会发生什么。正因为如此，最终得不到奖励，这一结果可能使整个过程变得具有惩罚性。胡萝卜里裹着大棒。

这里的反证可不是学术探讨。大部分商人都能记起一两个他们或他们的同行翘首期盼奖金，最终出于某种原因无法得到奖金而灰心丧气的例子。父母们也随时可以告诉你，孩子在学校没能得到盼望的奖励经历了同样的打击。我们大部分人对这些现象司空见惯，但很少有人想到这些是采用奖励手段时广泛存在而且常见的弊病。

新派规劝我们"抓住"行事正确的人并给予奖励，旧派要我们"抓住"犯错的人并威胁如若再犯必受处罚，前者对后者并没有多大的提高和改进。两种方法都旨在"抓住"很多人。这不只是玩弄字眼,我们正在说的是觉得被控制和被惩罚的感受,而这些感受恰好阻碍了人们有效地工作和学习。

原因二:奖励破坏人际关系

前面我提到,奖励和惩罚尤其盛行于不对等的人际关系,亦即一方比另一方掌有更大权力的人际关系。而更令人不安的是,奖励和惩罚如果没有导致,也至少加深了这种不平衡。从原则上来说,如果我们希望尽力缩小人们之间权力的差距,那么我们已经有理由把广泛应用的行为主义搁到一边。

但是,这一普遍原则只是故事的开始。奖励还以特定的方式破坏与学习、创造力和培养责任心明显相关的人际关系。这些破坏性的影响既存在于横向的关系(同伴间的),也存在于纵向的关系(身份地位有差异的,如教师和学生,父母和子女,上司和员工)。

考虑一下同事间或学生间的关系。首先需要澄清,合作不仅使任务更愉快,在许多时候还是保证质量的先决条件。越来越多的教师、主管已经认同,如果团队成员能共享资源,交流知识技巧,每个成员得到鼓励并被帮助发挥到最佳水平,那么这样的团队最有可能关系融洽,表现优秀。

与此相反,奖励典型地基于错误的假设,用组织心理学家琼·皮尔斯的话来说就是:"团队的成绩是个体表现的简单加总",这个观点显然忽视了团队合作的本质和价值。在课堂上,教师,尤其是醉心于奖惩的教师,主要传递出的是那种老掉牙的信息:"我想看看你能做什么,而不是你周围的同学能做什么。"这种个人主义的训练一直持续，尽管有大量的证据表明，学生在精心搭建的小组里所达到的学习质量，远比即使是最机敏的人单干要高。正如两位教育心理学家常说的："集体比个体更聪明。"

从最好的角度来说，奖励并不能促进合作或培养集体意识。但实际上远不止如此，奖励还经常妨碍这些目标的实现，因为正如两个世纪前，纽约的一些教育家观摩了当时的一个行为修正计划后发现的那样，当人们为了诱人的奖励你争我夺时，就会产生"冲突和嫉妒"的暗流。奖励使得"抱怨不公正的待遇"和"争宠"相当普遍。

通常，奖励不利于培养和维持良好的人际关系，这种关系有助于提升积极的学习和工作表现。但是，有两种常用的奖励手段会制造出明显的相互对立，从而使事情变得更糟。一种是人为地造成短缺。想象教室里坐着二三十个学生，你是其中之一，新学年一开始老师就宣布说，每周五测验得分最高的学生有资格佩戴本周的天才徽章，并享受由此带来的种种特权。这会如何影响你对你身边同学的看法？你有多大的可能性会帮助别人完成作业？在这样的班级让集体意识深入人心会有多难？

在这种情况下，不管每个学生每次测验的成绩有多好，只有一位能得奖。如此，老师教给学生的重要一课——事实上，这是任何一种竞争的核心要义——就是：他人都是你成功道路上的潜在障碍。如果奖励机制使人们互为对手，可以预料的结果是，每个人都会带着怀疑和敌意看待他人，同时依其相对地位的不同，对别人的态度要么是蔑视要么是羡慕。

在引导人们寻求奖励的种种方法中，我想最具破坏性的是设置数量限制，这样做几乎抹杀了人们互相帮助的可能性，取而代之的是每个人都力争打败他人。但是，不论是标准化的个人奖励机制[1]还是对奖励的争夺使然，竞争之所以具有破坏性，远远不只是因为竞争妨碍了通往成功所需的团队合作这一事实，还有好几个原因。

首先，大部分竞争导致不同类型和程度的焦虑，从而妨碍了表现。其次，认为自己无望获胜的人会灰心丧气，干脆放弃努力，除了打败同伴，他们没有理由全身心投入，而他们确信自己打败同伴是不可能的，因此这些人明显缺乏动力。第三，心理学家卡洛尔·艾姆斯作过一系列的研究，发现与非竞争性努力的结果相比，人们往往会把竞赛结果归咎于他们无法控制的因素，比如天赋或运气。这样的结果既是无奈，也是为未来的表现开脱责任。

但竞争在行为主义的主题中只是一种制造敌意的形式，另一种形式是集体奖励。老师语气庄重地说："如果我们大家一直表现良好"（尽管老师本身的行为不会出问题，但在这里还是用了第一人称），"那么今天放学时我们就可以举行一个冰淇淋派对！"教室里一片兴奋的嗡嗡声，但很快又归于安静，因为他们意识到，任何一个捣蛋鬼都会砸了这个聚会，而其他人跟着倒霉。这一招欲擒故纵是握有权力者最常用的、明显富于操纵性和控制性的策略，它造成特别有害的同伴压力，它不鼓励为别人着想，不鼓励真正的互相关心。"孩子们，我很遗憾地告诉大家，下午的派对取消了"，因为某个孩子的表现不好，可怜的孩子。其他孩子会因为老师先给出诱惑继而使他们失望，或者使他们互相对立而憎恨老师吗？当然不会，他们会把怒气撒向被老师点名的调皮鬼。这自然是要点所在：分而治之。

---

[1] 一些作者已经承认这些问题的存在，并建议在工作场所或学校里，应停止个人奖励，转而采用团队奖励。遗憾的是，对团队提供奖励只不过把冲突转换到另一个层次，造成团队之间的竞争最大化、合作最小化。而且，本章和下一章讨论的另外四个问题并不是由于获奖人数的多少而产生的。有研究表明："由团队共享的奖励并不会改善绩效奖励的负面效果。"

集体惩罚被普遍认为有失公允，可集体奖励也好不到哪儿去，而且集体奖励和人为造成短缺的奖励不只限于小学。许多公司毫不掩饰地让员工互相对立，或者根据整个部门的表现来决定奖励。在这种情况下，完全没有必要宣布谁该为上季度令人失望的业绩负责，因为总能找到替罪羊，不管此人是否该对此责任。此外，不信任和压力在这样的体制中盛行。在一个"工资由大家的努力决定的"公司，"同事间的压力非常大，以至于工作的头两年被称为炼狱"。

有几份研究报告仔细审视了当别人的行为决定我们是否得到奖励时，我们是如何看待别人的。上文已提及，一些年龄稍长的女孩因辅导比她们小的女孩而被许以奖励，但她们的教导不仅效率不高，而且"还把小女孩看作是可以利用来达到目的的工具"。如果小女孩学得不够快，就会遭到批评。在另一个不同类型的实验中，研究人员仅仅请年轻人注意他们可能得到的奖励是一种浪漫的人际关系（比如，给朋友留下深刻印象），结果，相比于那些没有被告知要关注这些因素的年轻人，这群年轻人当中有许多最后都说他们不怎么喜欢同伴。

此处的要点是，不管人们是否因为被许以奖励而对别人怀有敌意，他们都受到了引导，把工作或学习视为达到目的的手段，这个事实意味着他们不太可能对别人怀有好感、交流思想或交换意见。某些奖励方法比另一些更能加剧竞争、阻碍合作，但是这种破坏性会大到什么程度，可能最终取决于对任务质量的损害有多大。

至此我已经讨论了奖励对地位相当的人际关系的作用。另一种被奖励影响的人际关系是施予者和接受者的关系。即使在有的情况下我们对这种不对等关系没有异议，但我们还是需要理解奖励对施予者和接受者之间的互动产生了什么样的影响。例如，养育或教育孩子的人也许想和每个孩子建立关爱呵护的关系，让他或她觉得任何时候碰到问题都可以安心地前来寻求帮助。这可能是帮助孩子健康成长、树立良好价值观的最基本要求。出于学习上的原因，老师也应该和学生培养这样的关系，学生才有可能自在地承认错误、接受指导。同样的目标也适用于公司，在公司里营造出相互信任、开放交流、乐于求助的工作氛围是相当重要的。

但奖励和惩罚恰恰扼杀了这些。如果父母、教师、主管处于判官的位置，而他们的意见又能左右你得奖或受罚，这只能使你们之间的关系反常。你不会和别人互相合作，一起工作、学习、成长；你只会设法让"判官"赞同你所做的，以得到诱人的奖励。例如，如果"奖励的主要依据是老板的一时兴起，你只能尽力与老板搞好关系"。于是，你有强烈的诱因去掩盖问题，去花精力打动（或奉承）掌权者。至少有一份研究证实，一旦成为持有胡萝卜和大棒的掌权者，平时可能求助于他的人们便不大可能再求助于他了。不用说，当人们需要帮助的时候却不寻求帮助，那无论什么任务都不会做得最好。

如果掌权者被认为是惩罚者，例如把孩子叫进房间批评的家长，在学生的本子上打0分的老师，可能会对你做出不利的绩效评估的上司，这样的结果更显而易见。如果你是受罚者，看见这样的人走近你时，你的感觉和从后视镜中看见警车差不多。（这也是父母对孩子不良表现之"严重后果"实施惩罚所付的代价。）

一些观察家没有发现的是，如果我们认为掌权者是取悦的对象或者掌权者令人生畏，那两者之间的关系必然破裂。威廉·格莱赛孜孜以求25年，竭力想把学校改造成学生永远不会受到惩罚、永远不会感觉自己一事无成的地方，但他的错误在于建议教师用"奖励而不是惩罚"来改变不利于孩子成长的环境。用奖励替代惩罚并不能营造不同的环境，至少在所有重要的方面不可能有所不同。奖励和惩罚都诱导出某种行为模式，不论是为了赢得奖励还是避免惩罚，人们都会竞相给手握赏罚大权的人留下深刻的印象或拍他们的马屁。不管是奖励还是惩罚，都使我们缺失了那种包含真正的关心、鼓励我们打开心扉、不怕遭受打击的人际关系，那种激励人们尽情发挥、在生活中创造变化的人际关系。

奖励的基本性质是控制，这一点对受控者是显而易见的，同样，对需要依赖他人获得想要的东西的人，奖励对人际关系的影响也一目了然。正因如此，分发奖励的人最重要的是设身处地，把自己想象成需要依赖别人获取东西的人，并反思两者之间存在的这种关系（以及对方在这种关系中因别无选择所承受的种种后果）。有些人既对下属的奖惩有决定权，同时又在他们上司的考核掌控中，对这类人来说，转换角度考虑问题相对容易。

当然，是否有奖励只是影响人际关系质量的一个因素，但人们往往忽略了这一因素强调奉承而不是信任、使人感受到被评判而不是被支持的倾向。这种忽略加上追求诱人奖励对人际关系的影响，充分解释了奖励为什么经常削弱了人们的表现。

原因三：奖励忽视了问题的原因

除了习惯性使用奖励和惩罚的场合，人们一般只有在出问题时才搬出奖惩手段。孩子的表现不如人意，学生缺乏学习动力，员工没把工作做好，这时我们便祭出强化手段。

人们之所以尤其喜欢干预行为是因为它对干预者要求甚低。自然，干预手段的使用也需要技巧，但即使是最精细的行为修正手段也很容易完成，原因很简单：**奖励根本不要求人们关注问题产生背后的原因**，你不会探究孩子为什么尖叫，学生为什么不做作业，员工为什么工作马虎。你要做的只是贿赂或威胁对方，使其顺从。（请注意，这也表明奖励和惩罚基本相似。）

不久前弗吉尼亚州的一位母亲给我写信，质疑我对行为操纵的批评，她写道："我那将近 3 岁的女儿……到睡觉时一次又一次跑出房间，在这种情况下，如果对孩子既不能惩罚（或者允许她不睡觉的后果）也不能奖励（贿赂）……我该怎么办？"好吧，让我们考量三种可以用来对付不愿待在床上的孩子的办法。行为学家甲赞同"严重后果法"："我数到 3 你还不上床，小姑娘，你一个星期不能看电视！"行为学家乙青睐奖励："如果你连着 3 个晚上一觉睡到天亮，亲爱的，我就给你买你想要的泰迪熊。"

然而非行为主义学者不禁要问，连孩子为什么不断地溜下床都不知道，又遑论斗胆建议解决办法。不用太费劲我们便可想象孩子之所以这么做的种种可能：也许上床太早，还不困；也许觉得还没能和父母好好地待在一起，而晚上是最佳时机，可以跟父母撒欢并说说话；也许还在为几小时前发生的事烦心，需要重新梳理当天发生的事情，理解所发生的一切；也许床底下有怪物；再或者只是听见客厅里有人说话。（有人会老得不记得孩提时一上床就开始兴奋的情形吗？）

问题的关键是我们还不知道究竟是怎么回事，但行为主义学家提出的解决办法却不"要求"我们去了解。借用 1980 年代后期的一则啤酒广告，它们的信条似乎是："为什么问为什么？"这种态度既有助于解释奖惩模式的普遍流行，又揭示了其长期必定无效。孩子晚上不愿意待在床上的原因多种多样，每一种都要求不同的解决方法。（这也是很难给寻求"可替代奖励的方法"的人简单回答的原因。）事实上奖励完全不是解决之道，而只是掩盖问题和忽视原因的花招、捷径和速效药，只看到表面，没有深入。[1]

从另一个视角来看，这类批评并不新鲜，这就是早在几十年前提出的弗洛伊德学说。弗洛伊德坚持认为行为疗法事实上只涉及深层问题的表面症状，而潜在的情感问题会以各种形式的新症状不断呈现。不过，你无须成为心理分析师也能看出行为主义方法的缺陷。我们不一定需要把我们的行为归咎于无意识的愿望、恐惧或者受到压抑的童年经历，才能认清仅仅用贿赂或威胁来控制个体行为并没有切中要点的事实。

假设有位学生上课老是迟到，或者在老师讲课时常常打瞌睡。这样的行为可能暗示着，也许是因为欠缺学习技巧，也许是因为不适应老师的授课方法，也许是因为其他原因，学生费了老大劲儿也还是不理解老师布置的作业，于是这位学生决定放弃这门课。不管问题症结何在，如果我们仅仅通过许诺上课准时并认真听讲就能得奖（或者没有改进就要受罚）来进行干预，那么问题是仍未解决的。而且，如果这位学生进步不够大，不会得到奖励，那么这种做法会使得学生更不愿意学这门课，产生更糟的自我形象和恶性循环。

同样的情况也发生在成年的员工身上，不论他们是从事何种工作。员工的表现突然变糟经常是因为出现了家庭矛盾，而长期表现平平可能是因为工作本身或者公司的制度有问题，比如公司的制度让员工对无力控制的事情负责。把工作变成表演秀（"告诉员工如果他们能提高效率，我们就有精美的奖品……"）完全不解决根本问题，也无法带来有意义的改变。我们并不需要艰深的心理学理论就能辨别正在发生什么，

---

[1] 即使当我们认为某种行为的原因显而易见时，还是存在某些更深层次的原因。比如，一个小孩在被警告不要吃糖之后继续吃，我们会觉得原因很简单：因为糖很甜。但是，也许还有一些眼下看不见的原因，比如，学校的午餐是不是没有让孩子吃饱？他是不是通过吃糖故意违背警告来表达对另外一件事情的愤怒？即使当我们确定没有其他的原因、孩子的逆反行为显而易见时，我们无论如何也需要说出原因，而不是仅仅试图改变孩子的行为。

人们究竟是真正出于努力工作的意愿，还是因为有诱人的奖励在眼前晃悠。

再来看一个公共政策的例子。一些政治家注意到家庭贫困的青少年常常放弃上高中，于是采取奖惩手段。如果他们能正常上学，就给予额外的公共资助，如果辍学，就罚以削减福利，有时甚至还威胁要停发给父母的资助款，以便使父母给孩子施压重回学校。除了对这些手段公平与否的担心，令我感兴趣的是，政治家们没有考虑人们，尤其是住在中心城区的穷人决定不再上学的根本原因，他们没有触及造成贫困及业已发现的课程设置与现实脱节的结构上的原因，而是倾向用胡萝卜加大棒来操纵人们的行为。如果这些家庭迫切需要钱，那么资助款在短时期内就能成功提高出勤率，但却无法触及深层问题。

有些人采用奖励手段是因为他们没有耐心去等待结果，他们的注意力短浅，只关注底线而不在乎"深层问题"。有些人受另一种观点引导，这种观点认为这些深层问题实际上没什么区别。行为主义理论的核心是人类只不过是行为的集合，这也是行为主义策略得以采用的基础，改变人们的行为，你就解决了问题。有位作者把行为主义非常简要地描述为："将内在动机和外部表达混为一谈。"但我的观点是，不仅行为主义的心理学理论不够完善，而且行为主义的实践也是徒劳无功，如果我们不触及造成问题的根本原因，问题永远无法解决。

这并不是说采用奖惩刺激的人非常乏味或者麻木不仁，以至于没有去注意或关心其他因素。挥动成绩册（在理论上，对得 A 的渴望和对不及格的恐惧都是动力）的老师也许可以意识到，有的学生成绩不好是由于其家庭环境虐待孩子，甚至由此还会去尝试帮助学生。因此，我的目的不是要指出采用奖励手段的人一般都是什么类型，而是要探究这种策略本身的含义。在实践中，行为干预**排除**了对最重要原因的考虑；实际上，行为干预**分散**了干预者对这些重要原因的注意力。这又一次说明，为什么通过奖励来激励人们并不是非常有用的策略。

原因四：奖励阻止了冒险

奖励有时能增加我们按照别人希望的方式行事的可能性，但奖励同时还起了我们大多数人没有注意到的作用：它改变了我们从事特定行为的方式。在受奖励驱动时，一开始，我们关注的焦点就典型地比没有奖励时狭窄；我们不太可能去注意或记住与我们所从事活动无关的事情。

比如说，你拿到一叠卡片，每张卡片上印着不同的词，而且每张卡片的颜色也不同。你被告知，如果成功地记住所有的词，你会得到奖励，于是你开始背单词。稍后，在你尽力记住尽可能多的单词后，你却又被出人意料地要求记住与每个单词相对应的卡片颜色。结果，很可能你完成得远不如得到同样的指令却没有得到奖励许诺的人好。

这个例子被研究人员称为"偶发性学习"，这类学习总是使表现受到奖励的损害，但这种情况发生的原因比结果更重要。其根本的原理可以概括为：**在受到奖励驱使时，我们就只做能得到奖励的事**。我们不仅不太可能去注意任务的次要特点，而且在完成的过程中也不太会去冒险，不愿尝试各种可能性，或者担心也许没有回报而不敢凭直觉行事。我们要尽力避免冒险，因为我们的目标不是投入一场自由的思想交锋，而只是为了得到诱人的奖励。一组研究人员解释说，当我们受奖励驱使做事时，"可取的特点是可预见性和简单性，因为在这种导向下，人们的基本关注焦点是把任务对付过去，以达到所求目标"。另一位心理学家的表达更简洁，他认为奖励是"探索的敌人"。

这并不是说我们无法通过奖励来促使人们进行某种冒险。报纸的体育版和商业版里布满了各种希望促使人们赌博来赢大钱的广告,但请注意这类冒险非常狭隘。第一,赌博者试图通过使风险最小化以赢取最多的钱,这就是为什么他们在下注之前仔细研究马或股票。他们对回报考虑得越多,越要寻求确定性,甚至对那些在本质上就无法提供绝对确定性的事情也是如此。第二,赌博者从事的是风险的本质(有时候甚至连确切程度)都已明确界定的冒险,他们不是从新的方向挑战某项活动的界限。自相矛盾的是,他们是在靠着运气做着结果明确的事。

与此相反,要尝试新的可能性、更有意义的冒险恰恰是人们在试图获得奖励时不可能去干的。在大部分奖励活动中,更为常见的是缺乏思考、贪图便利的取向,这刚好与独创性的要求背道而驰。

特丽莎·艾玛比尔专门研究这一课题,她要我们想象一只老鼠在行为主义学家设计的迷宫中寻找通向奶酪的路。老鼠没有停下来权衡一下是不是尝试另一条路更好,就朝一条道跑去,那条道上奶酪的味道并不明显,没有多少希望找到聪明的捷径。它没有考虑它那小小的短腿能跑多快,就朝着它以为早餐准备好了的地方跑去。"走出迷宫最安全、最确定、最快的方法是走已被走过多次的那条路,没有创意的那条路。"艾玛比尔说。"越是一心一意地追求外部目标,越不可能去探索独创的可能性。"她补充说,由奖励引发的狭隘关注焦点同样令人担忧,因为愿意接受"表面上与(任务)无关的种种可能性也许正是独创性的要求"。偶发性学习也许最后变成了四平八稳却毫无创意。

但是,如果把创造力引入这个过程会怎么样?如果人们为了得到奖励可以尝试一切,若需要创造力,难道他们不会去创造性地思考吗?哎呀,正如巴利·史华兹所发现的,事情没那么简单。他用强化手段使鸽子用与前一次模式不同的次序啄食,结果不成功,最终他得出结论:变化有可能产生,但只能随机出现。他提出论点说,要训练出真正的新行为,困难之处不是鸽子不太聪明这一事实,而在于强化手段的内在本质。我们需要明确描述出某些行为共有的特点，这样在这些特点（只有在这些特点）出现时我们才可以给出奖励。但是当我们寻找的是新的东西时，这么做是不可能的。

史华兹继而转向以人类为对象的更复杂的实验。他发现，奖励有时似乎能诱导出做事情的"模式化"和重复性的方法，毕竟"一旦人们发现某种反应模式可靠有效（保证能得到奖励），那么偏离这种模式就没有意义，甚至是愚蠢"。史华兹发现，令人遗憾的是，当我们因所作所为得到奖励时，我们解决问题——甚至是非常困难的问题——的方法就不太可能具有灵活性和创新性。为什么如此呢？"强化手段鼓励重复过去成功的经验，部分原因是因为强化的目的不是要产生一般准则或规则之类的东西，而是要产生另一种强化刺激。"

要成为一个优秀的行为科学家或别的科学家，你必须预料甚至欢迎负面结果，只有通过比较哪些事件导致和不导致某种结果，我们才能明白发生了什么以及为什么。但正如史华兹观察到的，冲着奖励做事的人不想冒险，不想有负面结果，他们想要尽可能快、尽可能多的成功。当然，这一认识对我们如何培养物理学家有重要含义，也对我们如何建立机构和课堂来鼓励人们进行系统的思考有重要含义。

不过，说我们冲着奖励做事时只想尽快成功也不完全准确。真相其实更糟，我们的目标不是成功地、高质量地完成任务，而是成功地获得奖励。如果有可能不用完成任务就能获得奖励，我们立刻就会把任务扔掉。科特·列文早在 1930 年代就多次强调这一点，1980 年代有两位研究人员用实验证实了这个结果。

如果我们确实常常能完成任务，那是因为这么做是得到诱人奖励的先决条件。但即使事实的确如此，有选择的话，我们仍会挑最容易的活儿来干。至少有十份研究报告发现了这点，为得到玩具而参加活动的学龄前儿童，为得到好成绩而努力的学生，为得到金钱而工作的成年人，都尽力避免挑战。而且，研究报告显示了：（1）奖励越大，人们会选择更容易的活儿；（2）奖励停止时，原先获得过奖励的人会选择尽可能少做；（3）人们不仅在有奖励时更倾向于选择容易的任务，一般来说，冲着奖励做事的人也更青睐容易的任务。

此处提出的基本观点合乎逻辑。如果你被许诺有奖励，你逐渐会把任务看成是挡在你和奖励之间的障碍。工作越容易，你就能完成得越快、得到奖励也越快。这很合乎逻辑，但其实际含义令人吃惊。我们的普遍浸透着流行行为主义的工作场所和教室，竟然阻碍着人们去冒险、去创造性地思考和挑战自己。

来看看现在颇为流行的一个读书激励计划：读了一定数量书籍的孩子可以得到免费披萨。如果你是这个项目的参加者，你可能会选择哪一类书？很可能是那些简单容易的书。这种选择对你的阅读技巧和你对书籍的态度会产生什么影响？答案显而易见是令人沮丧的。如果我们想要孩子们多读书，仔细读，在意读，那么用一些东西——不管是好吃的还是其他什么——来贿赂他们恰恰是错误的方法。

同样，让学生关注分数，我们也许可以促使他们好好完成学习任务。但结果他们会喜欢什么样的任务呢？每次老师提醒全班同学一项任务"值得"做（不是指"值得"这个词的本意，而是说它意味着可以带来多少分）时，每次父母问孩子他的文章"得"了多少分，而不是从写作本身收获到什么时，他们都在给孩子教了重要的一课：上学不是为了尝试不同的想法或者在智力上冒险，而是要做必要的事，而且只做必要的事，以最终得到一个更好的分数。大部分学生会很快适应我们的做法，选择"能够分数最大化的事，而不是去尝试他们也许会失败的任务，即便在其他情况下，他们会更可能选择更大程度地挑战自己"。

上述引文的最后部分非常关键。如果说到目前为止我们还没能注意到奖励——分数当然只是一个例子——有这些令人不快的效果，这可能是因为我们以为人天生避免挑战自己，"懒惰"是人的天性。然而，证据却表明，人的天性其实更倾向于寻求最大限度的挑战、历尽万难去理解世界、尝试新的想法。人类倾向于努力获得成功，尝试（适当）困难的事。但通常，当有外力，比如奖励干预时，我们会退缩并选择容易的出路。如果我们周围的人大都挑容易的事做，也许是因为奖励就在我们身边。

正如一位有行为主义倾向的教师也有可能会思考某位学生的行为的深层原因，我们也可以设想被许诺有奖励的人会选择冒险，从事具有挑战性的任务。理论上，要做到这一点，必须有一个意志足够坚定的人克服掉几乎所有的心理作用，必须把奖励在本质上倾向于诱导形成的心态扭转过来。大部分人在奖励的刺激下都会以前述的态度完成任务。如果这一取向令我们困扰，那么要鼓励人们"具有创造性"或者"再进一步向前探索"，用惯常的奖励手段是很难奏效的。

"做这个就能得到那个"使人们聚焦在"那个"而不是"这个"上。如果我们在乎创造性，那么提醒员工想想工资袋里有多少钱，或者使学生担心成绩册上的分数，是在万不得已的情况下才能用的最后一招。我们可以把这场讨论概括如下：奖励能激励人们吗？绝对能，奖励能激励人们获得奖励。

第五章　降低兴趣：奖励失败的第五个原因

> 谁说通过奖励人们做他们爱做的事，就能把玩耍变成工作？
>
> ——罗斯玛丽·安德森等，1976

现在欢迎来讨论行为主义的应用可能带来的最悲剧性的后果，同时也是其之所以失败的最重要原因：奖励怎样改变了人们对所做之事的感觉。

心理学家们有时把奖励和惩罚称为"外在"驱动力，因为它们是任务本身之外的诱惑。当一个人受到引导去考虑做某事能得到什么时，他就可以被描述为受外在动力驱使，与此相反的是内在动力，其基本含义是享受做事本身。

如果我们旨在追求平等，或是长期献身于一种价值观或行为，那么没有任何人为的刺激能比得上内在动力的力量。想象一下你认识的某个工作极其出色的人。现在问问你自己，他的汽车保险杠上有没有贴着纸条说："我欠债，我欠债，所以我得去上班"，或者"感谢上帝，今天终于是星期五了"，或者"工作真讨厌，但我需要钞票"。显然，我们不会把这些与工作出色的人联系起来。他们可以是很高兴得到报酬，甚至对丰厚的报酬更高兴，但他们不会把自己看成是主要为了报酬而工作。他们热爱自己的工作，有时候甚至利用自己的私人时间来工作。

这并不是说兴趣完全决定了我们能在多大程度上把事情干好，也不是说兴趣甚至完全解释了为什么在有奖励的情况下我们的表现也下降。但是内在动力仍旧是一个强大的预测器，它能预示人们在工作场所的表现是否出色，或在学校里的学习是否优秀。根据已有的证据，一组研究人员发现："受内在动力驱使的人在工作或学习中的表现与那些成就动力很高的人相同：他们追求最大的挑战，展示更伟大的创新，在充满挑战的环境下往往表现得更好。"

外在动力如果取代了真正的兴趣，无疑是件很糟糕的事情，对此很少有人会感到吃惊。但令人吃惊和不安的是，奖励和惩罚一样，实际上损害了内在动力，而内在动力才能促使人们达到最佳表现。我先前已经提到，当我们认为自己完成一项任务是为了获得奖励时，我们通常会改变对任务的看法。现在，我们对这个结果来做更仔细的探索。

老人的计谋

心理学，尤其是社会心理学常常被指责为除了确认一些常识和用听起来更令人印象深刻的语言描述我们已知的真相外，什么也没做。只有当研究人员发现某些能颠覆传统看法的东西时，它才是值得关注的。而奖励如何影响了成绩，这一发现恰恰就提供了一个颠覆常理的教科书案例（尽管这仍旧被许多心理学教科书所忽视）。一旦把奖励对最终成果的刺激作用剥离开来，我们就看到了一样没有比之更基本更重要的东西：奖励对兴趣的影响。

这项研究最早出现在1970年代初，正如科学家经常发生的情况那样，两位各自独立研究的人员却意外得到了同样的发现。这两位二十八九岁的心理学家相隔遥远，喜欢用不同的实验方法。罗切斯特大学的爱德华·戴奇在大学生中做了一系列实验。实验的基本设计出奇得简单，而且还带有一点欺骗，社会心理学研究中常常如此。每个实验对象被要求解出一个空间关系难题，一半人被许诺以奖金，另一半人则没有。然后实验者宣布，再过几分钟，实验的下一个阶段就要开始。实验对象独自留在房间里等候，他／她可以继续解题，也可以看杂志或做做白日梦。

实际上这就是实验的下一个阶段，有人偷偷观察实验对象，看他们可以自行选择时，还会花多长时间解题。结果是得到报酬的比没有得到报酬的人持续研究的时间短。这显示为奖励而工作使人们对任务兴趣减少，或者用戴奇的话来说："钱会'收买'走人们从事一项活动的内在动力。"

当这份已发表的实验报告和其他邮件一起送到斯坦福大学的马克·莱帕手上时，他正忙于写他自己的研究报告。莱帕是在1960年代后期开始对这一课题感兴趣的，当时他观察了提高班上的孩子，发现许多老师用奖励诱使孩子们玩学习游戏，孩子们顺从地做了。可是一旦没了奖励，这些孩子就再不想做这些活动。然而，在那些让孩子们自己决定玩什么游戏的班上，好多孩子急切地玩着同样的游戏。

"你无须成为心理学家也能看出奖励确实起到了作用，即控制孩子们的行为，"多年以后莱帕说。"但是奖励的负面影响较难看出。如果我没去其他（不采用奖励）的学校，没看见那里的孩子热爱这些活动的话，我也不一定会注意到这些负面影响。"

莱帕和同事们着手做一项实验，目的是要弄明白在这些提高班里发生了什么。他们给 51 个学龄前儿童一个机会，用神奇的记号笔画画，记号笔对这个年龄段的大部分儿童很有吸引力。然而其中的一部分孩子被告知，如果他们画画，就能得到一张特别的、个性化的、用红绸带和金星装饰的证书。他们去教室观察了一个星期，两个星期后又去观察孩子们，莱帕发现，那些事先被告知能收到证书的孩子不如其他孩子对用神奇的记号笔画画感兴趣，甚至还不如他们自己得到奖励承诺前的兴趣大。

戴奇研究的是金钱奖励对成年人解题兴趣的直接影响，而莱帕关注的是象征性的奖励对孩子画画兴趣的延迟影响。尽管两者出发点不同，却都得出了同样的结果：外在的奖励减少内在的动力。人们对他们所做之事的兴趣通常因为会得到奖励而减少，在随后的二十年里，很多研究报告都证实了这个结论。尽管效果的强弱受各种因素的影响，这些我在后面的章节中会涉及，尽管对这个研究本身有见仁见智的批评，但这些研究得出的结论是毋庸置疑的。值得注意的是，这个结论在相关的教育学和组织心理学领域都不广为人知，更不用说整个社会了。

一方面，奖励扼杀兴趣这一发现让人们非常惊讶。人们普遍错误地认为，如果你给做某件事以刺激（如金钱和分数），个人做这件事的动力会自动增加。另一方面，一旦有人描述和解释这个发现，许多人立刻认为这是可信的。毕竟我们大多数人都能想起，我们曾出于乐趣做某事，但自从因为做这件事可以得奖以后，我们就无法接受没有奖励而免费做此事了。采用了奖励后，我们的内在动力或多或少地蒸发了。

和上述的大量研究一样，一则古老的笑话也抓住了这个现象的本质。有一位上了年纪的老人，每天得忍受一群放学回家路过他住处的 10 岁孩子的污辱。一天下午，孩子们对老人又是一番嘲笑，说他有多愚蠢、多丑陋、头顶有多光秃秃。老人想出了一个计谋。星期一，他在门口的草地上跟孩子们打招呼说，第二天再回到这儿朝着他大喊大叫高声辱骂的人能得到1美元,孩子们又惊讶又兴奋,星期二甚至早早地来了,声嘶力竭地大喊大叫。老人恪守诺言,缓步走出屋子,给了每个孩子1美元。"明天再来,"他对他们说,"使劲儿喊叫一阵儿,你们可以得到25美分。"孩子们觉得这还不错,星期三又来嘲笑了他一番。刚听见嘘声,老人就拿着一卷25美分硬币走出来,给孩子们付清了款。"从今以后,"他宣布说,"你们这么做我只能给你们1美分了。"孩子们怀疑地互相看着,"1美分?"他们不屑地说道,"算了吧!"他们再也没回来。

老人的计谋虽然狡猾但却出奇简单。他奖赏孩子们自愿做的事,这在孩子们看来很有趣,并立刻把骚扰老人看成是为了得到奖赏,而一旦没了奖赏,他们就再也不出现了。自然这就是关键所在:逐渐消耗他们的内在动力。但不管我们是否认识到,这也正是我们上百万人——善意的父母、老师、经理——对受到我们奖励的人所做的:扼杀他们对我们贿赂诱导之事的兴趣。

有一位研究人员发表的一份令人印象深刻的研究报告证实了这个结果。这位研究人员的研究专长不是奖励而是对食物的偏好。伊利诺斯大学的丽恩·利普斯·波奇和她的同事们让一群孩子喝一种果味酸奶饮料,孩子们以前从未喝过这种饮料。他们把孩子分成三组:一组孩子每人拿到满满一杯饮料,一组孩子得到表扬("你把它喝光了,这就对了"),另一组喝了饮料能得到免费的电影票。

谁喝得更多?当然斯金纳会预测说那些得到口头奖励或实物奖励的孩子喝掉的饮料更多,他预测得对吗?我向刚得知奖励是坏事的人提出此问题,他们大部分人都以为斯金纳说的一定是错的,或者至少认为,要是不能反驳斯金纳的预测的话,我是不会提到这个研究报告的。但是,斯金纳的预测事实上完全正确。如果奖励有足够的吸引力,人们会不惜一切去得到它。多喝几大口酸奶饮料就得到一张电影票当然值。

但波奇感兴趣的不是提供奖励时谁会喝更多的饮料，她想知道的是这么做会如何影响孩子们的长期食物偏好。她发现，那些喝了饮料但什么也没得到的孩子一星期后还依然喜欢同样的饮料，但令她吃惊的是，那些得到电影票，甚至只得到表扬的孩子，现在发现这个饮料不那么吸引人了。

可能除了牧场主，没人特别在意孩子们对这个饮料的看法。当然，这儿的要点是：强化手段也会扼杀我们对创造性写作、金融分析、慷慨的行为或任何我们所珍视事物的趣味。事实上，这样的影响如此显见，以至于奖励可以被视为一种有意削弱兴趣的聪明策略。最近有人告诉我，一位主日学校的老师用糖果奖励正确背诵《圣经》的学生。这使我想到，考虑到可能产生的长期效果，这么做也许是培养狂热的反宗教分子的精明策略。

全国小学生们经历的所有奖励阅读的运动，审慎地证明了有多少父母和教育家受困于斯金纳的思想模式，这些证据也更普遍地表明了依赖外在动机的结果。当被问到必胜客的阅读换食物的活动可能产生什么结果时，教育心理学家约翰·尼奇尔斯半开玩笑地回答道，这项活动很可能制造出"大量不爱读书的肥胖儿童"。

考虑一下下面这段从《今日美国》近日刊登的文章中摘取的片段：

> 学校放暑假了，费城的一位母亲担心她9岁的儿子在3个月的假期里不读书。"他还没有学会热爱阅读"，克丽思蒂纳·朗说，"他只读学校要求他看的书"。
>
> 但格利戈·普莱斯特格德知道他可以通过学校图书馆的阅读活动，用读书来换取棒球卡和其他奖品之后，情况就不一样了。
>
> 两天后这位贪婪的棒球迷借了6本书。"我这么做的理由是，"格利戈说，"我必须集到一百万张棒球卡"。

文章接着指出这个暑期读书活动与国内其他给多读书的孩子提供电影聚会、动物园门票和其他奖励的活动相似。实施这些读书活动的图书管理员和支持这些活动的家长很可能怀有最良好的意愿，但如果朗女士是个典型，那么他们显然没有认真倾听孩子们的想法。格利戈说话既坦率又模棱两可：棒球卡是我"读书的原因"，他说，因此他还在读书（用他母亲的话来说就是）"只读学校要求他读的书"，改变了的只是现在读书是得到棒球卡而不是分数。把假期阅读变成为了获得奖励而必须做的事情，可能很难把孩子培养成"学会热爱书籍"。事实恰恰相反。

"但至少他现在在看书，"朗女士可能会提出抗议，"至少他被引导去看新的书！"的确如此。奖励改变我们的行为——在这个例子中就是从图书馆借书阅读的行为。但是代价是什么？总的来说，当人们受外在动力驱使时，工作表现（第三章中讨论的），尤其是学习成绩（将在第八章中讨论）往往会显著下降。一旦图书馆的棒球卡发完了，孩子们不仅不可能继续阅读，而且可能比在参加这个活动前更少看书。想一想：阅读没有被视为愉快的经历，而只是获得诱人奖励的手段。在老师于课堂上鼓励用阅读换奖励的小学里，学生们的经历大概都是这样：

> 阅读量急剧上升……（但奖励的使用也）改变了孩子们选书的模式（简短、大号字体印刷的书成为理想的选择）。奖励似乎还改变了孩子们读书的方式，他们经常不能直接回答出关于某本书，甚至是刚看完的那本书的问题。最终孩子们看的课外书越来越少。

请注意这儿发生着什么。问题不只是奖励的效果不能持续——如我们在第三章中所见，在某种意义上，奖励只能产生短期效果，用奖励来操纵人们的行为不能产生我们所期望的长久的改变。更重要的问题是奖励的效果能持续，而能持续的这些效果与我们希望产生的结果恰好相反。奖励的作用，及其产生的极具破坏性的效应，会消磨掉人们对本来乐于参加的活动的热情。

效果的范围

对奖励如何影响内在动力的进一步科学考察，为奖励的破坏性程度提供了更多的证据。对你过去喜欢做的事进行一次性奖励，就能使你几个星期对该事变得毫无兴趣。即使在你得到奖励时，奖励看起来并没有控制你的行为，但事实上，奖励会产生长期的效果。奖励甚至还会破坏你对一项全新活动的态度，导致你更依赖外在的动力。正如你并不一定得自己抽烟才会受到香烟的危害一样，仅仅看着别人从事某项活动得到奖励，至少就会产生暂时扼杀你兴趣的效果。

大量研究报告记录了不同类型的奖励所产生的危害性，得出的结论大同小异。糖果会破坏从事某项活动的胃口，奖金，幼儿玩某个玩具的机会，给年龄稍大的孩子一部照相机、证书或奖赏，让高中生参观大学心理学系，电影票以及许多其他外在的动力都是如此。

但这并不是说所有的奖励都应该整齐划一地看待。也许在有些情况下更应该竭力反对奖励。比如，如果用食物做奖励有可能会引起饮食紊乱，我们就应该特别关注经常性地用食物作为奖励的后果。更重要的，某些东西应该无条件地给予，例如对孩子的爱和关心，或者制度中人的基本权利，这些都不应该作为符合某种条件才给予的奖励。

撇开这些具体的担心，任何奖励都会使任务变得不那么有趣，而且其对内在动力的削弱效果可以发生在任何人身上。

年龄 显然，正如我们已看见的，"对不同年龄阶段的人，奖励对内在动力产生的影响相似"。从幼儿到成年人，当某项任务以一种得奖的方式呈现时，不管你是年幼者还是年长者，对该任务的兴趣都会减少。

性别 不论是男人还是女人，男孩还是女孩，人们对奖励的反应极其相似。大部分研究人员没有理由预期奖励对不同性别的人会有不同结果，而且确实也没有发现不同结果。（这一倾向的一个例外与表扬引起种种反应有关，表扬对女性比对男性有更多的负面影响，原因将在第六章中论及。）对于不同性别在总体的外在或内在导向上有何差异，没有人做过多少研究，已发表的研究报告也没有指出明确的结论。当然，男性和女性可能对某一特定的奖励（比如分数和金钱）做出不同的反应，这取决于他们成长过程中珍视什么，但是，假定奖励同等地诱人，男性或女性都会把能带来奖励的任务的价值看得更低。

种族和社会阶层 就我所知，还没有任何研究人员探究过奖励对兴趣的影响是否因种族和社会地位的不同而不同。然而有一些数据表明奖励如何影响表现。1950和1960年代的研究发现，与中产阶级家庭的孩子不同，"较低阶层"家庭的孩子，在有糖果之类的实物奖励时，往往会把某些单独的任务做得更好。一些理论家提出，其中原因在于"'外在的物质奖励'在较低收入家庭中更普遍"。既然外在的奖励事实上能够取代内在的导向，那就可以想象，持续地施予奖励（不管有没有惩罚）会使人更加依赖外在的动力。但到了1970年代，大部分研究人员停止寻找这些阶层差异：实物奖励既没有改善也没有损害较低阶层的黑人孩子的表现，这一效果和对中产阶级的白人孩子一样。此外，旨在衡量学生内在动机的调查没有发现种族和社会阶层的不同。（这一点并不令人意外，如果员工们上班没有挣到足够的钱，而且对日常工作也没有发言权，他们往往会很在意钱，正如道格拉斯·麦克戈利格曾经说过："面包稀缺时，人们往往只为面包而活。"）

奖励降低兴趣的原因

我已经给出了五个原因来解释为什么奖励反而使表现下降，其中的一个原因就是奖励使人们对任务的兴趣减少，但是我们如何解释奖励怎样使兴趣减少呢？多年以来，人们提出了各种说法，而我们不可能彻底地证明其中哪种说法是正确的。不过，有两种解释比较引人注目，它们显得尤为可信、简洁易懂。

第一个解释相当简练，看起来能在我们现实生活中得到印证：如果把某件事定为另一件事的先决条件，即作为达到另一个目的的手段，那么它就会被认为是不太想要的。"做这个就能得到那个"自动降低了"这个"的价值，得到奖励的人认为，"如果他们得贿赂我干这件事，这事儿一定是我不想做的"。或者如教育家 A.S. 奈尔所说，对一项活动许以奖励"相当于宣布这项活动本身不值得做"。因此，如果爸爸妈妈对孩子说："做完数学作业你可以看一个小时的电视"，他们实际上是在灌输给孩子这么一种想法：数学很无趣。

当年马克·莱帕通过给予奖励，使学龄前儿童对用神奇的记号笔画画的兴趣荡然无存，过了将近十年，他又带着一个新的计划回到当年做实验的学校。他注意到孩子们普遍喜欢画画，不管是用记号笔还是用彩色蜡笔，于是他告诉一半的孩子，为了能用记号笔画画，他们得先用彩色蜡笔画一段时间；而另一半孩子则刚好相反。过了两三个星期，他再次来到学校，毫无疑问，他发现不管是哪种画画被定为另一种画画的先决条件，孩子们对该种画画的兴趣都大为减弱。同时，其他研究人员还发现，提供的奖励刺激越大，人们会越消极地看待为了得到奖励而必须做的事情。

正如康德提出的，一旦人类之间的互动被视为达到另一目的的手段，那么即使是人本身都遭到了贬值。当孩子被邀请与别人一起玩，以便能得到一个儿童玩具时，或者像另一个研究所提供的案例那样，用饼干来鼓励孩子们与同伴玩耍时，孩子们对将来和别的孩子玩耍的兴趣就会减低。同样，如果大学生们曾经因为与陌生人交流而得到过报酬，那他们（太害羞的除外）也不太可能继续与陌生人交谈。

这种手段–目的论也能解释果味酸奶饮料的实验结果：当喝这种饮料实际上成了获得奖励的手段，那么该饮料（在饮用者心目中）的价值就立刻下降。另两位研究人员后来也证实，如果孩子们先得吃一种点心，然后才能食用其他东西，他们以后就不太可能选择这种点心，即使在实验前两种食物被认为是同样诱人。而仅仅把两种食物一前一后地拿给孩子则不会产生这种结果。事实上，淘气的研究员也许会忍不住想测试一下是不是能用这种机制达到反效果，比如，他会告诉一个还在蹒跚学步的孩子，"小家伙，除非把这个盘子里的冰淇淋吃得一点儿不剩，不然这盘小洋白菜就不给你吃"。[1]

即便作为先决条件的事情看起来确实不那么吸引人，那是不是意味着作为目的的另一件事情就变得更有吸引力了？行为主义学者注意

---

[1] 实际上，有一位研究生已经进行了这样的研究，而且研究结果令人忍俊不禁。由于这些三到四岁的孩子平时是按照先吃蔬菜后吃甜点的顺序被激励的，也就是吃蔬菜是先决条件，吃甜点则作为奖励，所以看到实验把这个顺序颠倒过来了，他们忍不住咯咯地笑。理论上，实验应该是先把食物端给孩子们，并假设家长得板着脸端上食物。然而，孩子们对冰淇淋这样的甜食的天生喜爱根本就不需要家长喝令他们吃完。（同样的，能让大多数人垂涎三尺地盼望吃甘蓝菜简直就是一种奇迹。）

到，能让我们享受乐趣的活动都可以被当作强化手段去促使我们做另一件事，但是不是可以认为，被当作强化手段的事情就会因此而成为让我们享受乐趣的活动？换句话说，当我们听到"做这个就能得到那个"时，我们是不是会比以前更喜欢"那个"？这种可能性被称为"奖金效果"，它得到的支持有限。一个研究小组确实发现，一项活动对于获准参加该活动作为奖励的孩子比对他们的同龄人显得更诱人。然而，当莱帕告诉孩子们，在他们能用彩色蜡笔画画之前得先用记号笔画画时，孩子们对记号笔的兴趣下降了，可对彩色蜡笔的兴趣也没有增加。同样，用两种点心来做的研究也发现作为奖励的点心并没有变得更吸引人，而被当作先决条件的点心反倒吸引力下降了。

约翰·尼科尔斯认为用披萨奖励读书的活动很可能产生不爱读书的肥胖儿童，他后来开玩笑说，如果我们提出"吃一个披萨就能免费得一本书"，也许更有可能成功地让孩子迷上阅读。话说得机智，但这是不是一个可行的策略呢？我们是不是只要把希望促进的行为和目的转变成诱人的奖励，就能把奖励的毁灭性效果转化成有利的推动力？恐怕不行，因为还有第二个能解释为什么兴趣下降的原因：奖励通常使人感觉受控，而我们在自主权减少的情况下往往会畏缩不前。单单把手段和目的换位，并不能改变应用心理学的这个关键特点，所以不能减缓其对内在动力的负面效果。

多年来，爱德华·戴奇、理查德·莱恩和其他在罗切斯特大学心理学系工作过的人一直在改进这个解释，它所依据的前提是，我们所有的人都有一个基本欲望，即觉得自己有自主权，或者如理查德·德查姆所说，觉得自己是"根源"而不是"小兵"，我们需要对自己的命运保持一定的控制，对发生在我们身上的事情有一定的选择。当有东西干扰这种自主感，比如，当我们简单地被告知该做什么（以及如何、何时做）时，各种令人讨厌的结果就接踵而至了。在后面的章节中，我会描述控制性的环境如何影响孩子的学习和行为，在此需要强调的一点是，在其他条件相等的情况下，如果我们被迫感觉像个小兵，我们做某些事情的兴趣就会大减，如果我们对自己每天做的工作或学习没有多少自行决定的自由，我们就很可能度日如年，巴望着周末快快到来。

戴奇、莱恩和他们的同事们认为，对特定的行为施予奖励有两个作用：告知我们做过什么事，控制（或企图控制）我们未来的行为。对第二个作用的体验越鲜活，我们越有可能失去对所做之事的兴趣。如果我们作画希望得到奖赏，或者写一份报告为了得到好评，我们就会觉得没能按照自己的志趣自由地选择工作，反而使奖励从外部"推动"我们的行为。"内在动力是自主权的原型"，而"奖励通常显出某种程度的控制性意义，因此普遍存在着有损内在动力的危险"。

如果奖励造成的问题是由于其事实上具有控制性，那么其他限制我们自行决定能力的因素应该使我们对一项任务产生同样的感觉。一些证据甚至暗示，我们感觉到一个环境控制性程度的强弱，比我们是否得到或被许诺以奖励，更能预测兴趣是否会降低。无论如何，除了获得奖励，我们的内在动力无疑常常在下面这些情况下受到损害，比如：

· **受到威胁**。如果我们不把事情做好将会有什么后果，这样的警告使得做这件事的吸引力大减。如果对此人们并未多做研究，很可能是因为很少有人怀疑其正确性。（毕竟，发现胡萝卜并不比大棒好着实令人吃惊。）

· **受到监视**。对孩子和成人所做的研究表明，如果我们在从事一项任务时受到严密监控，我们往往就会失去兴趣。后来的研究报告表明，这种结果只有在监视被认为是控制性时才产生，例如，当我们有理由认为别人是在观察我们的表现或者检查我们是否按照指令做（而不是，比如说，出于好奇）时。想想看现代工作场所越来越普遍存在的监视，而且还辅以计算机，这其中隐含的意义真是令人不安。[1]

· 预期要接受评估。 与监视密切相关的是评估，毕竟监视的目的也是为了看人们工作做得好不好。据说，让人们知道他们的表现要接受评估，是为了培养"责任心"——在公众和私人领域，这都是个时髦的词语——以及促使人们尽全力。（这个策略在那些认为动机来自外部，总是希望尽量少干活又能不受惩罚的人中特别受欢迎。）然而，我们又一次看到控制造成事与愿违的结果。当人们认为他们将要接受评估时，他们的内在动力（即在没有奖励的情况下依然会表现出色的动力）受到损害，即使评估的最终结果是肯定的，人们的表现也会下降，在从事需要发挥创造力的任务时尤其如此。事实上，无论何时当我们受到鼓励去关注某件事我们做得多好，而不是去关注做这件事的过程本身时，很可能我们在有选择时就不会愿意继续做下去。这一简单、多次出现的发现对教育隐含着重大的意义，在第八章中我会再探讨。

· 被迫在截止期前完工。 正如从事某些任务的表现能够通过奖励被人为地提高（在短期内），强加的最后期限有时也像在脚下点了一堆火，敦促我们尽快完成任务。出于各种原因，有些人变得越来越依赖外部强加的作用力，以至于他们等到最后一刻才开始着手进行。但最后期限怎样影响了人们对任务的长期兴趣以及完成任务的表现？我只知道有两项探讨这个问题的研究，这两项研究的实验对象碰巧都是大学男生，两项研究都发现因为强制性的时间压力，结果导致大学生们的兴趣减少。

· 被呼来唤去。 当父母用控制性的方式跟孩子谈话，或试图对他们

---

［1］事实上，监视的弊端还远不止对内在动力的影响。早在1950年代，一项实验发现，仅仅是提示实验对象去密切监视他们的"下属"，就导致他们假设（没有任何证据）那些被监视的下属只有在受到监视时才会好好工作。换句话说，这些下属不值得信任因而需要被密切监视。和奖励一样，这种控制他人的方法也倾向于自我应验并创造出对它自身的需求。

施压去做某些事情时，这些事情就显得不那么吸引人了。当成年人拿到某个比较有趣的任务，却被预先指定了要获得什么样的成绩时，他们往往会减少对这一任务的兴趣，其感兴趣的程度还不如那些能够以自己的步伐工作的人。

• **与别人竞争**。如果我们关心内在动力的话，唯一一件比紧紧盯着人们的表现、做出评估和担心能不能赶在最后期限前完工更糟糕的事，就是把奖罚与结果挂钩。而唯一比这更糟的是设立一项任务，这项任务只有在打败他人时才能胜出。当人为地造成奖励稀缺，当成功被变成获胜，而胜利的成果只能归属于一个人或一个队时，最后形成的结果就包含了兴趣的急剧减少。这并不意味着我们必然会停止从事那项活动，我们也许会继续，因为除了尽力打败别人，我们不知道还有其他形式的消遣，或者因为我们无力改变工作场所或课堂上的规则等等，原因不一而足，但最终的结果势必是我们对任务本身的兴趣减少。现在处于绝对统治地位的动力是获胜的可能，或某些其他的外在因素，"需要有获胜的奖励才能坚持下去"。根据戴奇和莱恩的研究结果，难怪数据显示"引发竞争的奖励……是最具控制性的，因而对内在动力的损害最大"。

上述各种不同形式的控制，每一个本身就够糟了，要是把它们放在一块儿使用，只会加速自主权的丧失。采用监视加上奖励（以一种控制性的方式提供实物刺激或者表扬）比单独采用任何一种更糟。孩子们玩一个游戏得到奖励会使他们对该游戏的兴趣减少，要是再告诉他们哪个游戏是他们必须玩的，该游戏的吸引力就进一步下降。单单奖励就造成很多损害，之所以如此，部分是因为我们的自主感降低了。

"但是，如果我们只是……"

在一些情况下，我们倾向于认为，奖励之所以会有那样的结果，是因为为获得奖励而需要做的事被视为了先决条件。在另一些情况下，我们会注意到人们是因为感觉到受控制而失去了兴趣。无论哪种情况，都降低了内在动力。这一事实使得要拯救流行行为主义很难。我现在来说说经常被用来为奖励进行辩护的各种说法，或者针对采用奖励提出的修正意见，以及它们为什么没能触及问题的症结。

"两种动力优于一种动力。" 心理学研究领域以外的人很少会明确地区分内在和外在动力，但那些使用这两个概念的人明显认为两者可以简单相加以取得最佳效果。这些人似乎在说，动力有两种，把两种加在一块儿比单一的一种要好。但研究（以及经验，如果我们十分关注长期效果的话）清楚地表明了，在现实世界中，情况并非如此。你可以把不同形式的控制组合起来降低驱动力，但却很难把内在和外在动力结合起来使人们更具动力。对一项任务感兴趣，这对优异的表现和本身想要完成任务来说都极其重要，但这种兴趣常常因为加入了奖励而受到侵蚀。

"只要不一直使用奖励，就没有问题。" 一些老师喜欢认为暂时地使用外在动机是无害的，比如，给掌握了写作技巧的孩子一块巧克力，然后一旦孩子养成了使用这种语言技巧的习惯，就逐渐降低贿赂的频率，减少贿赂的数量。这种方法是推销员们使用的古老招数"诱饵加鞭子"的变体，它极具吸引力，因为它为那些不完全信任外在动力的人提供了一种使用外在动力而又无伤大雅的方法。遗憾的是，前述兴趣如何受到损害的经验证据，对这种可以说是拿出糖并可以放心吃掉的想法提出了严肃的质疑。

这个策略的基本前提是什么？首先，它假设很少的一点东西不可能造成实质性的伤害（但在现实生活中，吃一小点糖果无伤大雅，并不等于用糖果作为奖励也无损害）。其次，这种做法从一个人类行为模式出发，这种模式假设我们可以对个体做什么事，并且停止做这件事以后，对个体也不会造成长期的损害。这就好比把一件家具移到客厅，再把它搬出去并不改变房间本身一样。但理查德·德查姆认识到，真相远非如此：用一个外在的理由促使一个人用某种方法行事，会"产生整体的改变，不只是添加了一个奖励那么简单"。哪怕是暂时性的奖励，也导致个人的整体心态（心理学格式塔）发生了转移，其对任务的看法和动力也与以前不同了。

更具体地说，以为我们可以提供奖励来推动一个行为然后再逐渐淡化奖励，用巴利·史瓦茨的话来说，是假定"奖励的效果只限于培养并形成想要的行为，不会转移到其他相关但不同的各种行为中"。他接着说（与至今已经提出的经验证据相符合）："没有理由相信，一种强化训练的效果只独立存在于自身范围内。"这并不是说，我们一旦给了人们奖励，除了一直奖励下去直到对方死去，就别无选择。而是说，我们不能简单地提供奖励，然后指望撤出奖励后不会把事情复杂化。

"奖励人们不仅不可避免而且深得人心，因为人们想要我们给的好处。"这种说法的缺点是混淆了我们给予人们什么和怎样给予。老师给班上的学生开个爆米花派对没什么不好，问题在于这个派对要视学生的行为而定（"照我说的做，然后你们就可以开个派对"）。诚然，给孩子赞同和信心没什么错，但是把赞同和信心变成只有孩子在按照某种特定的方式行事时才能得到的奖励，便大错特错了。毫无疑问，人们想要也需要自己的工作得到报酬，危险在于把钱推到人们面前，许诺表现得好还会得到更多的钱。简言之，不能仅仅因为我们对被用作奖励的东西感兴趣，就以为用这个东西作为奖励是无害的。事实上，**你越想要得到晃动在你眼前的奖励，你越不喜欢为了得到它而必须做的事。**

此前我们注意到，我们被奖励得越多，我们越依赖奖励。现在，根据戴奇和莱恩的研究、果味酸奶的例子、老人计谋中的逻辑，我们更清楚这个恶性循环是如何起作用的。当我们不断得到外在的驱动力，我们就会发现为得到奖励所从事的任务或行为本身的吸引力下降，因此，我们的内在动力萎缩，除非有刺激，不然我们不太可能去从事那项活动。过段时间，我们就变得好像是只对奖励有反应——实际上是有需求，但其实是因为先前使用奖励才使我们如此！

> 随着各种奖励继续收编了人们的内在动力，阻止人们的内在满足感，种种外在需求本身……变得更为强大，于是，人们发展出更为强大的外在需求，以替代更基本的、没有得到满足的内在需求。……最终，他们表现得好像是对各种外部的奖励上了瘾。

老师耸耸肩说："嘿，如果我不告诉他们这个是要考的，他们是不会费事去学的。"主管坚持认为，除非她提供奖金，不然这份工作不可能做得好。父母相信，没有奖励却指望孩子做他们"该做的事"是不现实的。但是我们反思一下：这些不是流行行为主义的辩护词，而是表明我们的课堂和工作场所的安排管理（或者人们被要求所做之事）大有问题的种种迹象。如果奖励有损兴趣，那我们最不该提供的东西就是奖励。给看起来没有动力的人许诺奖励，就像给口渴之人盐水喝：这不是解决之道，而是产生问题。

"让人们奖赏自己。"孩子们每吃一个披萨就给一本书，不会使孩子们把吃披萨看成是达到目的的一个手段，事实上吃披萨成了目的。但这个策略不能解决奖励造成的其他问题，因为孩子们还是被剥夺了自主权。更为常见的一个与此相反的策略就是：告诉人们自己决定对自己的奖赏。这也许可以解决第二个问题，通过让人们自己，而不是别人做出决定以获得自主权。但却无法解决第一个问题，因为想要的行为仍然被框定成了得到诱人奖励的先决条件或者障碍。

对许多行为学家来说，不存在恢复自主权的问题，因为根本不存在自主这回事，只有强化手段的自我实施。在实践中，许多行为学家已经设计出一种既让人们按照控制者的意愿行事，同时又让人们往自己嘴里扔糖果的方法，也就是说，让人们选择如何以及何时奖励自己的方法。但请注意，这一方法的最终目的仍然是顺从，所以同样会让人感觉受到控制，结果再次削弱了内在动力。

也许正因如此，一位行为主义学家在回顾关于"自我实施的外在条件"的研究时发现，与由别人实施奖励相比，自我实施的奖励对行为的持久性影响只有"微弱地"提高。戴奇和莱恩观察到，即使当目的不一定是去符合别人的要求时，"人们仍然会——可以说肯定会——给自己压力，就如同受到外部事件的压力一样，而自我控制的结果与被外力控制的结果是一样的"。

虽然提出了种种解释，但有两项研究依然发现，由于不能改变手段-目的论，不能改变以顺从为目标，不能去除压力这一令人不愉快的体验，自己奖赏自己并不能使我们对任务的兴趣保持高涨。当小孩子因为迷宫游戏做得不错可以自己奖赏自己金星的时候，他们对这个活动就失去了兴趣，这和那些从成年人手中得到奖励的孩子一样。解谜题的大学生们可以选择自己念一份反映了他们优秀表现的评价，该评价的语言带有控制性（例如："不错，我在做我该做的事"），随后他们也对解谜题失去了兴趣，其程度与从实验者口中听到同样评价的学生一致。

如果我们决定使用奖励，看起来很合理的一种方式就是让人们能够尽可能地对自己将要得到什么奖励以及为此需要做什么有所控制。在其他条件相同的情况下，人们越是感到有权自行决定，就越会认为整个安排公平，所造成的损害也越少。但是，貌似友好的行为主义依然是行为主义，它所造成的许多结果也依然如故。

"唯一的问题是我们对错误的行为进行了奖励。如果人们做了该做的事才给奖励，问题就会消失。"两位教育研究者（在没有任何数据支持的情况下）认为，"对表现的质量而不仅仅是数量进行奖励，可以将负面效果最小化"。很多管理咨询顾问下过同样的断言，急于摆脱斯金纳式的实践有损动机这一指责而为之辩护的行为主义学家也做出过同样的判断。的确，如果我答应你每画一张画就有奖励，你很可能画出很多张画来，但这些画都是仓促而就、寥寥几笔画成的。但我能不能把奖励和工作质量挂钩从而改变整个局面？确实，你的画也许会因此而有所改进，但是和没有外在动力的情况相比是否也有改进呢？

奖励如何妨碍了表现的五个原因，包括奖励中隐藏着惩罚性的一面，奖励对人际关系的影响，奖励没能揭示并处理问题的根源，奖励阻止了人们的冒险倾向，奖励对内在动力的长期负面影响，没有哪个原因会因为我们改变了得奖的标准而消失，因为问题不出在强化手段的运用上，而出在外在动力的核心。

多年来研究人员一直在争论应该奖励人们的表现还是仅仅奖励人们的行为。比如，应该在受试对象每次正确解答出一个谜题时奖励1美元，还是仅仅因为其参与研究活动就给予固定的报酬，哪种效果更好很难断定。一些人坚持认为，视表现而定的奖励（PCRs）应该能激发人们对任务的兴趣，因为已经有证据表明，接受奖励者工作做得更好，这使他们觉得自己有能力，能胜任，而这一点又极大地激发了他们的兴趣。

然而这种观点的拥护者最多只能引用附有限定条件的证据。在一些研究中，兴趣没有受到PCRs的损害，但也没有得到提高。在两项研究中，有一项研究表明，奖励对兴趣的影响是积极向上的（但只是对男孩如此），另一项研究则表明成绩差的学生才有此效果。一般来说，要使PCRs只有中性的效果，也需要引导人们相信他们很成功，从而觉得自已能够胜任。然而，如果觉得自己能够胜任是内在动力的关键，那么那些为了PCRs而努力却又得不到奖励的人的动力会怎么样？再者，如果人们需要的只是信息反馈，那么告诉人们他们的表现如何是很容易做到的，也不至于要运用斯金纳式的行为操纵。一份研究报告显示，与得到有关自己表现的信息反馈相比，得到PCRs的人对任务的兴趣较低。

即使有这些限制条件，能够证明PCRs优越性的研究报告也很少。从戴奇1971年做的第一份实验到莱帕的一个学生1992年做的实验，研究资料表明这种方法（PCRs）通常损害了内在动力。一项对参加实验就能得报酬和视表现如何得到报酬的效果进行首次明确而详细的比较研究发现，在视表现如何得到报酬的时候，人们的兴趣低得多。简言之，与其他奖励相比，PCRs更具破坏力，或者可以说其破坏力不亚于其他的奖励。

这些结果很说明问题，正如理查德·莱恩所说，把奖励和表现挂钩，"不仅使你控制我的行为，而且在你给我奖励之前，还控制我表现的好坏"，与表现质量无关的奖励相比，这种情况对自主权（因而对动力）更具杀伤力。[1]PCRs还必然要求使用其他的控制策略，比如监视和评估。在后面的章节，我们还将讨论这项研究对选择发工资还是佣金，以及怎么给学生打分隐含着怎样的意义。

"如果我们担心的是内在动力受损，那么奖励人们做不感兴趣的事有什么问题？" 的确，只有在有兴趣能被扼杀的地方，奖励才更可能扼杀兴趣，如果内在动力已经处于谷底，很难再进一步降低。同样，有时确实可以通过奖励来提高人们对枯燥乏味以及极为简单的任务的短期兴趣。因此，对本身就具有潜在吸引力的任务提供奖励时，使用外在动力才是最具毁灭性的。

---

[1] 这有助于解释竞争的破坏性效果，当然，从定义上来说，竞争就是一种取决于表现的比赛。

也许把最后一点换一种更好的说法就是，最重要的是要避免为那些我们本可以期望人们找到内在激励的事情设置奖励。因此，用一套积极强化法训练两三岁的幼儿使用尿盆不太可能造成持久的损害（暂且不论此方法的操纵性和孩子们是否应该在还没有准备好之前被引导使用马桶的问题）。为什么如此？因为我们无需担心得培养孩子对排便的终生热爱的问题。但奖励阅读、写作、画画、负责任和慷慨的行为等，却足以引起担心和焦虑，不仅仅因为做这些事本可以受内在动力驱使，而且因为我们希望鼓励而不是消除这种驱动力。使用外在动力最危险的是奖励那些我们希望孩子自己想要做的事。

上述这些都没有错，但这是不是就意味着可以奖励人们去做那些不太有趣的事？当然不是。原因如下：

1. 如果我们既关心表现又担心兴趣，请记住许多研究报告显示，外在动力几乎总是降低创造性，它们有时还使得人们在完成一些日常任务（因此可以假定是无趣的）时干得更差，比如记忆、区别相似的画或图形等等。还得记住奖励通常对需要长期采用的趣味性不强的行为（比如系安全带）没什么效果。即使我们只关心如何使人们对乏味的任务感兴趣，也不能指望奖励来助一臂之力。例如，一份研究报告指出："在鼓励一开始就对任务兴趣不高的孩子时，外在的奖励并不比简单地要求他们完成任务更有效。"

让我们再深入一步。人们经常能够设计出富有创造性的、有趣的方法来完成本身相当乏味的任务。我的一位朋友通过把不同的身体部位和系统作为主角编入故事，设法记住了上医学院必须记住的那些令人脑袋发麻的解剖学知识。一位心理学家也发明了一种很有创意的方法使割草不那么乏味。如果把枯燥的任务变成游戏，例如为要做的事设计更有效的方法，设想创新的途径等等，它们就不那么单调了。

我并不是暗示每一件事都能变得引人入胜，或者从事累人的体力活而感到厌倦时只能怪自己，有些活儿确实比另一些更无趣。相反，我想说重要的是有很多机会可以改变乏味的任务，但只要使用了奖励，这些机会的存在就危险了。外在动力不仅降低对任务本身的兴趣，而且也抑制我们的兴趣去探索如何使任务更令人愉快的策略。

顺便说一句，区别本来就无趣的任务和某些人碰巧不感兴趣的任务是重要的。即使对某个任务感到厌烦的人似乎也会对奖励做出反应，通过人为的刺激使一个人勉强产生兴趣是不明智的，[1]更好的办法是询问他或她为什么感到厌烦。也许对她来说任务太容易，或者太难，如果这样的话，调整难度似乎比提供贿赂更有意义。

> 有人认为，尽管使用外在奖励对具有强烈内在动机的人不一定有效，但对那些面对手头上的任务而兴趣低落的人来说，各种外在奖励能起到提高兴趣，因而促进学习能力的作用。情况也许如此，但我们认为，如果这些奖励引发出一个与任务互动的不同模式，那么对即使是缺乏兴趣的孩子来说，它们也是最糟糕的"激励"方式。如果奖励造成了受试对象和任务之间更为表面和肤浅的互动，那么我们也许就不愿意用奖励来鼓励孩子（甚至是缺乏兴趣的孩子）去"学习"。

换一个角度来看：事实上，某个不得不从事无趣工作的人觉得自己只有少得可怜的自主权，此时他最不需要的是被进一步控制，而奖励恰恰起的就是这个作用。

---

[1] 讽刺的是，一些研究者提出了相反的观点，试图证明对本身就让人感兴趣的任务或者本身就具有强烈动力的人使用外在激励是合理的。这里的争议不在于奖励在有些情况下是否有必要，而在于人们的兴趣水平有时是否会对奖励的效果产生抵制。

2. 以为在实践中，我们可以像做外科手术那样把生活中令人厌烦的部分切出来，并对其（唯有对其）使用外在动力，这个想法太天真了。

首先，在教导或管理一群人时，要使奖励的使用因人而异实非易事。（"比尔完成报告得到了奖赏，因为他的内在驱动力太低，而你，希拉里，你对这事已经很感兴趣，所以什么也得不到。"）

其次，即使每个人有相似的兴趣，一个特定的话题也有其中一部分比另一些话题更有趣。以小学数学为例，背诵乘法口诀表不是件很有趣的事，但探究数学概念却引人入胜，尤其是富有才华的教师能把上课变得如同游戏一样。我们怎么能够在背诵乘法口诀表时用打 A 来诱导学生，而在探究数学概念时却突然停止打分数，以免扼杀他们学习的内在动力？当一项任务，比如写一份报告，既有愉快的部分又有单调的部分时，实际操作的问题就更复杂了。

因此，如果我们假设内在动力低落时提供奖励是可以接受的，那么我们最终会奖励的反而是那些内在动力强烈的人，或者能促使人们动力高涨的活动，结果可能就是其他人的兴趣更加降低。如果奖励会把本来有趣的活动变成令人乏味的任务，那么通过奖励使人们更快地完成乏味的任务一点儿也不值。

3. 为了便利而采取奖励使我们不去提出棘手的问题：为什么要叫人们去做无法激起任何兴趣的事。我得承认，为了维持一个社会或者一个家庭，确实有些非做不可的单调工作。同样，也有一些我们认为孩子们必须学习的东西，尽管当时这些东西对他们毫无吸引力。但是在理论上承认这些必要性，不等于假设人们一生中每个工作日从事的所有令人麻木的工作都是必须做的，或必须像现在这样安排的，也不等于认为所有填空或背诵作业都是学生必须做的，因为我们上学时也必须做这些。

我们需要提出疑问：哪一项乏味的任务是不可或缺的？为什么？但现在我们盲目地拿起刀就去分割安排好的食物，不管这些食物对人们的健康和卫生有什么影响。尽管孩子们在需要时都可以方便地找到信息，我们依然盲目地认为他们还是得背出各个国家的首都。跟其他手段一样，奖励只是促使人们去关注既定的任务"怎么做"，而不是对任务本身提出"为什么"。"如果人们对某项任务兴味索然，那就动用强化手段"，这句口号使现状一直持续，也使我们，民主国家的教师、主管和公民继续把某些事情视为理所当然。

4. 即便我们认定某一特别无趣的任务必须完成，人为的诱导因素也不是唯一的选择，还有其他更尊重人、操纵性较少的方法可以用来鼓励人们完成不太可能受内在动力驱使的任务。一般来说，要使人们自发地投入乏味的工作，就要把控制性策略的使用降到最低。戴奇和他的同事们提出了一个从三方面考虑的方法：第一，想象某件事情在担当此任的人眼里是怎么样的，并坦率承认此事并不特别有趣；第二，为完成此任务提出有意义的理由，可以指出其长期的益处或者对更宏大目标的贡献；第三，就怎么完成任务给个人尽可能多的自主权。

最后一条建议又让我们回到了起点，因为剥夺自主权是外在动力造成的一个损害。强调给人们选择权是本书最后三章的重要内容，主要是关于制定切实可行的方法以取得实用行为主义策略无法获得的优势。

"有些人更倾向于依赖外部因素，为什么不给那些想要也需要奖励的人奖励呢？"乍一看，没有什么比因人而异区别对待更合理的了。这个想法对那些强调"学习方式"的教育家们尤其有吸引力，他们意识到学生们有着明显不同的学习技巧和求知方法。这个前提无可争辩，但并不总是被领会：在教学上，一种方法很难适应所有的人。

然而，把这种方法扩展到提供外在驱动力就会产生基本性的问题。在这里，我不是指在工作或学习场所使奖励因人而异的具体问题，为了讨论方便，姑且不论这些。在评判是不是因为人们倾向于依赖外在动力就奖赏他们时，需要问两个重要的问题：这种倾向出自何处？关于驱动力，我们所期待的——特别在孩子身上——长期目标是什么？

我们所有人在人生起步阶段就对周围的世界充满好奇，无需外在诱因就会去探索未知的世界，依赖奖励并不是人类的天性，事实上，没有理由认为任何人生来就有依赖外在动力的意向。如果这一特点的确"存在"，也是非常微弱的。我们谈论的不是与生俱来的特点，甚至不是持久的特点，而是后天形成的东西，可以消除的东西。它是由别人对待我们的方式而产生的，是使我们在一定程度上被训练出来的思维：即认为我们之所以要遵循一定的价值观去学习、工作、生活，是为了得到奖励或避免惩罚。

对此，莱恩和他的同事们这样描述道："给定外部环境和教育方法，终会出现一个与此相应的内在世界。"如果人们的"外在性"当真是环境意向内在化的结果，那么就该因个人的经历不同而不同。这正是我们发现的：使用外在动力这种控制方法的教师，往往会培养出更依赖外在动力的学生，而那些强调学生自主性的教师则造就出更偏向内在动力的学生。

大部分美国学校把学生淹没在行为主义这个大酱缸里，因此毫不奇怪，孩子们的内在动力被侵蚀掉了，随着年龄的增长和年级的上升，他们典型地越来越依赖外在动力。如果我们说这只是反映了他们天生倾向于依赖外在动力或者特别的"学习方式"，因而必须顺从他们这一倾向或报以更多的奖励，即使退一万步说，这种说法至少也是很难令人满意的。[1]

在给那些缺乏内在动力的人更多的奖励之前，我们要问的第二个问题是我们希望达到什么目的。我们的最终目标只是要在个人和干预者之间建立令人愉快的互动关系吗？当结果促成人们对学习或负责任的行为

---

[1]把成年员工说成依赖外在动力也是一样的道理，有证据表明这只是对被剥夺了内在满足感而产生的反应。

缺乏真正的兴趣时，就会需要无休止地提供外在动力。有两位研究人员曾就依赖"与每个学生的特殊驱动力意向相匹配的教育实践"的长期益处提出质疑，因为这样做

> 进一步加强和维持了外在意向……如果长远目标不是要使学生依赖来自外部的、教师对课堂的控制……教师就必须……超越对奖惩的依赖……营造更有自主权的课堂气氛……以便鼓励受外在动力驱使的学生培养内在驱动力的意向。

如果我们认为内在驱动和自我指导的学习是值得鼓励和推动的，那么光说我们应该给需要奖励的孩子以奖励是远远不够的。

损害最小化

前述讨论的要点是应用行为主义的不良影响（尤其是导致获得奖励者对任务的兴趣降低的影响）是"做这个就能得到那个"所固有的，在第三部分我将讨论在工作场所、教室、家庭中可以替代外在动力的方法。但对那些必须或感觉必须继续给予奖励的人来说，尽量减少奖励造成的损害也是可能的。下面是六条减少损害的可行的建议：

·把奖励从人们眼前挪开。如果必须给出奖励，至少不要让它们太显眼，也就是说，不要让奖励太惹人注目、与所做的事太明显相关。研究显示，外在动力越明显，内在动力就受损越多。我们的挑战是少给奖励，使每个奖励小一些，私下悄悄地给，不要使整个奖励过程太过于张扬。

• **事后给予奖励，作为惊喜。**有的人提出抗议，他们并非想要控制别人，而只是"奖励优秀"（详见下一章）或者表示欣赏。这些人可以通过事先谨慎小心地不透露完成某项任务能得到什么奖励来表明他们的本意。莱帕和另一个同事提出论点认为，收到出乎意料的奖赏"应该不会使受试对象把他们先前的行为看成是为了获得奖赏"。这意味着内在动力不大可能被削弱。的确，大多数研究发现，得到出乎意料的诱人奖励既没有多大帮助，也没有什么损害。问题是这次得到了意外的奖赏，人们会期望下次也会如此，而不管下次能否得到，他们对任务的兴趣下降了。

• **永远不要把寻求奖赏变成竞争。**如前所述，如果我们人为地限制奖励的数量，即用相对的而不是绝对的标准来衡量表现，破坏性更大。如果在工作中需要给出额外的奖赏，那么每个达到既定标准的人都应该得到，而不是使每个人成为别人成功的障碍。同样的，一些教师根据班级的成绩分布曲线打分的做法太不道德：这种倾向无端地限制了好成绩的数量，其最后的结果与任意确定的成绩分布一致：很差的分数不多，很好的分数也不多，大部分介于中间。这无异于对基本上可比的成绩作无意义的区分，使得只有少数的学生能得到高分。更重要的是，这样做把学生变成了竞争对手，还在他们中制造了敌视的气氛，破坏了可以导致更高质量学习的可能性。最后，在关注表现是否优秀的机构和学校里，颁奖大会或宴会是毫无必要的。（这些颁奖大会或宴会可定义为把在场的大部分人顷刻间转变成失败者的公共事件。）要么人们不把这样的活动当真，因此它们就没有存在的必要；要么人们真的把它们当回事，这意味着看别人得奖对自己的内在动力来说是一种极大的破坏，因此它们也没有存在的必要。

• **使奖励尽可能与任务相似。**所谓的内生的奖励能缩小人们从事的任务以及因此得到的奖励之间的差距。如果你觉得孩子看了本书你非得给她点什么，那就再给她一本书。

· 尽量让人们自行选择怎样来奖励。尽管奖励基本上是控制人的机制，你还是可以让潜在的获奖者参与决定给什么、怎么给以及给谁，从而使奖励的破坏性效果最小化。退一步说，潜在的获奖者至少应该在评估他们的工作质量时起主要作用，尽管如此，还是得小心别让整个奖励过程搞得太大，别让奖励太惹眼。

· 尽可能使个人免疫于奖励对内在动力的扼杀作用。在某些情况下人们可以依靠内在动力抵抗奖励的破坏作用，比如让人们相信他们会发现所从事的任务是有趣的，提醒他们过去对这些事很感兴趣，或训练他们把注意力集中在内在动力上，一些实验室的实验已经成功地做到了这一点。这说明，在某些情况下，提供外在动力不会削弱个人的内在动力。然而，这么做风险太大，奖励的后遗症太过凶险，这项研究的发现（仅限于实验室内）也太不确定，当我们还可以选择最小化奖励的时候，就不选这个策略。在无法选择最小化奖励的时候，就不妨尽我们所能，帮助人们不去理会外在动力所传递的隐含信息。

所有说明为什么奖励没能改进表现质量的原因，同时也是反驳流行行为主义的论点。这一点在本章的讨论中是无可辩驳的，为了得到外在的奖励而做某事，终使我们对所做之事兴趣大减。

接受这种损害的奖励越多，这一现象就越悲剧。修车师傅觉得换内胎变得单调乏味了，或者一个十几岁的少年开始觉得历史课没完没了，是一回事，但是给工人金钱刺激、让学生关注上优秀学生榜，却是另外一回事，这会把他们从星期一到星期五要做的事转变成冗长枯燥的先决条件。我们得承认，有些工作以及学校的课程本身是单调乏味的，因此，奖励不是人们对所做之事失去兴趣或从不感兴趣的唯一原因。但是把本章描述的影响综合起来，我们就能看到行为主义在带来令人生疑的短期益处的同时，人们付出的巨大代价。当"做这个就能得到那个"成为我们生活中的准则而不是例外时，套用一位研究动机的专家的话，我们会感到"除非极有可能收获外部的奖赏，不然投入在新任务中的情感都是浪费……这意味着我们最终不再享受生活"。

　　心理代价还不止于此。当外在动力赶走了内在动力，我们的自我意识，即把自己看成有能力有价值、能对种种决定人生的事件产生影响的人——简言之，我们的心理健康——就处于危险之中。最近的研究证实了这一点，这份研究表明，可能是因为一直处于有外在动力的环境中，有外在意向性的人往往比有内在意向性的人更觉得沮丧、无助；当事情不顺利时，他们的反应变得更糟。无助感是一种可以理解的反应，因为是别人在决定我们的努力是否能得到奖赏。

　　这并不是一幅美妙的图景，但其形式和明暗却都是我们所熟悉的。我们一直没能注意到的是它和萦绕在我们周围的斯金纳模式有关。

第六章 表扬的问题

> 孩子生来就有学习的渴望。表扬和操纵只会窒息天然的动力，而代之以盲目服从、机械的工作方式，或者对权威的公然反抗和蔑视。
>
> ——兰迪·西兹和埃米·德里斯科尔，1988

考虑放弃使用小金星和糖果来奖励是一回事，但是**表扬**呢？我们大家都渴望得到赞同，许多人都希望自己能得到更多的表扬、更少的批评。当专家们告诉我们要养成习惯在人们的行为中发现可以表扬的东西时，我们本能地觉得这是个好建议，所以，告诉孩子、员工、学生他们干得很好又有什么错呢？

在这一章里，我试图在前几章的基础上回答这个问题，提出我们必须慎重地看待我们为什么表扬、如何表扬他人，以及赞扬对接受表扬者会产生什么长期影响。我对不同形式的积极反馈做了区分：一方面是直接反映任务完成得有多好的信息，或让受表扬者觉得能自我决定的鼓励；另一方面是各种口头奖励，这些口头奖励让人感觉受到控制，使人们依赖别人的赞同，一般已被证明与其他外在动机具有相同的破坏力。

如果表扬一词仅指后一种反馈，那意味着表扬别人总是会产生问题，如果表扬宽泛地包括所有形式的积极反馈，那我们完全可以只需避免部分形式的表扬。采用哪种定义并不重要，关键是有些赞扬性的评语不仅可以接受而且还积极可取，而有些则二者全无。

表面上看，表扬有问题这个说法很有节制，更不用说它比我对其他奖励的批评更为温和，但即使是这样一个言之有理的批评，在广为传播的表扬总是好事的假设看来，也显得令人惊讶。有一幅宣传行为主义式的课堂管理体系的海报，该海报敦促老师们**每天表扬每个孩子**，而老师们有时也是按照在多大程度上靠近这条标准来接受评估。大部分告诉人们如何为人父母的书籍只谈论积极的评语会起到哪些建设性的作用，但却丝毫不提及此外还有什么其他的效果。[1] 甚至连警告人们不要过分使用实物奖励的作者们，也转而提出用表扬来解决所有问题。

事实上，与爱的表达和鼓励不同，过多的表扬并不可取。要理解这一相反的观点，我们从看起来简单的问题开始：表扬的目的是什么？正如滥用奖赏一样，真正重要的是，受益的不是接受者而是给予者。如果我们表扬别人，他们很可能会做我们所欲之事，这本身不仅对我们有利，而且还赋予我们权力感。受到我们表扬的人也会更喜欢我们，这又是一大诱惑。正如一位作者所写："通常，表扬产生的改变并不一定对被表扬者有益，但会使表扬者感到方便、愉快、获益。"如果表扬最终只是我们要说的话，而不是受表扬者要听的话，显然，是否要采用表扬值得再思考。

---

[1] 许多对这种无条件地认可表扬提出挑战，并质疑我们大部分人表扬他人方式的相关研究，都是以学校教育为主要探讨对象的。但是，这类研究完全适用于家庭教育。实际上，尽管我在本书不会使用很多这类例子，但其中很多重要观点也适用于成年人。

然而，假设我们的初衷确实是要帮助受表扬之人，那么问题是我们想做什么？人们常提到三个目标：提升表现（学习、成绩等等），促进得体的行为和积极向上的价值观，帮助个人改善自我感觉。长期来看，表扬，至少是常用的表扬方式，无法实现上述任何目标，甚至可能起到适得其反的作用。

"做得好！" vs. 好做法

对表扬与成绩之间的关系所做的研究出奇得少，显然对斯金纳模式的盲从使大部分人相信，称赞某人干得出色就能使他在将来更有效地学习或工作。"如何管理"一类的书籍充满了各种应该表扬员工的建议，但据我所知，没有一项研究仔细考察过这么做是否真的能改进工作表现。

不过，有两位学者对收集到的有关课堂表现的研究材料做了回顾分析，其中一位发现，"表扬与学生的成绩上升不相关"，而另一位得出结论："教师表扬的频率和学生学习的进步并不总是成正比，即使在两者成正比时，其关联性也太低，没多大意义。"

最近的两项实验证明了这一点。在一项实验中，以色列的五六年级学生被要求完成一项需要创造性的任务，与那些既没得到表扬也没受到批评的实验对象相比，那些得到表扬的学生再接着做相似的任务时，完成的质量降低，甚至低于他们得到表扬前的质量。同时，在一系列对美国大学生做的研究中，"表扬实际上一直使技巧性的工作表现受到损害"。研究人员得出结论："这些结果表明，破坏技巧性工作的有效方法是提前准备好表扬完成任务者。"

这究竟是怎么回事？为什么表扬不但没能提高成绩，反而降低了成绩？除了在第四章中给出的解释之外，我找到了四个原因。

第一，当一个人因为完成了一件并不怎么难的任务而受到表扬时，他也许会把这理解为他不够聪明：这一定是为什么别人会表扬他的原因。这种推论导致他"从事较难任务时对成功的期望很低，而低期望值又造成从事这些任务时的恒心和工作热情减退"。[1]

第二，告诉一个人她有多好会增加她觉得要符合表扬者期望的压力。这种压力又会使她更在意自己，而这恰恰是一种经常影响表现的状态。希尔维亚·普拉斯曾说过，当她希望她写的诗被别人接受时，讽刺的是，这种期望却"使她在写作时才思枯竭"。具有高度创造力的个体尚且如此，我们其他人自然也一样。事实上，没有非凡才能的人更容易受到这类表扬导致的致命影响，尤其是那些明显与将来的表现相关的表扬，比如"因为那件事你干得很好，所以这件事你也应该能够做好"。

第三，当斯金纳宣称表扬"鼓励我们冒险从而拓展人生"时，实际上情况恰好相反。玛丽·巴德·罗伊的一项经典课堂研究发现，对于小学生，如果老师经常采用表扬，他们比同龄人显示出更低的完成任务的恒心。为什么？也许是因为表扬建立起不现实的永远成功的期望，这导致人们为了回避可能失败的风险而避免困难的任务。如果避开了可能的失败，刚表扬过我们的人也就不可能批评我们了。表扬鼓励一些孩子依赖老师提供的评价——我马上还会论及这点——而且"那些没能达到老师期望的孩子……最终决定放弃尝试"。

---

[1] 表扬人们的努力可能传递出的信息是：他们不得不如此努力，因为这份工作是他们不擅长的。为此，一些研究者建议应该表扬人们的能力，这有助于增强人们胜任工作的感觉。但遗憾的是，把人们的成功归功于（或者通过暗示把他们的失败归结于）他们所不能控制的因素，比如一定水平的能力，会削弱他们改善表现的动力从而使事情更糟。因此，最好避免对人们的努力或能力做出评价。

最后，表扬和其他的奖励一样经常损害能使人表现最佳的内在驱动力。我用了"经常"而不是"总是"，因为实验室研究的结果在这一点上并不完全一致，这种不一致可能部分是由于不同的研究人员对"表扬"（或"口头奖励"、"社会奖励"、"积极的反馈"）的定义不同这一事实。有时候给实验对象的评语只是一句赞叹（"干得好！"），有时候是对任务完成得如何给出具体的反馈。这种评语也许是与实验对象先前的表现相比，也许是与别人的表现比较，或者是不做任何比较。评语也许只针对个人，也许只针对工作本身，也许是指能力（"你很有创意"），也许是说努力（"看得出你非常努力"）。不同研究中的这些差异完全能说明最终研究结果的不同。事实上，即使是声音抑扬顿挫的微妙差异也可以赋予赞扬完全不同的意味："那很好"可以用郑重的、严肃的语气说出，也可以用惊讶的声调说出，同时慢慢地、若有所思地点着头等等，根据说话者所表达的情绪，我们会做出反应，或高兴或冷漠或恼怒。

但是不管出于哪种原因，研究发现的结果不完全一致，在我们继续往下讨论揭示出负面结果的研究报告之前，我们得停下来思考这个事实：一些研究已经发现，有些人似乎在得到表扬之后对任务更感兴趣，另一些人则发现表扬对他们既无帮助也无损害。

对上述或肯定或中立的研究结果印象深刻的人提出：表扬并不像其他的外在动力那样糟糕，这有几个原因。首先，表扬不那么引人注目。你听见的话应该比实实在在交到你手上的物品影响小，实物奖励持续不断地提醒你，你干活得到了诱人的奖励，你可能会为了同样的理由再干。其次，人们认为表扬较少控制性。如果某人赞扬你而不是给你钱或巧克力糖，你可能不会感到那人试图操纵你的行为。第三，表扬不太可能是事先的允诺。奖励最大的损害在于人们对奖励的期望，即在我们做一件事前听到"做这个就能得到那个"，而表扬一般出现在事后，给人带来惊喜。

根据这三个理由，有人主张表扬的危害小于其他的奖励，但如果这三条理由或其中任何一条站不住脚又怎么办呢？表扬当然可以非常高调张扬，产生与其他实物奖赏同样的影响，它也可以被听者认为是操纵我们行为的企图，而不仅仅是对我们表现的反馈。我们也可以在做事时就期待得到表扬，尤其是在过去我们按照某人的意愿行事得到过表扬的情况下。无论何时，如果表扬有了显著性、控制性、被期待这样的特征，它就会降低我们对所做之事的兴趣，这跟其他奖赏没什么分别。不管我们在做什么，我们会坚持下去并希望得到赞扬，但我们不再对任务本身有内在的动力。

大量的研究发现，表扬确实降低了内在的驱动力。在以色列做的研究就是这样，这很可能是为什么孩子们的创造性表现下降了的原因。前一章中提到的果味酸奶实验，喝饮料得到表扬的孩子和拿到电影票作为奖励的孩子都觉得该饮料不太吸引他们了。还有一项研究发现，一般被认为对自己的生活没什么自主权的小学生，在被告知"这是你们到目前为止做得最好的"以后，他们对所做之事的兴趣也减少了。

当研究人员有意识地消除那些据说可以使表扬无害的因素时，表扬的负面作用就凸显出来了。如果本科生受到诱导去期待"社会奖赏"，他们对某个任务的兴趣就会下降。根据三份不同的研究报告，当孩子或成人收到听起来带有控制性的积极反馈（比如"你干得很好，你就该那么干"）时，同样，他们的兴趣锐减。

因此我们得出了表扬为什么有损表现的四个原因：表扬表示某人能力低下，使人感到压力，促发低风险策略以避免失败，降低对任务本身的兴趣。不管其中的哪个原因在发挥作用，经验证据都表明：表扬"与其他变量相互作用的方式与实物奖励类似"。这意味着表扬是提高人们工作质量的糟糕赌注。

依赖表扬

我们表扬人们,特别是孩子,不光是希望他们干得好,而且还想帮助他们培养良好的价值观和有益的自尊心。然而,在此我们必须谨慎,父母在给予指导和教导的同时也需要给予爱和支持,在下一节中我将详细讨论有助于实现这些目标的信息反馈和鼓励。但是口头表扬通常弊大于利,尤其是当它被作为强化某些行为方式而故意采用的策略而限量给予时。

最近,心理学家琼·格鲁塞克及其同仁观察后发现,"表扬符合社会道德标准的行为"(也就是关爱、分享和乐于助人的行为),"是父母试图鼓励孩子培养身上的利他主义的最常用的方法",因为促进良好的价值观是第九章和第十二章要谈论的话题,所以我在这儿就指出一点,要达到此目的,表扬似乎也遭遇了我们在其他奖励中发现的问题。设想一个孩子想得到父母(或老师)的称赞,表扬也许能使孩子的行为改变一阵子,但不可能使他发自内心地、彻底地改变行为。实际上,在周围没有人表扬他的良好行为时,他还很可能不再保持这种行为。在1991年发表的一份以儿童为实验对象的研究报告中,格鲁塞克发现,因为慷慨大方而经常受到母亲表扬的孩子,往往在日常生活中略微不如别的孩子大方。

在建立积极向上的自我意识方面,表扬也不起作用。我们不会仅仅因为别人对我们说了好话就对自己的能力有信心,或相信我们基本上是好人。一个关键的问题是,我们所得到的认可能否帮助我们觉得是自己创造出了这些值得称赞的成就。奖励,包括听起来像口头奖赏的评语,让我们觉得刚好相反:我们的行为似乎只是对控制手段做出的反应。于是,表扬不仅无效,而且又一次起到适得其反的作用。

有些人对积极的强化手段产生相当消极的反应，或者公开地蔑视，或者退缩，或者采取消极的抵抗。这些仅是任性的行为吗？完全不是。它们只是对一个非常基本但又鲜为人注意的事实的反应，这个事实就是：积极的评判（即表扬）最引人注目的方面不在于它是积极的，而在于它是个评判。

年龄较大的孩子和成年人听到表扬也许会认为表扬他们的人在屈尊俯就，也许会认为这是在提醒或企图抬高表扬者的巨大权力。设想你正与朋友们一块儿讨论政治，你发表了某些言论后，其中一人严肃地点点头，正色道："说得有道理。"在不同的情境下，你的反应完全可能是极度恼怒而不是愉快："他算老几，凭什么来评判我说的话？"

一位作者指出："有趣的是，当地位高的人的工作受到地位低的人的表扬时，表扬会被看成是放肆甚至侮辱的行为。"正因为表扬通常隐含了地位上的差别，才会产生抵触。有趣的是，正是那些害怕评判别人或被别人评判的人——他们说起"价值评判"一词好像这是修饰用语似的——才是表扬的热情拥护者，他们没能明白的是，告诉某人干得好和说他干得差一样都是价值评判，被评判的人最终会明白是怎么回事儿。

除了所隐含的权力上的不平等，接受表扬者也会因为意识到给出积极评判的人也完全可以给出负面的判断而感到不高兴："今天他表扬了我，但明天他会不会开始批评我？"[1]正如每根胡萝卜都包含着大棒，每个口头奖励也包含着口头惩罚的种子。孩子也许会这样推论（即使不是明确清晰的）："最好彻底拒绝这整件事儿，不让她有伤害我的权力。"

然而还有第三种可能性，你所给予的表扬也许和受表扬者已有的自我形象冲突。

---

[1] 这不仅仅是反应了一种怀疑或不安，事实经验证明，表扬你的同一个人确实很可能转天又以一种控制性的方式批评你。

受表扬者把"所了解的"自己的能力和成绩与别人告诉他的相比。……在寻找与笼统的表扬相匹配的证据时,受表扬者很可能会遇上与表扬中所包含的评价不一致的事例,于是,他不得不要么找借口解释这些事例,要么要求表扬比较具体而不过于笼统,要么干脆全部拒绝……要么倾向于做积极的自我批评,或者有意识地破坏表现。

表面上,被表扬者对表扬的消极反应似乎令人困惑,但是考虑到被告知的情况与自己认为的真实情况之间的差距,这种有意破坏完全能够理解。另一位作者提供了具体的例子:

假设老师说:"杰克,你真是个好孩子!我还没跟你提起,你就把书还来了。"还书把杰克变成好孩子了吗?当然不是!杰克知道这点,他也许会想,老师不够敏锐,于是试着向她证明,他可以是个"坏"孩子但依然会把书还回来。

一般来说,当表扬显得过分或太笼统("多好的孩子啊",而不是"你把三明治分给芭芭拉,这样做很好"),而且和个人已有的信仰冲突时,我们应该预料到会出现更多的抵触。自我怀疑越厉害,就越难使赞扬与自我形象和谐一致。

当然,只有部分孩子对表扬有这样的反应,其他孩子的反应也许更加合作、更加顺从、更加"恰当"。我们告诉他们做得很好,他们容光焕发,迫切地想要让我们感到更满意,这些正是我们该为之担忧的孩子。

儿童身上几乎普遍存在着想要得到赞同的欲望,这一事实本身值得关注，尤其是当人们假设鲁莽或不恰当的行为一定是反映了不良的动机，孩子们因此争相表明自己行为良好的时候。如果我们认识到，孩子们事实上不是要让我们的生活悲惨不堪，而只是渴望我们的接受，我们就可以避免做出一些会自我实现的预言，比如说孩子们肯定会没出息。但同时，必须谨慎对待孩子这种想要取悦别人的欲望，我们身负巨大的责任，不能利用孩子的这种欲望达到自己的目的。

表扬，至少如平时所使用的那样，是一种使孩子们永远依赖我们的方法。不管我们的愿望是什么，它使孩子们按我们的愿望行事，使孩子们一直依赖我们的评估、对优劣的判定，而没有帮助他们形成自己的判断，使孩子们用能让我们微笑和给予他们所渴望的表扬的种种事物来衡量自己的价值。早在1950年代，鲁道夫·德雷克斯就看到了这一点，他说，表扬能"导致对赞同的依赖。如果过度使用，它会增加不安全感，因为孩子们害怕自己无法达到期望"。

不久前，麻省的一位教师听了一个批评表扬的讲座，她心存疑虑，摇着头。也许有些孩子没有表扬也能行，她说，但那些自尊心极低的孩子怎么办？她接着描述了她班上的两个学生，他们一直缺乏信心，似乎做每件事都需要先消除疑虑、树立信心，她又怎么能不给他们表扬呢？

这位很有爱心的老师没有想到的是，有可能她的表扬使这两个孩子更没有信心。每次她告诉他们："干得好！今天你们帮了我的大忙！"他们想讨好老师的愿望就越发强烈。他们永远无法经由自己决定怎么做，或按照一套标准自行评判自己的行为来树立自信心，并由此获得真正的安全感。他们的目光盯着老师，他们的心情也随着老师是否对他们的所作所为报以足够的热情而跌宕起伏。

玛丽·巴德·罗伊的研究发现，经常受到老师表扬的孩子完成任务的恒心较差。研究还发现，这些学生的反应更忐忑不安，更倾向于用疑问句的声调来回答问题，他们较少主动地与别的学生交流思想。表扬还促使他们产生一旦老师不赞同他们刚提出来的一个想法就马上往回缩的倾向。

表扬孩子也许会阻碍他们自主学习，因为驱动孩子们的是我们的口头奖励，而不是他们自发的对所做之事的热爱。同时，表扬孩子们的行为方式不会让他们觉得在完成任务后、在没有表扬的情况下有必要继续表现出负责任的行为，也没有教给他们任何技能或意向，让他们自己决定什么才是负责任的行为。[1]

但暂且让我们回到并非所有的孩子对表扬都有同样的反应这个事实。虽然明确的具有操纵性的话语会导致某些可以预见的反应，但比较含糊其辞的积极反馈更可能产生歧义（比如对他们的表现做出的积极评价也可以被看成是表演者具有控制性的企图），很可能依听者不同而产生不同的理解。至少有两项研究已经发现，"同一个老师在相同的情况下给出完全一致的陈述，在不同学生身上产生了不同的结果"。这是个绝好的例子，说明寻找对所有孩子（更遑论所有生物）适用的学习或行为法则是徒劳的：人们不同的经历和对世界不同的理解极大地改变了他们所听到的话语的意义及结果。

根据孩子们的不同成长背景和个性，可以预测他们有多大可能对表扬做出积极的反应，或者有多大可能经常受到表扬。性别也是预测这种反应的一个最佳因素。通常，表扬对女性比对男性更可能产生令人不快的结果。有两项以大学生为对象做的研究发现，受到表扬的女生（而不是男生）比没有受到表扬的学生工作兴趣更低。戴奇猜想这个结果基于

---

[1] 有些孩子会把大人的表扬内在化，从而在没有权威在场时也能继续被表扬过的行为。这种情况有时被视为社会化成功的证据。但是，正如戴奇、莱恩和其他人指出的，有些内化的控制引起了不少问题。如果内化是通过表扬和其他奖励来控制孩子的行为所导致的，那它很可能只是用一种内在的压迫感替代了外在的压迫感。这种情况和那种自行决定与判断的情况是完全不同的。我稍后会更多地讨论这个。

下列事实：女生比男生更有可能把积极反馈看成是控制性的，而不仅仅是对她们工作表现的反映。一项稍后以孩子为对象做的实验证明了这个假设。其他的研究表明，"女孩子不太能够把行为归于内在动力并认为自己非常无私"，其原因正是成年人"更多地表扬女孩子的这类行为"。

鼓励性的话语

也许有读者会问，这些发现是不是意味着我们应该整天对孩子板着脸呢？让我在这儿明明白白地说清哪些是应该做的、哪些是不应该做的。我对这些证据的理解是：无需停止微笑。没有证据表明，我们要控制自己，不对别人的工作表达热情，或者我们要克制自己，不给别人积极的评语。姑且不论我们本来就很少有人不顾数据显示的结果而采取极端的行动，我的看法是，实际上，我们也没有必要采取极端的行动。

另一方面，我认为我们必须审慎地思考口头褒奖潜在的危险，以及如何避免这些危险。这个论点以及促成这个论点的种种证据可能极其令人不安。有时人们对此报以紧张的笑声，多少有点开玩笑地声称，如果对这一切太认真的话，他们会害怕到瘫痪的程度："要是我偶然说错了话，表扬了某个人怎么办？"当人们要去质疑一种完全自发的行为时，这种焦虑的反应是完全可以理解的，但重要的是，这种焦虑不应该被当作借口去继续做毫无意义的事情。

表扬的问题并不像某些人以为的那样是使用过度，问题的症结在于表扬的本质，在于我们说了什么，如何说的。我提出的解决办法是：记住两条普遍原则，这两条原则可以作为衡量所有表扬的标准。第一条是自决权。我们每给出一个评语，具体地说，我们每给出一个赞扬，都需要问一问，这个评语是否能帮助个人感到能控制自己的生活，我们是否鼓励他对什么是良好的表现（或可取的行为）做出自己的判断？我们是否帮助或至少确保了他能够选择自己成为哪种人？或者，我们是否企图通过使他思考是否达到了我们的标准而操纵他的行为？另一条原则是内在驱动力。我们的评语是否为受表扬者创造了条件，以使他能进一步投入他所从事的任务？或者，我们的评语是否把任务变成他为了赢得我们的赞许才做的事？

要了解考虑了这两条原则的表扬可能产生什么作用，首先，我们需要检查自己的动机。我们是否为了一己之便试图控制别人的行为，还是为说而说地讲些好听的话而已，再或者是希望受表扬者更喜欢我们？其次，我们需要思考听者对我们的评论有何感受。比如，我们的本意也许是就某人工作的质量给出有用的反馈，但听者也许把我们的话理解为限制他的自主权。（我们可以问问年龄较大的孩子和成年人，看他们如何理解我们说的话。在老老少少的身上都可以观察到各种抵触、依赖和兴趣降低的迹象。）最后，我们应该关心我们的说话内容和说话方式的客观特征。

至于该如何表扬别人，我想提几条具体的建议，但首先必须记住，给予反馈并不要求给予表扬，换言之，那些不想给别人口头奖励的人不一定非得保持沉默，至少在某些情况下，还有另一种做法，即仅就某人的工作情况提供反馈信息。在深入分析教师如何表扬学生时，教育研究专家杰·布洛费这样说：

> 让学生就他们的学业进步和课堂表现得到反馈很重要，但这并不要求我们给出包含了大量强烈的、评估性反应的"表扬"。的确，我完全没有看到有任何表扬的必要。为了学好课程，培养为社

会所承认、符合学生形象的行为，或甚至建立健康的自我意识，学生们其实不需要表扬。

事实上，表扬能够在课堂或工作场所产生积极作用，完全可能是因为表扬提供了有关某人成功完成任务的信息，而不是其中所表达的赞许。就此问题所做的部分研究发现，成年人和孩子一样，当他们得到有关自己表现如何的直接反馈时，他们对所做之事就更感兴趣。

然而，要解释这个发现却有点复杂，因为研究人员给出的几乎都是积极的反馈。当你听到你某件事做得很好这样的消息时备觉振奋，很可能是由于这个消息使你感到自己有才干。然而在现实生活中，如果你经常不成功，你自然有理由认为关于你如何失败的反馈对于提升内在驱动力没多大用处。实际上，教师和主管所面对的挑战是既要避免破坏人们的内在驱动力，又要同时设法让他们知道自己干得不好——即以一种不扼杀兴趣的方式给出负面的反馈。一种方法是把失败描述成"有待解决的问题"，使从事任务之人积极思考改进的办法。

但是选择给予信息反馈而不是表扬还有另一个问题，那就是这两者不能截然分开。即使我们判定某人表现出色并据实告知，也很难使这个信息不带感情色彩：正如被告知表现糟糕的人会觉得受到批评一样，得知自己表现出色的人也会觉得受到了表扬，这同样不可取。一个诀窍就在于帮助人们把反馈看成是可供利用的信息，希望靠内在动力驱使的人通常会这样看待反馈。我们下面将要讨论，通过淡化对学习表现如何的评判，同样可以帮助学生走出奖惩的套路。

我相信在任何情况下，我们都可以采取行动，削弱表扬的破坏作用。下面是四条实用的建议。

1. 表扬时对事不对人。

如果我们就对方总体说来是个怎样的人发表评论，那么他所听到的话语和他对自己的评价之间就不大可能出现差距。一位儿童心理医生认为:"太多的整体性积极评价……把孩子训练成了整体思考型的人,无论做什么,他们的自我都成了问题,因此,他们往往是既自大又自卑。"就人们所做之事发表评论更有意义,比如"这个故事真不错"就比"你是个了不起的作者"要好。

2. 使表扬尽可能具体。

我们不仅应该把关注的焦点放在行动和结果上,还应该注意到使我们觉得特别新奇或其他值得注意的具体方面。这么做就"使受表扬者可以自己判断评估者的标准是否恰当",这也引导了他去关注任务本身而不是我们的赞许。例如,与其说"这个故事真不错",还不如说"故事的结尾很妙,主人公对发生在他身上的事略显困惑"。[1]

3. 避免虚假表扬。

对孩子的表现真心感到高兴或欣赏的家长和老师应该让兴奋之情自然流露。如果表扬不是发自内心的赞美,而是明显有意为之的策略,那就令人反感,成了从哪本书上或某个研讨会上可以随手找来的骗人玩意儿。当我们听到告诫要"及时发现人们的良好表现"并给予表扬,或甚至在生活中这么做时,我们是在培养自己使用一种技巧,其结果必然虚假。

虚假表扬的一个症状是尖利、甜腻的嗓音,声调抑扬顿挫,与我们跟朋友交谈时的情形几乎没一点相似之处;另一个症状是表扬前的停顿,这表明我们是先决定要给出口头奖励,然后再找个接受者。更糟的是,我们在一群孩子中制造悬念:谁会成为表扬的对象,由此控制他们

---

[1]在进行批评时,指明具体的内容也有益于保留对方的兴趣(和自尊)。相比于受到总体的评价或者听到全盘的否定,听到具体在哪个地方犯了错就不那么具有威胁性。指出问题根源并提供改进建议的反馈最有可能使批评固有的危害最小化。注意,指出改进的方向不同于评论未来的表现,比如"你可以做得更好",这种评价也可能被看作是一种控制和压力。

的行为。"我喜——欢——（老师一边拉长了音节，一边环顾教室，学生们争着成为受宠的那个，这时她定下了获胜者）斯图尔特！他坐姿端正、安静听讲，时刻准备好开始学习。"

一个4岁的孩子通常就能够辨别真心表达出来的愉悦和虚假的表扬、真诚的微笑和为了达到最佳效果适时挤出的假笑。他会因为真诚的赞扬和微笑而感到温暖，这个事实让行为主义学家困惑，在孩子们的语汇中，并非出于强化本意的语言反而最具有强化作用。另一方面，表扬并不仅仅因为是真诚和发自内心的就必然有益，对孩子来说，这样的表扬也可能有多重含义。这个事实表明，表扬仍然可能导致孩子的依赖性。幸好，由于我们的反应是真诚的，孩子至少不会觉得我们的动机是要控制他们。

4. 避免设置出竞争的表扬。

通过把某人和别人比较来表扬他从来就不是个好主意，像"你是班上最好的"（或对成年人说"是部门里最好的"）这样的表达应该从我们的词汇中剔除。研究结果明白无误地告诉我们，这样的评语有损内在动力。但其最具破坏性的作用却更微妙、不易察觉，它催生出视别人为竞争对手而非潜在合作伙伴的想法，而且使人们用是否打败别人来衡量自己的价值——这会让人永远没有安全感。

公开表扬也会催生竞争。比如，小学老师在全班同学面前宣布："我喜欢斯图尔特端正、安静的坐姿，他时刻准备好开始学习"，这样便在学生中间设置了最端正、最安静的坐姿比赛，除了斯图尔特之外，其他学生都输了。另外还有三个理由说明这类表扬令人不安：第一，对斯图尔特不利，他与同伴的关系不太可能因为被定为坐得最端正、安静的学生而得到改善。第二，在老师的话中，最重要的词是作为老师的"我"，斯图尔特没有得到帮助去思考他这么做有什么意义，只是在想怎么能够让老师高兴。最后，师生互动基本上是欺骗性的，因为老师装着是跟斯图尔特交流，但实际上是利用斯图尔特来操纵教室里其他孩子的行为。不管我们是在惩罚还是奖励，用某个人做例子是十分令人不安的做法，这也是为什么我要和其他很多教育家一起说服大家最好在私下给予积极评语的原因。

尽管公开的表扬有时需要复杂的竞赛仪式和颁奖，并且以我们"认可优秀"这样的理由来证明其正确性，但我坚决反对公开表扬。

·如果想要让某人知道她干得很好（这等于假设她没有意识到这个事实），我们可以给出这样的反馈而不用行为主义的形式。

·如果想要让得到认可之人继续保持良好的表现，我们首先需要问的是：真有这样做的必要吗？其次要问一问，提供表扬是否会损害他的动力，种种原因在前面的章节中已有论述。

·如果认为人们会因为看见同伴得奖而受到鼓舞，那么已有大量的证据表明，外在动力更可能削弱内在动力，使人们迷失在竞争中（有选择的"认可"让人感到像在竞争）甚至更糟。

·如果想要澄清并让更多的听众知道优秀的含义包括什么，没必要大张旗鼓地张扬喧闹。而且，采用的方式也应该更像是对话而不是宣布。

·如果只是认为向某人表明他的优异成绩得到了注意是件好事，那么完全没必要采用激起他人怨恨甚至可能使公开受表扬者尴尬的方式。要想促进对方的自决权和内在动力，私下评价足以让对方知道他们的工作得到了赞赏。没有必要在舞台上授予沉甸甸的奖杯或证书来给予表扬。

想象一下这样的情形，很多人上同一所学校、在同一家公司工作，或参加同一项活动，他们都对某个人心怀感激，因为他为了大家的利益辛勤工作。此时公开感谢此人并不显得特别令人不安，这部分是因为这一过程很民主。与此相反，在最常见的"认可优秀"的仪式上，负责人按照自己的见解和标准，单方面挑出某些人在另一些人面前表扬，认可前者比后者优秀，但其实最终被认可的是他们这么做的权力。

鲁道夫·德雷克斯和他的追随者们更愿意谈论用"鼓励"的方式回应孩子，而不是如何把表扬的潜在不足最小化。他们提出的一些把理论付诸实践的建议及其理由，与我所讨论的重复。当然，不论我们是把问题作为好表扬和坏表扬之间的比较，还是作为表扬和鼓励之间的比较，其重要性都不如我们做出的反应的本质。

德雷克斯派的研究者对这场讨论的重要贡献是：**评价性的话语通常是完全不必要的。**[1] 我们可以不用那么多评判和控制，只需承认孩子的所作所为便可。长远来看，这样做对促进-自决权和内在驱动力更有效。只要点明孩子的文章或绘画中显得有趣的一面，不用说它们很出色或者你很喜欢它们，就足以鼓励她付出努力。

最近，我听说一个三年级的学生把她写的故事念给全班同学听，念完后，她的老师说："故事的结尾你写了三次，花了很多时间和心思。"可以推测，那位老师先前已经对学生的故事写了些什么以及还有哪些需要改进做出了反馈，以帮助学生修改故事并鼓励她批判性地思考还要做哪些改进和提高。在那位教师看来，既然故事完成了，只要表示她的努力得到注意便足够了，完全没有必要给孩子大量夸张的溢美之词。（顺便请注意，当那个孩子交上不太令人满意的故事时，她可以有机会重写，而不是得个低分作为惩罚。在这个班上，重点是提高和学习，而不是评价。）

假设一个小孩子完成了一幅画给你看。我已经说过，最好是把关注的焦点放在艺术（绘画）而不是艺术家（小孩）身上，而且在对艺术作品做评论时，最好要具体。但无论何时，如果这些评论成了传统套路的表扬，便会产生这样的危险：即我们在把孩子引向得到我们赞扬的目标，而不是他们自己赞许的目标。这样，孩子就会更专注于口头奖励，

---

[1] 在这里值得指出的是，表扬在有的文化中似乎是缺位的。这一事实似乎证明了那种要让孩子社会化就必须给予表扬的假设是站不住脚的。

而不会信手涂鸦，尝试不同的色彩和构图。如果我们只反馈观察的结果，对画本身提问（"水边的这些是山吗？哦，这座山可真大呀，是不是？你怎么把它们都涂成绿色？……你接下去要画什么？"），这些危险就可以降到最低。

然而，究竟是哪些原因让我们大部分人的反应都是连珠炮似的一大通表扬？

第一，表扬既便宜又容易，不用动脑子。与此相反，要在鼓励人们的同时又能让他们对所做之事保持兴趣、没有感到受控制，则需要技巧、爱心和关注。（指手画脚或越俎代庖总比与他人共事，帮助他们自己做决定要容易。）

第二，有人期待（哪怕是暂时地）我们的表扬，这让我们感觉很好。当然，并不是所有的表扬都包含这种动机，但我们可以仔细地考虑一下，我们的表扬导致听者产生了依赖，这究竟是不是巧合。

第三，我们许多人害怕只给评语而不表扬，不会产生结果而且显得过于无情。人们一开始可能会觉得我们好像是吝啬赞许，拒不给予表扬。但重要的是，我们的反应能否传递温暖和关心。如果能，孩子们会被我们的话语鼓励而不受挫；如果不能，那无论多热情洋溢的表扬都无济于事。

这些论点常常引起抵触，因为它们似乎挑战了广为流传的信念：所有的孩子，实际上所有的人，在听到更多赞扬的话以后都会活得更好。但是，当我们思考现实，看看情感贫乏的家庭或残酷批评的效果，请记住这些家庭的问题并不在于表扬太少，而是在于鼓励和支持太少。质疑口头奖励并不等于赞同口头惩罚或者漠不关心。恰恰相反，应该让孩子们知道，父母和老师对他们的爱之深切，愿意以他们的长远利益为重，而不是只关心外在动力能保证的短期顺从。

密苏里州的一位教师不久前大声说出了她的想法，她怎么可能不表扬学生呢？因为许多学生来自于令人绝望的家庭，他们没有爱，受到粗暴对待，需要我的支持和赞许。的确，他们是需要，但他们需要的是不附带绳索的支持和赞许，他们要求的是无条件的爱。而表扬与其他奖励一样，是有条件的。（只有做这个才能得到那个——"那个"就是指表达赞赏和支持的话语。）而且，处于困境中的孩子不仅需要爱，还需要感到自己有足够的能力做选择，对发生在自己身上的事有发言权和决定权。他们不需要被控制，哪怕是甜言蜜语的控制。

正因为鼓励比表扬更需要花费心思、努力和关怀，所以才需要练习，而且也不是简单的五个课时就能教会的。我们应该确保这个方法不至于像大部分对付孩子的建议那样被机械实施，结果显得虚假做作。我们要始终意识到跟我们谈话的孩子的年龄和能力。（对于成年人，即使是做出旨在鼓励而不是评判的反应，也可能被视为居高临下。）我们有时难免又回过头去重拾表扬，对这个事实我们也需要有心理准备，表扬不是个容易戒除的习惯。

担心宠坏孩子

我毫无保留地批评奖励，特别是批评表扬，但有一种批评意见我还没有提过，为了避免误解，现在我想明明白白地提出来并与之划清界限。这种批评意见就是：我们应该停止经常奖励孩子，因为我们把他们宠坏了，今天的孩子们做任何事都指望得到诱人的奖励，至少也得有赞扬。

最近几年，这种批评意见越来越盛行，由于奖励本身的负面效果还没有得到经常的探讨，所以主要的批评就是来自于这类意见。于是，很多文章都敦促父母和老师"谨慎地表扬"或"只给予真正值得的奖赏",或严格地基于"诚实、勤奋的工作"给予"难得的表扬",以免孩子们受到"来得太容易的表扬"。1992年初《新闻周刊》的封面故事是瞄准教育项目的探讨,这些项目意在增强孩子的自尊。文章的作者对使用小金星和贴纸,对表扬那些"能从教室的一头走到另一头而不摔倒"的成年人一阵窃笑。

让我们再来看一下这个批评意见所反映的敏感度。首先,它表明奖励的问题只局限于我们太轻易表扬别人。一篇很有代表性的文章采用了这种观点,文章的标题抱怨"赠品走得太远"。但在我看来,这是肤浅的分析,因为它忽略了问题的症结——外在动力。

然而更重要的是,那些抱怨我们用奖赏把孩子惯坏的人经常无意间露出他们不满的深层原因:他们似乎认为孩子们应该做我们想要他们做的事,因为我们告诉他们这么做。有许多这样的批评家对我们应该向孩子解释为什么要求他们做某事的想法也不高兴,对此我并不惊讶。对有些人来说,凡是不是自动的、绝对服从的事情都令人恼怒。没有人关注我们要求孩子所做之事,也不管要求是否合理,作业是否值得做。孩子们只应该做期望他们做的事,别要求得到什么鼓励或评判。

我反对要求别人顺从,也反对今天普遍倾向于关注孩子们是否很容易顺从。真正的问题不是孩子们做每件事都期望得到表扬,而是成年人企图走捷径,用奖励操纵他们的行为,而不是向孩子们解释,帮助他们发展所需要的技巧,培养优秀的价值观,让他们参与决定如何学习和表现。

那些对提高自尊的努力进行嘲笑的传统主义者喜欢说,人们对自我感觉良好是因为他们取得的成绩,他们不是因为感觉良好才取得成绩。

此话不无是处。无论如何，这是个值得认真考虑的假设。[1]但潜伏在这些批评下面的是更为非理性的、本能的反对意见，这就是害怕一个人得到"免费的心理午餐"而且自鸣得意，觉得自己不用付出多少努力就能享有该权利。（你可以想象有人吼出这最后一句话时把拳头砸在桌上加强语气。）如果我对此处起作用的思想心理的看法没错的话，要为之辩护很难。我们在讨论孩子们需要什么和应该得到什么时，保守的经济原理不适用，孩子们需要的，正如我已经阐明的，是无条件的赞许和接受，这恰好与口头奖励相反，尤其是与难得的表扬背道而驰。我相信他们需要的是他们应该得到的。

有些人用更实在的话表示他们的反对。除非孩子们能经受考验，得到大人的赞许，否则他们会变得又胖又懒，既不做作业，行为举止又不负责。这个观点所基于的假设是我在讨论公平理论（第二章）和绩效薪酬无意义（第五章）时提到过的，即没有严密的监控，学习和"人性"是靠不住的。让我在此再次重申，选择性的和不加鉴别的强化手段是同一个事物的两种形式，同一个动机理论的两种表现。奖励的问题不是我们给得太过轻易，而是它们意在控制，最终的结果是无效的，而且很可能损害内在兴趣。这意味着甚至当——也许尤其是当——奖励明显地需要视将要发生的情况而定时，它们将起到事与愿违、适得其反的效果。减少奖励的频率或者给出奖励时吝啬一些都不能解决根本的问题，因为问题就在行为主义本身。

---

[1]当然，两种情况都可能是真的：所取得的成就增强了自信，而自信又促进了成就。在任何情况下，学生达成某件可以令他们骄傲的成就，这样的成就常常是回到基本功，也就是，回到传统课程强调的记忆力和背诵功夫。我们忽视了自己的险境（更更要的是，是我们的孩子们的险境），从不质疑孩子们被要求去学的东西是否有益于和相关于他们的人生。而什么样的成就能使孩子们对自我的感觉良好，也并没有一定的答案。

第二部分

实践中的奖励

第七章 绩效薪酬：为什么行为主义在工作场所不起作用

> 错不在于激励机制糟糕的管理方法……事实上，是我们的政策和程序所基于的员工动机理论有问题。
>
> ——威廉·富特·怀特，1955

美国的各大公司不仅盛行各种激励机制和绩效薪酬计划，而且还存在着一种深层的、几乎从不质疑的信仰，认为给人们奖励将会使他们工作得更好。然而，证据显示在工作场所采用外在动力不仅无效，而且往往适得其反。人们提出种种理由来解释奖励为何失败，其中最为人熟悉的理由只涉及了一些特定激励机制的次要问题。但是有的理由击中了动机理论的要害，证明基于员工动机理论的计划都是不可行的。本章揭示的底线是：任何为了改进表现而给予奖励的方法是注定无效的。

激励盛行

如果流行行为主义是一门宗教的话,美国的主管们就可以被形容为原教旨主义者。他们及其谋士信仰奖励的救赎力量,其信仰的坚决程度再怎么夸大也不为过。自然,大部分公司都采用一些做法,其目的是通过尝试根据一两个表现指数付酬(或其他的补偿形式)来促进员工的积极性。

为了更好地了解对斯金纳模式衷心拥护的深度和广度,我们不妨听听主管们、顾问们和商业学校的老师们对这个问题的看法。老实说,他们大部分人甚至都没有想过要质疑外在动力的价值。一本典型的关于补偿的手册就掷地有声地声明:"正确地"付酬劳就是"按绩效付酬"。在商业杂志上我们经常看到这样的宣言:"机构应该给那些表现最出色的人最大的奖励,不这么做就不符合提高生产效率的考虑。"从一本有关激励的学术文集中,我们看到这样的文字:"报酬与绩效的关系越密切,它的驱动作用就越大。"这些断言看起来似乎是不辩自明的真理,没人怀疑它们的真实性,是作者们在处理引起争议之前手持的护身符。

偶尔你也会碰到一篇文章或一本书,试图把"心理学的"视角带入管理领域,比如吸收人文主义或心理分析理论。这样的文章在成千上万篇出版物中非常引人注目,但实际上这些出版物也是建立在同样的心理学理论之上,这套理论恰恰就是行为主义。行为主义在这个领域如此盛行,以至于大家都不把它当作理论看待,其各项原则是不证自明的。[1]

---

[1]正如我在第一章介绍的,行为主义将关于学习和人性的假设具体化了。想一想一个顾问团建议"用刺激(奖励)来促进员工学习,这样学习就变得值得去做了"。这一建议的含义当然就是"没有人为的引导,学习就是不值得去做的"。

这并不是说没有人批评激励机制。有很多批评文章用各种夺人眼球的标题出版发表："激励计划为何失败"，"如何用报酬摧毁动力"，等等。这些作者最终使我们明白，这些计划的问题只是与实施细节有关，只要微微调整外在刺激的估算和给予方式（或许雇这些作者当顾问），于是一切就迎刃而解，万事大吉。甚至那些记录下这些激励机制彻底失败的研究人员也匆忙加入这一阵营，要我们相信"在原则上报酬与绩效挂钩当然是可取的"，我们只需要学习正确的做法而已。

> 任何人阅读20年前出版的有关这一课题的文献，都会发现当时出版的文章与今天的何其相似。大部分研究这一课题的专家们当时是、今天仍然是在责难我们在管理绩效薪酬时做得很差这一事实……尽管有新的方法……可结果似乎一直没有改进。

这个评价完全可能写于今天早上，但实际上写于1975年。对人们驱动力的种种假设做出深度批评的文章在过去和现在都有发表，但大部分文章都是在过去发表的。一般来说，越是明显地挑战（或者甚至辨认出）激励计划的行为主义基础的商业书籍或文章，其写于20年前的可能性越大。而具有讽刺意味的是，就在社会心理学家们开始意识到外在动力往往导致事与愿违的后果时，这种批评却开始在管理领域的各种出版物中消失。

不谈管理杂志上的文章来看看主管们本身，他们更是明显地热衷于奖惩心理学。许多长期在公司供职的人似乎都认同被道格拉斯·麦克戈里格统称为X理论的信条：人们普遍厌恶工作，如果我们要他们做事，就要通过许诺或撤消物质奖励来控制和胁迫他们。

因此，汤姆·皮特斯对目前流行的看法所做的总结是正确的："只要奖励给得对，生产力自然会提高。如果我们直截了当地给人们大笔金钱刺激……生产力问题就会消失。"事实上，如果有什么东西因为奖励刺激而消失的话，那么消失的不是生产力问题而是生产力。但是流行行为主义不是作为一个需要得到测试和验证的假设而提出的，它更接近于理论教条，与资本主义本身有关："自由企业制度是在根据表现来奖励的前提下运作的"，一位顾问这么说。在这个意义上，任何批评都被视为对基本价值观的攻击。不久前我在一个经营管理大会上发表了一通对激励计划的批评，一位商人惊呼道："哎呀，那难道不是共产主义吗？"

我不是想暗示过去的一代人在管理理论和实践中没有改进，实际上，许多人已经谈论过，在某些情况下还尝试过去实施促进团队精神的机制、参与性的管理、更人性化和灵敏的监督方法，以及把重点放在持续改进上。但正是在这些提出改进的各种建议中，我们看到了行为主义的根深蒂固：他们经常说，要开展和维持这些改革，就必须依靠奖励。

具有影响力的管理理论学家爱德华·罗勒说："如果你希望有团队精神，那你要组织团队。"他这句话的要点是我们应该把奖励个人变为奖励团队，但再进一步，完全不依赖奖励——不用通过贿赂就促进人们相互合作一起工作——这个观点显然难以想象。同时，一位批评家指出，使用竞争性的奖励来进行质量管理，比如美国波德里奇国家质量奖，"再一次强化了外在的而不是内在的驱动力"。

同样的道理也适用于奖励员工学习新的技巧、参与改进公司的活动。在这里，我们贿赂人们做什么有所不同，但是对贿赂的依赖，对行为主义教条的依赖，却是一样的。一位全面质量管理的拥护者说，我们想要"持续不断地努力改进吗"？那就必须让人们"学得越多得到报酬越多"。有些顾问甚至认为，为了使主管们对员工使用奖励，还必须先把奖励放在主管们面前晃悠。这是典型的美国公司管理之道：一条大狗递一块饼干给一条小狗，这条小狗把饼干递给更小的狗，依次往下，直到最后狗和饼干都消失在无意义当中。

激励失败

通常，奖励对各类任务的表现，尤其是需要创造力的任务表现，不但不能起到提升作用，反而起到损害作用，这是第三章中诸多证据所清晰证明的共同点。激励计划或者绩效薪酬自然依靠对奖励的运用，有什么理由相信这样的计划能够避免失败呢？

完全没有。外在动力在别处行不通，在工作场所也行不通。早在1960年，麦克戈里格就批评过激励计划造成的后果，发现它们会导致

> 员工故意限制产量，暗中使绊子，胡乱编造记录……与执行计划者对立，怀疑管理层的正直和公正并玩世不恭，除了串通一气反抗激励机制以外，对与公司其他部门的合作漠不关心。

一些监督这些计划的专业人员自己明白了后果。在我参加的一个主题为"人力资源利用"的大会上，和我一起参加专题讨论、任职十三大汽车公司之一的一个高级管理人员，描述了她和她的同事们做的一个非正式调查的结果，该调查旨在发现在不同公司工作的人如何看待激励计划。她说，人们最多反映说，他们公司的激励计划没有太多害处。仔细考虑一下常被引为美国竞争对手的国家，比如日本和德国这两个最成功的国家，他们很少用物质刺激或其他的行为主义策略诱使人们工作得更出色。这不仅说明需要靠外部奖赏来驱动是"人的本性"这一观点与事实不符，而且还使人们对这些奖赏是否有用产生疑问，考虑到日本和德

国发展得都不错,《经济学人》问道:"如果这些成功的国家不需要激励计划,美国需要吗?"

但暂且把这些铁事一样的失败证据和其他国家的经验放在一边,来看看研究结果说明了什么?除了偶尔有调查说主管们对激励计划有多满意之外,很难找到实在的数据证明这些计划有何好处。根据 G.道格拉斯·小詹金斯的观点,实际上,"既有证据往往把焦点放在不同激励条件的效果上,而不是绩效薪酬在本质上是否提高了绩效水平"。

在寻找有关绩效薪酬的证据时,你也许首先意外地发现早在 1960 年代早期开始的一系列研究就发现报酬和组织表现之间的关系非常微弱,有时甚至是负面的,基于一段时期的记录所揭示的经营管理层的报酬和公司利润之间的关系尤其如此。这个发现的意义何在?缺乏这样的关联通常意味着:人们并没有真正地依工作的优劣得到报酬,换言之,补偿机制实施得相当糟糕。

但是大部分这样的数据也完全可以用来支持另一个结论,一个把因果倒过来的结论。也许这些数据要告诉我们的是优异的表现并不一定是更高报酬的必然结果,换句话说,奖励高质量的想法也许是白费力气。两位研究人员试图确定,给高级管理人员有激励计划的公司是不是比没有激励计划的公司能给股东带来更多的回报,结果他们没能发现任何差别。

其他诸多研究也没能给支持在工作场所实施奖励的人多少安慰。1986 年,詹金斯找到了 28 份以前发表的实验报告,这些报告衡量了在实验室或实际工作场所中金钱激励的影响。有 16 项(57% 的)实验发现刺激对表现有积极影响,但这个比率夸大了刺激的好处,原因在于:第一,工作表现的提高是以短期测量为基础的,没有迹象表明工作表现会持续提高。第二,研究中所涉及的任务大都是文书工作或体力活,比如简单的装配工作、植树、给卡片分类等等。第三,也是最有说服力的，所有衡量工作表现的手段本质上都是量化的，工作表现好就是生产更多或者做得更快。只有5份研究报告涉及工作表现的质量，但其中又有多少显示了刺激的积极效果呢？一个也没有。

爱德文·洛克于1960年代后期做的一份调查研究发现，拿计件工资的人的产量甚至不比那些只要参加干活就能拿钱的人高。洛克还发现，随着成功完成任务的报酬增加，人们更趋向于选择简单的任务，这个发现和前述奖励会阻碍冒险精神的观点一致。

在詹金斯之后进行的其他研究报告带来了更多的坏消息。其中一个令人感兴趣的研究考察了真实生活中的一个不同寻常的事例：一组电焊工长期以来一直有激励机制，突然间激励机制取消了。如果金钱刺激提供动力，那没有了金钱刺激生产应该会下降。刚开始的时候情况正是这样。幸好，这位研究人员花了几个月的时间继续跟踪生产情况，最后给我们提供了这一行中很少有人收集到的数据。没有了金钱刺激，电焊工们的生产很快开始增加，达到和以前一样，甚至超过以前的水平。

1980年代中期，理查德·A.古索和同事们就各种干预计划如何影响员工的生产力做了一个大型分析，他们对98项研究做了大约330项对比研究。这些未经处理的原始数据似乎表明，金钱激励能促进生产力，但对各项研究之间的大量变量进行统计测试后，最终显示金钱激励总体上对生产力没有重要作用。金钱激励与某一时期旷工或辞职的人数几乎也没有关系，而培训和设定目标计划对生产力的影响比任何与报酬有关的因素大得多。

最后，仔细考虑一下在公共领域内采用的绩效薪酬制。1978年通过民事服务改革法案之后，联邦政府全面实施了绩效薪酬制，这个尝试被认定是场灾难，甚至连指导执行者都这么认为。在对管理人员的绩效薪酬效果进行的第一次测试中，加州大学尔湾分校的一个研究小组花了四年的时间，跟踪了社会保障局二十个官员的表现，他们以管理人员的加薪依据绩效作为衡量标准，发现"采用绩效薪酬制对组织表现没有显著效果"。

这个研究小组还调查了五个不同联邦机构的管理人员，分四次询问他们对于绩效薪酬计划的态度，并跟踪该计划实施的结果。很少有管理人员说金钱激励总体上能让他们更勤奋努力，大部分人都认为，很难去计量实际工作表现有何不同。在这项绩效薪酬计划生效时，越来越多的管理人员意识到，这个计划没有促使他们表现更佳。

历年来，有人调查过公共领域内实施的另一个激励机制：给教师的绩效工资。对这一做法有各种各样的反对意见，最基本的反对意见是这样做"既有操纵性又反映了不信任感"。然而这能不能促进教学？客观中立的研究人员和保守的政策分析家们显然被这种观点吸引，但甚至连他们也没能找到证据表明这一方法有助于教学。不论是客观的衡量，还是教师、管理人员的证词，都不能提供任何理由说明绩效工资能提高教学质量，也不能说明采用绩效工资的学区更能吸引和留住优秀的教师。

激励为什么失败

上述证据都证明绩效薪酬制通常并不会让人们工作得更好，对此有三种理解方式。第一种，是假设应该还有不为人知的研究记录了这些激励机制的积极结果。我花了大量时间寻找这样的纪录，结果一无所获，但我恳请读者们在文献中寻找，告诉我是否发现了证据，表明工作质量的长期提高是采用奖励的必然结果。（更令人印象深刻或大不可能的，是发现奖励比不断改进对待员工的方法更有可能改进表现。最近的一项研究表明，一个面向整个公司而不是个人的激励计划产生了可观的收益，但最后结果显示，这个激励计划也包括了让员工更多地参与决策，这个特点比奖励本身更能解释为什么会有积极效果。）第二种对这些研究的可能理解，是把激励计划的不断失败仅仅看作是这些计划本身有问题。美国商界的主流观点是："总有一天我们会发现一项成功的激励计划"，持这种观点的结果就是：越来越多地使用绩效薪酬，但却一直不能理解为什么这样的机制不起作用。[1]

第三种理解方式是得出结论：激励机制的问题不在于我们的实施方法，而在于它们是激励机制这个事实。用同样的斯金纳主义视角提议尝试另一个不同的奖金计划，与建议不用伏特加而转用杜松子酒来治疗肝硬化一样不明智。在这一节以及后面的两节中，我们要提出论据阐明，问题的来源正是流行行为主义本身。（第十章将提出建议，如何用不同的视角看待动机，怎样在实践中从新的角度出发采用相应方法。）在此，我提出14条具体的原因，说明经济刺激和绩效薪酬计划为什么失败。我们从简单的、与具体的计划相关的问题开始，然后进一步质疑这些计划的价值，不管这些计划设计得有多巧妙。进一步的分析，尤其是对人类动机本质进行仔细探究，更加令人困惑不安且具有颠覆性。无独有偶，这种分析在已出版的文献中也比较罕见。（我在此只关注激励计划失败的原因，至于这些计划在实际操纵过程中涉及的奖金分配方法，我暂且保留道德上的反对意见。）

让我们先从一些次要的问题开始。由于这些问题已被人描述过多次，并且只涉及操作上的问题，所以我们可以把它们简单罗列如下，然后再看其他的问题：

1. 缺乏必要性。实施激励计划伴随有各种风险，当员工已经工作

---

[1] 我们可能会问，既然我们已经采用了绩效薪酬，那么谁最有动机为之辩护呢？谁自然愿意使用这些奖励手段而不是质疑绩效薪酬的前提呢？答案可能是成千上万的顾问，要是绩效薪酬的前提被质疑了，他们的生计也就受损了。

得很出色时，没有必要采用它。解决之道：别去打扰干得够好的人。

2. **保密**。当没人知道别人挣多少钱时，即使不公平并不存在，人们也会过高地估计别人挣的钱多或假设存在不公平的情况。这会降低士气，使公司陷入混乱。解决之道：不再保密。

3. **报酬与表现不符**。由于各种组织性的原因，报酬经常与表现的评级不相符，哪怕人们对这些评级很有信心，并断定这两者应该紧密相关。解决之道：说到做到。

4. **花费太大**。据说有些激励计划过于昂贵。解决之道：代之以非现金的奖励。

激励计划的其他问题可以被归结为两难困境，两个可能的选择都不可取。

5. **太大与太小**。如果奖励不够大，可能无法产生多少效果。如果奖励太大，足以产生影响，但得到奖励的人变少了。

6. **短期与长期**。如果奖励是建立在短期表现的基础上，员工也许会做出与公司的长期利益相悖的决定。[1] 如果奖励是建立在长期表现的基础上，员工行为与强化手段之间的联系就会变得模糊（这是行为主义学家的噩梦）。

7. **客观与主观**。如果依据客观因素进行补偿，那么整个机制也许会显得太僵硬，对员工表现的某些方面反应不灵敏。如果补偿是基于主观因素，那就会取决于评估者的异想天开和个人偏见。

对上述三个两难境地的解决办法远不明显。为了讨论的方便，让我们假设可以在每一对威胁到激励机制的两难选择中找出一条完美的路。但即使如此，我们还是发现自己面对着激励机制更严重的问题。

---

[1] 多年来，许多批评者发现了美国顶层管理人员只关注短期利益、从而使公司运作维持在低水平上。讽刺的是，这些批评者中的一部分人建议用各种奖励刺激来解决问题，尽管恰恰是奖励在本质上造成了短视。

8. **评估表现徒劳无功**。绩效薪酬计划作为评定表现质量的机制，还是多少起到了些作用。遗憾的是，这样的评估远没有我们所想的那么准确。有很多种工作的表现是无法量化的，总之，大部分评级系统只在极端情况下才准确——即在评定特别优秀或极为差劲的表现时才准确。这就意味着补偿中的等级很可能与有意义的质量等级不一致。表现评级也许看似准确，但实际上在人们如何对待工作上，评级制度做出了很多细微的划分，而数字根本不能真实地反映人们不同的处世方式和长处。即使管理层使用更为大胆的定性评估，所得到的被评估者的信息也只不过恰恰反映着评估者的管理方式。我们可以借此了解到她是否严厉地批评别人，她期望员工的工作达到什么水平，她和部下相处得如何，并共同拥有什么价值观（甚至他们的背景是否相似）。而且，用麦克格雷戈的话说，"个体的表现在很大程度上是他所受的管理方式的体现"，所以在某种意义上，管理人员同时也在评估自己，只是表面上没有显示出来而已。对个人的评估也忽略了个人的表现在多大程度上是与同事交流思想和资源的结果，而这是反映一个更大的体系做出的间接贡献所必不可少的。

最后，即使评估在过去足以衡量人们的工作有多出色，但现在它的效果通常是破坏性的，因此也不应该再使用。它不仅忽略了大家在工作场所互相依赖这个事实，而且也使人们没有信心在将来互相合作。（"对我的评估是看我的表现，我干吗要帮助他？"）麦克格雷戈指出，无论何时，当人们得到的评价不如他们认为自己应得的那么积极肯定时，评估表现会引发出"功利计算、戒备和缺乏理解力，以及认为上司不公平或很武断的反应"。

富有传奇色彩的统计顾问爱德华兹·德明以他那特有的轻描淡写的天赋，把评估和奖励优秀成绩的机制称为"西方世界针对质量和生产力的最强大抑制物"。他补充说，这个机制"鼓励短期表现，消灭长远计划，滋长恐惧，摧毁团队合作，培养竞争对手，……使人们生出嫉妒怨恨"。在此我们还可以加上一句，要员工们对他们实际上无法控制的激励机制负责实在是不公平的。

钱

9. "**报酬不是动力。**"如果一个员工对实物奖励不太感兴趣，这不是什么严重的问题，可以用去夏威夷旅行代替立体声音响。但如果是大家公认的奖赏——金钱——也失去了魅力又怎么办呢？

古往今来，不同的国家不同的文化中都回响着这样的信条：赚钱不应该成为我们生活的动力。然而，钱（而非赚钱）不是我们生活的动力又是另一回事。甚至连德明那样高社会地位的人也断然宣称钱不是动力，我们不得不怀疑或至少感到困惑。

当然，我们所有人都希望得到报酬。钱可以买到我们需要和想要的东西。一个人得到的报酬越少，或者至少对自己工作的控制越少，他就越可能关注金钱的事情。在这点上，詹姆斯·鲍德文曾说过，钱就像性，当它们从我们的生活中消失的时候，我们才忧心忡忡。因此，人们可以轻易得出结论，人人都要谋生，但最在意钱的人是那些生活不顺利的人。

问题是从这些事实推出的结论颇有问题。例如，我们大多数人并不见得把工作看成是为了得到外部奖励。在过去几十年中所做的一些研究已经发现，要求人们猜测什么对他们的同事最重要，或要求管理人员猜测什么对他们的下属最重要，他们都认为是钱。但如果直接问他们自己："你最关心什么？"结果却大不相同。如下：

- 1946和1986年接受抽样调查的工厂和企业员工中，当被问到在工作中最看重什么时，在十个备选项中，"优厚的工资"位列第五，在最近的调查中，"有意义的工作"位列第一。然而，上司们却以为工人们最看重的是钱，并基于这个错误的看法做出管理上的决定。

- 在一项对五万多个公用事业单位的求职者进行的持续三十年的调查中，报酬在十个影响工作的因素中排名第六，远远落在诸如"工作类型"这样的考虑之后。但被问及他们认为对别人来说什么最重要时，大多数人选报酬。

- 有几个大型的全国性调查发现，工作不愉快的原因是缺乏多样化的挑战，与同事或老板有矛盾冲突，压力太大。工资根本不是主要问题。

- 并不是只有少数几类员工才关心公司的内部问题，比如有机会学习新技术，能够充分施展才能，或者有决策权等等。与只有某些类型的员工才不适合外在激励的观点相反，研究已经表明，所有打工谋生者，不论其职业类型是什么以及受教育程度如何，"在评价工作时，都深受所从事工作能提供的内在驱动力的影响。……只有在那些内在动力相对缺乏的员工中，外在奖励才成为总体上判断工作满意与否的决定因素"。

- 1991年做的一份民意调查显示，甚至是被认为只受金钱驱使的销售员，"更多的奖金和补偿也是最少被用来解释"其跳槽到其他公司的原因。这里的要点是，如果经济学家们认为工作是"无意义"的，是为了能够买我们需要的东西而不得不做的事，只是达到目的的手段，那他们就错了。工作被看得如此不堪，实在是一种误解。人们工作不仅是为了活着，活着也是为了工作，包括耕种粮食、制造产品、解决问题，等等。即使在一个高度工业化的社会里，劳动分工非常细致，才能在大部分时间被闲置，大多数人也认为他们对工作很满意。而且，即使当人们突然摆脱了任何经济负担，无需再工作时，大部分人还是会继续工作。也许最令人吃惊的发现是，大部分纯粹的快乐来自于工作，只是自己没有意识到罢了。

至此，我已经辨明金钱在工作中的作用不像我们想象的那么重要。如果我们把眼界放宽，看看金钱和生活本身的关系及其重要性时，结果更令人震惊。"大家都想要钱这样的观点只是针对痴迷财富者的宣传，是为了让他们对自己的痴迷能略感安慰。"

诚然，那些无望付清所有账单的人常常发现自己满脑子想的都是钱的问题。但请注意，不管人们怎么看待他们的工作，得到多少报酬，很多人仍然在业余时间全身心地投入他们所追求的爱好：创作音乐、修理汽车、装饰房子、修整花园，当然还有照顾孩子，等等。这些事情通常并不容易而且十分耗时，但人们做这些的时候根本没有考虑酬金。因此，金钱并不是最重要的。

当然，有些人比较富有，而他们的生活似乎主要就是为了积累财富。可能需要整整一本书的篇幅才能恰当地解释这种痴迷的本质和原因，但在这儿我们只总结几条可能的解释。人们也许会借口说他们习惯了，或者说富人们在成长过程中就一直认为一个人得有多少净资产才行，或是为了弥补早年的生活匮乏，这些理由都可以解释富人们为什么对财富魂牵梦绕。另一些人想起了以前的新教，也许富人们相信获取财富是证明自己是上帝选民的不二途径。或者人们追求金钱，是因为它象征着权力、地位，隐约给人一种存在的认可：我有故我在。（当你看见有人忍不住要把口袋里的零钱弄得叮当作响时，这最后一种解释就在脑海中油然而生。）

一再要求加薪经常被视为反映了更深的欲望。无论什么样的谈话，有些人总能把话题扯到钱上，他们的生活就是赚钱，听到这样的人说话，你不禁猜测他们要这么多物质财富去满足什么需要。当工作失去更为重要的特性时，人们往往就倾向于关注工资的多少。比如，一个人一旦被剥夺了可以真正投入、感觉有意义的工作，失去了对自己所做之事的选择能力，没有社会支持，也没有机会学习或展示自己的才能，那么这个人很可能就只有把注意力放在他挣的钱上。他甚至还可能对工作并不仅仅意味着钱这样的想法嗤之以鼻。生活中也是如此，许多心理学家和社会批评家指出，如果感到生活没有意义，无法与人建立深层次的联系，大笔的银行存款就会被拿来作为真正满足的替代品。

我们在这里讨论的是寻找替代品来得到满足，这种满足显然不同于那种赚再多的钱也不可能获得的"满足"。那种人总想比现在挣得更多或者卖得更多。无论是再添一双鞋、一件时髦的电器，还是拿更高的工资，都永远不会有够的时候。当被问及为何选择把钱当作生活的中心，这些人会很有戒备地回答："喂，你得吃饭吧。"（这倒不假，问题是为什么这些欲望控制了他们的生活呢？他们的回答试图把欲望包装成需求，以此来为自己的行为辩护。）毫不奇怪，以经济上的成功作为人生主要目标的年轻人，很可能比其他人显示出"更多的沮丧和焦虑"，"更低的整体心理功能，更低的社会生产力和更多的行为问题"。

因此，金钱在我们的生活和工作中，并不如我们想得那样重要。甚至那些沉湎于金钱的人——像奥斯卡·王尔德笔下的愤世嫉俗者，他们知道所有东西的价格却不知道其价值——事实上也会承认，他们还有别的需要。但即使我把一切都弄错了，即使人们真的最关心报酬，即使金钱确实是我们生活和工作的重心，也不能证明金钱就是动力这样的观点是正确的。具体来说，我们没有理由假设，付的报酬越多，人们工作质量就越高，或者长远来看，人们干的活就越多。

在一定程度上，事实的确如此，因为追求优秀、工作出色的人尤其不会对金钱激励做出反应。正如哈佛大学商学院的一位教师所指出的，"能成为优秀领导者的人不会过于沉湎于钱"。不久前弗莱德里克·赫茨伯格提出，金钱激励的效果有限还有一个更为根本的原因。赫茨伯格对于工作和动力的见解与观察颇多，他的一些言论多年来也遭到批评，但有一点却是完全正确且至关重要的：不能因为钱太少会使人恼怒、丧失动力，就以为钱越多就会带来满足，更不用说带来尽力做到最好的动力。如果你拿回家的报酬减半，那么似乎有理由认为你的士气遭到毁灭性的打击，这会极大地损害你的表现，你也许还会决定辞职不干了。[1]可是这并不意味着如果你的报酬加倍，你就会比现在干得更好。打个比方，以胡萝卜有益于眼睛这一说法为例。这只在非常有限的意义上成立，只有当胡萝卜中的胡萝卜素被人体转化成维生素 A 时才成立。完全没有维生素 A 会造成夜间失明，但几乎每个人的肝脏都储存了大量胡萝卜素。食用更多的胡萝卜，或者摄入超过人体所需的维生素 A，根本不会改善你的视力。金钱也是如此：量太少会产生伤害，但量多却并不一定有益。我必须强调，上述种种不是给管理人员提供借口，证明他们可以在付给员工报酬时苛刻吝啬。大家都希望公平地得到足够的补偿，那些从事单调、累人的工作的人似乎特别强烈要求报酬优厚。但是如果以为是钱驱使着人们工作，那就是对人类动机的理解过于狭隘了。而刺激奖励计划通常就是以此为预设，所以它失败了也没什么让人吃惊的。可是"错误的想法很难消除。很明显，金钱是最终动力这一观点将会在很长时期内保持声望"，1963 年一位作者如是写道。

---

［1］即使这个看起来很明显的假设也没有实际上那么肯定。有证据表明，人们更关心自己是否得到了公平的补偿而不是所得补偿的绝对数目。这个金额与自己从事的工作、具备的技能和经验、其他同行的所得等相匹配吗？即使是收入合理地有所减少，也不一定会损害人们的动力。这里面有一系列的因素在起作用：你手里剩下的钱足够生活吗？减少薪酬有什么合理的理由吗？公司里的每个人，包括上层，都减少了吗？在做决定减少薪酬时，员工个人有参与意见并发挥什么作用吗？（施加到员工身上的比员工自己选择的更能降低动力。）

奖励在工作场所的五大问题

我们再次来玩一玩叫作"即使……"的游戏。各种刺激手段建立在错误的思维方式之上，所依靠的证据也令人生疑，即便假设我前面提到的九条解释激励为什么失败的原因不尽如人意，我相信这些刺激手段也是注定要失败的，因为根本的原因在于流行行为主义本身的缺陷。试图用外部手段去驱使人们固然是不会成功的，原因在第四和第五章已有详述。我在这里只简单回顾一下这些论点，并把它们应用到批评中来：它们对绩效薪酬的各种做法为什么失败做出了最有力的解释。

10. **奖励有惩罚作用**。在一些圈子里，已经不再需要证明惩罚对动机造成了破坏，因为这个事实已然明了，你可以直接往下谈论另一个鲜为人注意的现象：奖励产生了同样的效果。然而，美国大公司的管理者们还是深信胁迫、处罚性的策略依然管用，因此在谈论奖励问题之前就这个问题说几句不算多余。即使今天也不难发现商界领袖们相信，害怕能驱使人们工作得更好。AT&T 公司的一位高层主管说，"我希望大家来这儿上班时"对公司的命运"怕得要死"。IBM 公司主管人事的一位资深副总裁宣称，"让最底层 10％的员工感到不安是件好事"。IBM 公司最近刚采用了一套评估体系，规定每年十个员工中必须有一个被评为差，然后给他们三个月的时间改进表现，不然就遭到解雇。据一本有关犒劳补偿的书籍称，为了"传递有利于良好表现的信息"，绩效薪酬机制必须在人们的工作令人失望时"扣留足够的报酬"。一些行为主义心理学家为惩罚员工的这种做法辩护，理由是这样做有助于"澄清管理方对员工表现的期望，促进制定目标"。（可以与这一说法媲美的是，把员工扔出办公室的窗外，有助于他们清楚地了解自己在几层楼上班。）一位著名的商学院教授、就"组织的有效性"提供咨询的顾问在讲课结束时，总喜欢引用银行劫匪约翰·德林杰的话作为结语，"用微笑加手枪比只用微笑能得到更多的合作"。[1]

很难想象，还有哪种管理学原理与前述研究和经验证据所揭示的如此南辕北辙。我把大部分有关惩罚的看法放在第九章，该章节谈论抚养孩子的问题。在这里，让我指出受奖者们人人皆知的一点：惩罚性的策略，例如表现不够好可能遭到解雇或降级，是极其适得其反、事与愿违的，更不用说是一种令人不快、缺乏尊重、本质上得罪人的待人之道。

首先，惩罚典型地不会导致表现改善，反而会引发反抗、防备和愤怒。惩罚者不是依赖说服来解决问题，而是玩弄赤裸裸的权力压制。由此，大多数人的回应是以牙还牙，而不是产生新的决心、把工作做得更好。胁迫最多得到充满怨恨的服从，长远来看，很难说这是一种可取的精神状态。一些办公室和学校的墙上贴着一条格言，这条格言颇具讽刺意味，倒也完美地击中了这种倒退的管理方法的不合逻辑性：士气不提高，棒打不停止。

对于使用惩罚和恐惧手段，我们最温和的评价是这在心理上很幼稚。威胁人们会使人们对万一不好的结果忧心忡忡，但害怕失败和渴望成功是两码事。前者使人们无法专心致志于手头上正在做的事，不会努力达到优秀，而会力求稳重行事、保护自己。说得客气些，质量不是这样产生的。正如赫兹伯格喜欢说的："KITA"——他把这个缩略形式含糊地解释为"在屁股上踢一脚"（kick in the pants）……可以产生动作但不会激发动力。即使是那些了解惩罚性管理是自相矛盾的管理人员也可能没有看清，在对动力的深层假设和实际结果方面，奖励与惩罚有多相似。赫兹伯格曾问道："为什么管理者们很快就能明白消极的 KITA 不是动力，却一致认定积极的 KITA 就是动力呢？"

---

[1] 当然，他所说的"合作"的意思是顺从，而非团队合作。

正如我在前几章中所阐述的，两种外部策略都有控制性。奖励也让人感觉受到处罚，因为奖励相当于操纵他人的行为。而且，员工们有可能发现奖金或其他的奖励被故意扣留或撤消，不发给他们（如上文提及的补偿手册建议人们做的那样），也有可能他们尽了最大的努力可就是没法得到奖励。这些情况产生的结果并不比惩罚好。的确，与惩罚一样，奖励也令人厌恶。研究者们已经发现，当人们接受表现评估，而结果比他们想的要差时，会对人们的动力产生什么破坏性的影响。同样，没能拿到期待的奖金必然会对后续的表现产生反作用："成绩优秀却没能拿到绩效奖励的人做出的反应很可能是……将来的工作表现更差。"总之，奖励机制失败是因为奖励的总体作用是处罚性的。

11. 奖励有损人际关系。 争夺奖励牺牲了平级员工之间的横向关系。德明和其他研究人员强调过，激励手段减少了人们互相合作的可能性。没有了合作也就没有了质量。一位银行管理人员说："我们在培训期间强调团队合作，然后又用奖励补偿机制把它摧毁。"

破坏团队合作进而破坏组织优秀的最确定无疑的方法，就是使奖励稀少，让人们为之竞争。许多公司还在给员工评级，把他们互相比较。例如，全球最大公司之一的主席仍坚持说这样做有利于提高"活力"，[1]尽管接受评级的员工普遍相信这样的机制只促进了毁灭。

同样，尽管有证据表明，各种评级、奖优和竞赛有害，但它们仍然

---

[1] 除了其他类型的外在激励所具有的缺点以外，还有几个原因导致对员工评级毫无意义。评级假装显得准确，但实际上决定一个人级别的评估在本质上就是主观的，尤其是当人们做不同种类的工作却用同一个标准来衡量的时候。（我们真的认真想过可以用同一套标准来对打字员、会计、化学家的工作表现进行评定吗？）但最决定性的反对理由是：**相关表现最终与组织所关心的标准无关**。直说吧，谁会在乎到最顶尖的10%的公司但工作表现属于公司里的下层？或者说，一个人在公司里的工作表现属于最底层的10%，和其他人基本上都干得好有什么区别？关键在于绝对的而非相对的标准。如果一个强制性的评级体系摧毁了团队合作，那么它不仅不会促进工作表现，反而会使事情更加糟糕。

大行其道。每产生一个获胜者，就使许多其他人意识到自己输了，"觉得自己再怎么努力都还是在获胜者圈子以外"。通过备忘录、简报、颁奖宴会，这些奖赏的公开程度越高，它们造成的损害越严重。而且为了有限的奖励展开竞赛、评级、竞争，使得每个员工把同事看作成功路上的障碍，这种心态又转而妨碍了合作，侵蚀了社会支持和归属感，但必有通过合作和归属感才能造就充满信心的员工和有效的组织。事实上，不管什么奖励都有这样的结果，在刺激手段中引入竞争只会雪上加霜。

同样，上下级之间的纵向关系，比如监管者和下属，也在奖励机制的重压下崩溃。我已经点明，当你的上司决定你能挣多少钱或能给你什么其他的诱人奖励时，你会忍不住想要掩盖所有的问题而不去求助，虽然求助是达至最优表现的先决条件，但你会把时间花在讨好上司，让他相信一切尽在你的掌握中。而且，根据工商管理学教授迪恩·屈斯弗德所说，如果你担心失去奖励，你就不太可能去挑战糟糕的决定，卷入对公司有益的冲突中。很少有什么比一群受奖励驱使、凡事求稳的人更危险的了。

12. **奖励忽视了问题发生的原因**。此处的要点惊人地简单：为了解决公司里的问题，我们必须知道造成问题的原因。员工是否对工作的要求准备不足？是否为了获得短期的回报而牺牲了长远的发展？是否工人们无法有效地合作，结果造成一个部门在重复另一个部门的工作？是否公司内部等级森严，以至于知情懂行的人感到害怕不敢提出建议，或者感到无能为力，不再感兴趣了？然而，只是伸出一根胡萝卜——"如果工作得更好你就能得到奖赏"——并不是真正的解决办法，不能应对造成公司停滞不前、员工得不到发展的关键问题。

更普遍的是，激励机制常被用来替代员工们工作出色所需要的动力。优待员工（我在后面将会讨论，这意味着提供有用的反馈，满足他们对自决权和社会支持的需要），是卓越管理的根本，它创造出员工的内在兴趣得以发展的环境。但是，把奖金弄到员工面前晃来晃去，然后等着结果自己产生，这就不需要怎么费力气了。的确，有证据显示，绩效薪酬往往会排挤掉精心的管理，在采用奖励制度的地方，富有成效的策略就不太可能被采用。（在学校或家里采用代币经济的情况也是如此，父母许诺得到好成绩就有奖励。事实上，在任何采用流行行为主义的地方都是如此：位高权重者没有担起责任去帮助、关心孩子，教给他们技巧，教导他们解决问题，而经常是拿出奖励，以为事情会自行解决。）补偿机制决不能替代精心的管理，就像行为主义方法决不能替代寻找问题的根源。但遗憾的是，行为主义的方法常常被用作替代品。

13. **奖励有碍冒险**。绩效薪酬计划的一位鼓吹者热情地说："如果奖励相当可观，人们会做要求他们做的事。"我们已经阐明了这些计划的错误所在，无论何时，当人们被引导去思考做某件事能得到什么时，他们就只做得到奖励所必需的工作，而不太想去冒险或探索各种可能性，这一点有助于解释为什么人们受奖励驱使时会创造力下降。菲利普·斯雷特观察发现，"让人们追逐金钱……创造出的只是追逐金钱的人。用钱作动力导致产品质量不断退化"。

追求优异的工作表现引导着人们朝一个方向走，而鼓励员工关注自己干得如何从而能赢得什么，则引导人们朝另一个方向走。如果告诉人们他们的收入将取决于他们的生产力，或取决于他们的表现评级，那么他们将只关注数字。两位分析家指出："员工们也许为了在评估表上得高分而只做必要的活，他们不会去做真正能把工作做好的其他事。"这通常发生在操纵工作的完成时间，为了得到奖赏"赌一把"的情况。为了能有资格得到根据一段时间内销售业绩来定的奖励，销售员们或许耽搁订货，或者刚好相反，答应很快送货，但其实办不到。他们可能消磨时间来盘算那些将决定他们挣的多少的数字。甚至由于激励计划造成的压力，他们还可能采取明显不道德或非法的行为。

在某种意义上，玩数字游戏或劝消费者购买他们不需要的物品构成了某种冒险行为。但我们希望人们进行的改进质量、探索各种可能性的冒险，却由于奖励的存在而被降到最小。例如，追求外在奖励的取向使人们不太可能挑战自己，而是喜欢选容易的事做，因为这样得奖的机会最大，也可以快点得到。

当员工们参与制定表现标准时，比如在公司里采用皮特·德雷克推广的"目标管理"法，"员工们的动力是把目标定在安全的层次……以保证得到较高的评级和奖励"。但是，这里的问题不是人们天性有多懒，或让他们参与决定标准多不明智，事实上，"人们发现，员工们参与制定目标比强制灌输目标能引向更高的目标"。问题其实在于激励机制的失败：人们的眼界被放低了，因为他们被要求去关注他们将要得到的奖励。

14. 奖励损害兴趣。导致激励机制失败的最引人注目的原因，是第五章中描述过的情况：外在动力不仅不如内在动力有效，而且还降低了内在动力。管理人员越是让他的员工们去考虑工作完成得好能赢得什么，他们对工作越没兴趣。这本身是个令人不快的结果，同时也解释了奖励降低表现的原因。1970年代初，爱德华·戴奇在一份组织行为学期刊上发表了一篇论文，表明奖励往往会损害人们工作的内在动力。由于这之后他在这类刊物上只发表了几篇后续的研究报告，所以圈内有些人认为这个发现是侥幸成功。尽管那项研究的大部分成果都发表了出来，而对管理感兴趣的人也很少阅读这类期刊，但"那项研究持续地证明了，任何一种绩效奖励机制往往都会损害内在动力"。戴奇和他的同事们认为，外在动力之所以有这样的效果，是因为它们被看成是控制性的。

另一些人倾向于认为"做这个就能得到那个"自动把"这个"贬值了，即工作被看成是为了得到诱人的奖励而不得已为之的枯燥的先决条件。例如，麦克格雷戈注意到，给工人们的奖赏通常是让他们回家用的，这样做的结果是，"工作被视为一种惩罚形式，是为了得到各种与工作无关的满足必须付的代价"。

不论是出于何种原因导致上述效果，任何一种绩效薪酬体制都会使人们对工作的兴趣降低，从而更不可能以热情和决心做出优异的成绩。而且，**我们越是把奖励或补偿与工作表现紧密捆绑，引起的危害就越大。**（对比行为主义者们声称的应该在奖励和表现之间尽力建立最直接的关联，再也没有比这两者能形成更鲜明对比的了。）更明确地说，这种危害不仅限于员工个人的工作表现。正如政治经济学家罗伯特·莱恩总结的，使用奖励（在工作场所强调外在的因素而非内在的因素）的最终后果，"不仅侵蚀了工作的乐趣，而且破坏了工商企业的生产力"。

最后一点（这一点我在论及奖励时已经提过）在工作场所尤其适用：激励计划没能很好地回应一些员工表现出的外在导向，因为它更多地是制造出对金钱因素的关注。正如多项调查所记录的，上级主管们以为他们的下属主要看重钱，因此他们采用的管理体系是斯金纳主义的，报酬与表现相关。而由于外部动力侵蚀内在动力，于是人们对工作的兴趣下降，在付出努力之前更可能要求外在刺激。上级主管们指出这种外在导向，摇着头说道："你看见了吗？如果你不给他们奖励，他们什么都不干。"

这是个典型的自我实现的预言，它没能逃过麦克戈里格、赫茨伯格和莱文森等评论家的法眼。心理学家巴利·史华兹承认，一般说来，行为理论看似为我们解释了美国的工作场所里发生的一切，但至关重要的一点是，"它之所以如此并不是因为工作实践为行为主义的原理提供了自然例证，而是因为行为主义的原理……把工作实践催化成了行为主义原理的例证"。

行为主义极大地影响了我们看待工作和从事工作的方式，但行为主义催生出的诸如激励计划等手段，没有也不能带来我们期望的结果。多种因素决定了它们的失败，许多研究发现，奖励完全不能使人们干得更好，很多不同的原因都可以对此提供解释。一些支持这一激进批评观点的数据和理念已经存在了几十年，还有一些是最近才出现的。现在我们应该面对这令人不安的事实了：通过提供强化手段来操纵行为也许是训练家庭宠物的好方法，但不是在工作场所获得质量的良策。

第八章 诱导学习：为什么行为主义在教室里不起作用

> 和一百年前不一样……今天人们广泛认同的观点是：不考虑将来会有什么结果的发自内心的兴趣是最上乘的学习方法。
>
> ——艾得沃德·I.索恩迪克，1935

人们第一次走入校园时，都对世界充满了无限的好奇。当他们歪歪扭扭地用巨大的字母写下自己的名字、贪婪地观察一切并对所看到的事物进行解释的时候，他们会因为发现了自己的新能力而欣喜不已。在上课时，他们席地而坐，瞪圆双眼张大嘴巴，全神贯注地聆听老师的讲解。在认识了新的事物或事物之间的新联系之后，他们会兴高采烈地跑回家，问道："你知道我今天学到什么了吗？"

但当最后的钟声响起时，所有的幻象都破灭了。他们眯缝着眼睛，抱怨着繁重的家庭作业。他们默数着还有几分钟才能下课、到周末还有几天、离下一个假期还有几周。他们会问："我们必须要知道这些东西吗？"

在这里,我勾勒了一幅粗线条的图画。事实上,每个孩子经历的这一过程都不尽相同,也许需要几天、几年或者(在少数幸运的情况下)根本就不会发生。但情况可能比我所描述的还要糟,学生们不仅把学习看成是困难繁琐的任务,而且觉得自己根本就不能胜任这一任务。不论在哪种情况下,这些变化都是不自然的。我们不能将之理解成一种纯真的自然消失,或者成长过程中不可避免的现象。确切地说,孩子的热情消退,是学校里发生的某些事情的直接后果。这种让人气馁的变化不完全由某个单一因素造成,但是美国教育体系的一大特点——"做这个就能得到那个"——在很大程度上导致了这一现象的产生。

最近对小学教育的两个研究再次昭示了一个人所共知的现象:为了提高孩子们的学习积极性和学习成绩,几乎每个教室里都在使用不断奖励的办法:标记与红星、优待和额外的休息、打分和奖赏。随着学生的不断成长,奖励的内容也在不断变化,但斯金纳范式(Skinnerian formula)始终不变。为了奖励而奖励变成了一种常态:一个好分数意味着在光荣榜上拥有一席之地,或者是一张特殊的"身份识别卡"、当地商场的一篮免费商品,甚至是从父母那里得来的一些现金。一篇新闻报道描述了这种激励方式是如何开始的:"你的孩子学习不认真?别强迫他们,给他们奖赏吧。"[1]

当奖励不能有效保证学生的兴趣和成绩时,我们将提供新的刺激。(请注意,无论是公共事务还是私人事务,经常出现的一种现象就是:某一方法失败后,我们的反应却是再次重复这一做法。)一旦这些刺激再次失效,我们会转而迁怒于学生本人,断定他们缺乏能力或过于懒惰,不愿付出努力。我们可能会感叹并深信:"指望能在教室里培养学生们的学习兴趣根本就不现实。"

---

[1] 注意,在这里唯一想得起来的两种方法就是奖励和惩罚,这正是行为主义操纵行为的两种方式。

那些从公共政策角度看待教育的人会就美国的教育情况做出报告、开展特别调查或者公布调查结果，然而无论出现的问题是多么的千差万别，解决方案无外乎就是胡萝卜加大棒：绩效不同，老师就应该受到不同的奖励或惩罚；学校一旦不保持良好的状态并在生源竞争中取得成功，就会受到低就读率的威胁。教师工会对这些做法持抵制态度，传统的"自由市场"论者却对教师工会的看法嗤之以鼻，他们所信奉的是"没有激励就不会有人愿意做出改变"。但是，教师工会，或者至少是工会中上镜率最高的代表，反对的也只是具体的政策。对于这些政策背后的哲学，他们并无异议。美国教师联合会主席艾尔波特·沙恩克宣称："如果离开了激励，没有一种体系能有效运转。"《新共和》也插话道："人们会对激励有所反应。"

这种对一个学说的一致认可非常少见，甚至有点不同寻常。流行的行为主义理论不仅几乎为美国教育界的每一个参与方接受，并左右了绝大多数批评家的观点。当某种单一理论对我们的孩子有着如此重大的影响时，我们有必要稍作暂停，认真探究这种理论与我们所知的人们的学习进程是否真的一致。

学习的动力

如果我们追本溯源，抛开所有那些打分之类的我们认为会有效果的刺激物，三个基本事实就会最终呈现在我们面前。

事实 1：不需要奖励年幼的孩子去学习。每天早上来到学校的孩子们有着不同的兴趣、能力和情况，有些孩子来自于充分鼓励求知欲的家庭，有些孩子则来自于仍在努力谋生的家庭。在任何时候，对于老师讲的东西，孩子们的接受程度各不相同，但我们不应该为这一现象所迷惑，事实上，他们都有着与生俱来的对学习的渴望。

专注于研究移情、共鸣现象的专家马丁·霍夫曼曾经这样说道：那些想培养孩子社交能力的父母和老师并不孤独——他们拥有一个"来自孩子本身的同盟者"。事实上，对于那些希望培育孩子智力的成人，我们也可以说同样的话。"孩子们都倾向于努力理解其周围的环境"，并且几乎每一位父母、学前班或幼儿园老师都可以证明，孩子对语言、数字和各种想法都很有兴趣，总是不停地问着问题，由此可以推测他们有着一种单纯的、内在的学习动力。进入小学之后，伴随着孩子的不断成长，他们学习的方式却变得越来越受外因驱动，直到像人们仔细研究后发现的那样："在典型的美国教室里，几乎找不到学生们自动学习的证据。"

事实2：无论多大年龄的孩子，奖励都不如内在动力更能促进有效学习。 这一点非常简单，如同从事自己感兴趣的工作的成人显然会比那些只因外在动力而工作的人做得更好一样，如果孩子对自己所学的东西感兴趣，他就更有可能成为一名最佳的求知者。

许多研究都已发现，不同年龄段的孩子的内在兴趣和学习成绩之间都存在着某种正相关性。这些研究工作大都相互关联，这也就意味着我们不能简单地认定是孩子的学习动力导致了成绩的高低。事实上，我们有理由相信成绩也会影响动力。不过，至少有一位研究者认为这两者之间存在因果关系："内在动力的减弱将会导致成绩的下降。"

观察一下孩子们如何看待一项具体任务，这种因果关系就更加令人印象深刻。有一组研究人员力图搞清楚到底是哪些因素帮助三四年级的学生记住他们读过的东西，结果发现学生们对这些文章是否感兴趣比这些文章是否具有"可读性"重要三十倍。根据我们在第三章中提供的论据，我们可以预计，在那些与概念性和创造性思维相关的学习过程中，内在兴趣将会扮演一个更加重要的角色。

为什么一个有兴趣的求知者更有可能成为一名有效求知者,其中原因尚未形成定论,但这一事实本身已经无可争议。正如本章的引言所表明的那样,行为主义理论的最早奠基人索恩迪克也对这一点毫无异议。事实上,这一发现与现实非常相符:如果小朋友们喜欢自己所做的事,他们就能把这件事做得更好。谁会怀疑这一点呢?但这一事实对传统教育理论的颠覆程度却比它看上去的要强得多。比如,许多老师和父母在谈论动力时都好像把它看作一种特质,有些孩子具备这种特质,有些则不具备。上面提到的研究非常重要,因为尽管许多外在动力(比如为了获得某些好东西而努力学习)也会与成绩相关,但这一研究告诉我们:真正重要的不是一个人被激发的程度,而是动力的来源和本质。

此外,有些传统主义者抱怨,现在的学校的一大问题是把学习变得像是一种娱乐。(果真如此就好了。)如果将这一观点变成:并非每一件令人愉快的事都有教育上的价值,那我们就很难表示异议了。但许多事实都可以反驳另外一种严厉的、清教徒式的观点:任何重要的事物都是令人不快的,或者反过来说,孩子们感兴趣的都是一些无聊的东西。吉尔·波洛菲指出,当学生们充满热情和渴望时,他们可能不会只是终日嬉戏,而是对自己的学习更加严肃认真——"找到它们的意义和价值,然后试着从中得到所期望的益处。"

有一次,在1980年代早期我还是一名高中教师的时候,一个女学生搭我的便车,这个15岁的女孩对她学的所有课程都没什么特别的兴趣。由于尴尬和无话可说,女孩只是开口问道可不可以打开车上的收音机。接下来的一路上,她一直和着收音机独自吟唱,一首歌也不错过,所展现出来的热情完全超出了我的想象,这给我留下了非常深刻的印象。过后向同事提起这件事时,我摇着头笑着,感叹这样一个教室里的失败者如何能够一字不差地唱出最流行的40首当红歌曲。

直到后来我才意识到,这个女孩向我揭示了动力及其与成绩之间的关系。如果我们老师也能亲眼目睹她唱歌时表现出的敏锐记忆力,或者见证我在汽车里见到她全心投入的情景,我们就不会简单地断言说她只是把精力放错了地方。她的歌唱向我们更深刻地揭示了在教室里发生的一切——各种课业以及所使用的各种激励方法。就学习这些歌曲而言,她不需要有人承诺会给一个 A,也不需要有人威胁她如果不行的话会给她一个 F。也许对她而言,要取得最大成就并不需要胡萝卜和大棒,而是既没有胡萝卜也没有大棒。在所有关于动力的讨论中,我认为人们往往都忽略了一个就摆在我们面前的基本事实:如果教育者创造出一种氛围,使得孩子们能够投入到学习任务当中,那么智力技能的提高也许就自然而来了。我们希望学生能够成为一名严密的思考者、熟练的阅读者、写作者和问题解决者,并且能够区分或联系起不同的观点。但是保证这些技能逐步提高的最有效方法不是评级和打分,而是学生的兴趣。老师和家长应该关注的是学生们是否自觉学习、回家后是否谈论自己今天学到了什么。理论上的确存在着这种可能性:一个孩子有着很强的内在动力,但表现却并不出色。但我保证,这种学生的数目不会多。

现在让我们来考虑一下相反的情形:表现良好,中规中矩,完成所有的家庭作业,为了考试而学习,得到好成绩,准备好笔记,让家长开心,然而,却分分秒秒地憎恨这一切。这幅画像适用于千千万万的学生。

是的,他们是求知者,但却是勉强的、被他人牵着鼻子走的求知者,他们接受训练,读所有要求他们学的东西,而不理会其他任何未要求他们学的东西。用蒙田的话来说,他们是"背满书的骡子"。三十多年以前,杰洛姆·布朗纳集中研究了一些"按照'正确方法'行事的"非常成功的学生,描述了这种按部就班走向成功的方法取得了什么样的结果:

> 这些成功学生把所学到的东西融入不同思维框架的能力，要比那些仅通过智商测试就预计其能取得好成绩的孩子们低得多……这些成功学生具备的是死记硬背的能力，他们习惯于对别人的要求做出回应，而不是把所学的东西与自己的生活实践结合起来。正如麦默尼德斯所说的那样，他们不是自己在学习。

但是现在我还有另外一个议题要讨论。我认为兴趣不只是获得好成绩的一种手段。即使不依靠内在动力而获得学习上的成功可以是一件轻而易举的事情，但我仍然觉得，如果渴望对各种思想和经典文献提出质疑并能像科学家一样进行思考，这种渴望本身就非常有价值。就如同理查德·莱恩和他的一个同事所说的那样："把十二年义务教育的中心目标只定为达到某种程度的认知"是远远不够的，相反，我们应该旨在打造出这样的下一代："愿意甚至热烈地渴望从学校里学到些东西，同时能够摆脱学校教育的束缚，学会根据自身的兴趣寻求发展机会，并对此充满好奇甚至兴奋不已"。

这个有意义的目标几乎不会引起争议，但在关于我们的学校有什么问题、应该如何改进的全国性讨论中，却很少有人把培养动力作为一种目的而不仅仅是一种手段。（实际上，即使是将动力视为成功的原因之一的观点也很少被提及。）提出这一议题是为了探究教育的目标，因为现在的教育状况实在令人担忧。也许，对于那些只想训练出足够多熟练工人从而保证企业利润增加的人来说，这种论调显得格格不入。我们是不是像约翰·尼科尔斯说的那样，应该"投资教育"呢，这个术语"似乎表达的是对获得有用技能的渴望，而不是对创造出有价值的东西的期许"；或者如同查尔斯·西伯曼一样，认为学校"不仅应该教会人们如何生存，而且应该教会人们如何生活，如何度过一个充满创造性的、人性化的、感知力丰富的人生",由此,孩子们对待学习的态度就至少与他们如何完成既定任务一样重要。

事实2的要点在于,哪怕我们觉得真正重要的是孩子们的学习成绩如何,但我们还是应该关注内在动力,因为它能比奖励更有效地保证好成绩。由此,我们就必须充分认识到这一现实:这种至关重要的动力在几年学校教育后就会消失得无影无踪。这究竟是怎么回事呢?回到布朗勒关于那些缺乏想象力的"成功学生"的描述,他认为,"孩子们倾向于寻找线索以达成他人对自己的预期……正是从回应父母的奖励和老师的表扬开始的"。这就导致了下面的第三个事实……

事实3:奖励学习会破坏内在动力。高分数、大棒和其他一些斯金纳式的诱因都不能有效地促进孩子们的学习,这就已经够糟糕了,但更糟糕的是这些手段还会破坏最有助益的内在动力。在学习动力方面最有见地的两位专家卡洛尔·艾姆斯和卡洛·德威克就分别指出,我们不能简单地把学生缺乏学习兴趣归结于能力低下、表现不佳或自尊心不强,尽管这些因素可能也起了一些作用,但决定性的因素在于学生们学习的目标。如果老师或者父母强调学业的成功在于获得奖励,那么学生们对所学课程的兴趣几乎注定要下降。"所有的奖励都有着相同的效果,"一位作者宣称道,"它们将会冲淡成功本身带来的欢乐。"

在第五章中,我已经阐述了关于这个结果的争论和证据,包括几个具体的案例和与学习有关的研究,所以,这里不再赘述外在动力是如何破坏内在动力的。在此,我更愿意把焦点放在造成这个结果的两大原因上,教育研究者们在这两个原因上也都花费了大量的精力,这两大原因就是控制技巧在教室里的运用,以及强调学生们表现的好坏。与这两个题目相关的工作并不一定总是会明确地涉及奖励,但它们毫无疑问都涉及评定等级和其他一些对学生的外在激励。[1]

让学生们学习

一个习惯于使用权力的企业高级主管不久前对国家教育质量的下降备感痛惜，他说，必须要"让孩子们理解学习的重要性"。这句话提出的这个方法揭示了美国教育的普遍问题。咄咄逼人地"让"孩子们做事情——甚至更荒谬地"让"他们理解为什么要让他们去做这些事——是导致失败的症结所在。这里不妨介绍一篇著名的批评报告：如果某个敌对的外来势力想要赋予美国一个劣等的教育体系，那么再也没有比建立一种严格控制学生们在学校里的一举一动的机制更好的方法了。

在这么说的同时必须要立刻声明一点，我不是在建议教育者应该停止提供任何规范或指导，让学生们不受任何框架的羁绊，完全按照自己的意愿进行学习。在第十一章中，我将会进一步解释给学生一个合理的自由度意味着什么。在这里，指出这一点就已经足够了：我们还远远没到担心是不是提供了过多自由的时候呢。现在，威廉·格莱赛指出，"在我们的学校里，强权老师已经成为一种常态，而不是例外……我们强迫学生们学一些他们并不想学的东西，当他们不学的时候，我们就以低分来惩罚他们"。他还补充道，结果是"他们不再是求知者"。

控制学生便是强迫他们接受一套事先设计好的课程，不仅告诉他们

---

[1] 在后面的内容中，我没有讨论奖励破坏动力的另一个原因（这个原因在第五章里提出过），这就是把一件事作为获得奖励的先决条件会使这件事贬值。显然，这个解释也适用于教室，凡是为了得到奖励而被要求去做的事情，都会由于这个原因而被学生视为如果有选择的话是不想去做的事。然而，我手头没有关于这个原因在教室里发生的经验案例，所以就只选择了上述两个原因来讨论。

必须要学什么，还告诉他们必须要怎样学以及如果学得不好会怎么样，或者学得好会得到什么。考试并不是被用来了解学生在哪些方面需要帮助，而是用来强迫学生们完成所分配的任务。当然，奖励只是这杯苦酒的一部分，但是控制的概念将帮助我们了解奖励如何把一个热切的求知者转变成了一个坐立不安、老看表的人。

这个国家里的每一位教师、校长和教育管理者都应该在每个星期一的早上，花一点时间大声朗读理查德·莱恩和杰瑞默·斯蒂勒写的下面三句话：

> 我们越是试图从外部来衡量、控制并施压于学习过程，我们就越是阻碍了学生们积极参与、投入学习的天性。这不仅会导致学生们难以接受教育者所传授的知识，还会给学校的氛围带来破坏性的影响（即学生们如何看待学习）……外在的评价、目标、奖励和压力似乎创造了一种教和学的模式，这一模式与素质教育，即以持续、深入和融合为特征的学习过程，所追求的结果截然相反。

无疑，这段话隐藏着深刻的含义：它假定有一个深入、持续的教育，甚至让学生在其中扮演积极的角色，这两者都是令人期待的。但在这里，莱恩和斯蒂勒只是初步总结了一些并不广为人知的经验发现。不管你如何看待控制策略的内在价值，它们确实会带来某些可以预期的结果，这一点至少在我们的文化中是不容忽视的。

明确地要求学生们必须做什么，或者使用外在动力使他们就范，常常会使他们觉得焦躁甚至无助，有些孩子并不会对这种强权做出反抗，相反，他们选择放弃自己的自主权力。在一项研究中，研究人员对一些 10 到 11 岁孩子的表现进行控制性评估，结果发现与那些只是得到信息性反馈的孩子比起来，接受控制性评估的孩子更倾向于让实验人员给他们分配下一个任务。而已经习惯于高度指令性教育方式的高中生，如果突然要求他们进行独立的思考，他们的反应是坚持认为他们"有权被告知该怎么做"。除了侵蚀孩子们的自主权以外，这种结果还会给学习过程带来不好的暗示。研究已经表明，焦躁和无助往往会导致糟糕的表现，更有甚者，缺乏自主精神的孩子更愿意选择一些缺乏挑战性的任务。

于是，内在兴趣开始出问题了。控制性的环境已经被证明会不断地削弱人们对所做事情的兴趣，哪怕在其他条件下他会对这件事兴致盎然。比如说，通过一次对三十五个小学班级的调查，人们发现，与那些老师支持自己根据能力做出选择的孩子相比，强制性老师教育出来的孩子无论是自尊心还是内在动力都处在一个更低的水平。另一项研究表明，在某一项任务上使用高度强制性的方法，还将削弱人们对第二项完全不相关的任务的兴趣。换句话说，控制所具备的毁灭动力的特性会扩散溢出来，毒害人们对其他新事物的兴趣。

安·波季阿诺和玛蒂·拜洛特认为，这种外在导向将会"导致学习的整体表现更差"。但这种导向从何而来呢？我们不能简单地把它说成是孩子们天性使然的"学习方式"，或者假定他们缺乏动力。在某种程度上，一个人对奖励和惩罚的需求源于他过去被奖励和惩罚控制的程度。"频繁而持续地使用控制性方法……可能会有效地导致内在导向转变为外在导向。"

在1946年出版的一本自传中，阿尔伯特·爱因斯坦记录了50年前他自己学物理时的经历。他充满感情地回忆起他的老师，但在提及考试时却说道："这种强制性措施的杀伤力如此之大，以至于在期末考试过后的一整年中，思考任何一个科学问题都让我觉得不愉快。"与此相类似，1992年，哈佛大学为了评估教学质量而对570名本科生进行了访谈，结果发现许多学生避开科学类课程并不是因为其繁重的课业负担，而是因为成绩的竞争。

控制性框架会使人们不去探究有价值的课题。年幼的学生可以被强迫坐在教室里，但我们却不能强迫他们感兴趣，强迫他们成绩优秀。正如我前面说过的，内在动力降低导致了更差的表现。有些学者直接证明了这种相关性，比如，当我们给擅长画画的孩子一些具体的控制性指令，告诉他们一步一步怎么做的时候，他们的创造性就会大打折扣。受到关于自己解决问题能力的控制性评价（即把他们的表现同他们应该怎么做相比而给出的评价）的大学生，表现不如那些只是直接得到自己成绩信息的大学生好。如果父母倾向于不给孩子更多的机会做决定，或让他们觉得在家里没有自主权，那么孩子在学校里获得成功的可能性也就更低。

　　所有的这些意味着什么呢？这些证据强烈地表明更高的标准、更多的考试、更严格的评级和更多的刺激带来的伤害远远超过了带来的好处。毫无疑问，我们都希望学生认真学习，但这一系列措施使得这一理想更难实现。学生们已经受到了过度的控制，这就是为什么这么多学生正在（或已经）丧失学习兴趣的原因。每当老师给予某种诱惑（"瞧，艾伦，这次你差一点儿就能得 A 了"）或某种威胁（"年轻人，你想得零分吗？"）时，我们几乎可以看到兴趣也正在一点一点地流失。[1] 其他强制性手段，比如尽管学生没有举手也点名让其回答问题等，也会导致相同的结果。

　　老师们为什么不停止这种做法呢？我想大概有以下几个可能的解释。

　　第一，有些老师不知道还能采取一些什么别的办法来完成自己的工作，尤其是当他们面对行为难以驾驭的孩子，或者一个教室里有太多孩

---

[1] 更让人震惊的是，很多老师都把布置更多的作业当作一种惩罚措施（或者把布置更少的作业当作一种奖励措施），这就表明了学习是学生想要逃避的一件事情。

子的时候。换言之，对学习采用控制性方法是对班上学生不认真学习的一种反应方式。

第二，循序渐进地引导学生们自己做决定需要更多的时间，但许多老师觉得自己并没有足够的时间去这样做。

第三，我以前做老师时也常靠成绩来激励孩子们，因此我个人的经验可以证明，有时使用控制性方法也是一种无奈之举，因为我缺乏让孩子们对学习真正产生兴趣的技能，或者说没有这样的课程。（毫无疑问，控制性方法最终将走向失败，你只能在成绩对学生们的刺激作用消失之前向他们承诺会得到很多 A 或威胁他们会给很多 F，但当学生们最终对挥舞着成绩单的人说"我不在乎"时，老师们将无计可施。这种效果类似于当商店收银员告诉我们"对不起，我们这里不收美元"时，我们只有结结巴巴地回应道："但我只有美元。"）

最后，当老师自己也受到绩效的压力时，他们便会控制学生。政策制定者们往往忽视了这一点，他们以增强责任感的名义使老师们承受的奖励和惩罚措施不断升级。那些觉得管理者并不在意自己的观点或认为自己对教育方法没有什么影响的老师，特别容易患上心理焦虑症，这一点儿也不让人觉得意外。接下来发生的就是：当老师们觉得无能为力或者被绩效工资控制时，他们很可能对学生失去耐心，因为学生的学习成绩得要他们来负责。在一次实验中，一些六年级的学生们被告知，如果他们能成功地教导一些更小的孩子就会得到相应的奖励，结果，与那些没有受到奖励驱使的教育者相比，他们"呵斥那些犯了错误的小朋友"，耐心全无并普遍郁郁寡欢。在另一项实验中，研究人员让一些大学本科生教人们如何解决问题，并给了其中一部分学生一些强调成绩标准的控制性指令，结果这部分大学生在他们施教的过程中变得苛刻而强制性十足。简言之：

> 当老师们感受到监督者给自己施加的压力时,他们便会对学生们采取更强的控制性措施……(当人们不断强调)他们应对学生的成绩是否达标而负责时……教师们倾向于……给孩子们更少的选择和机会进行自主学习。这种行为又反过来对孩子们的内在动力产生了破坏性的后果。

学习质量受到的影响也是如此。研究者曾经给一些四年级的老师布置了两个教导孩子的任务,一组老师被告知他们的任务"只是帮助孩子们学会如何解决问题";另一组则被警告他们的"责任是确保孩子们的表现达标并在测试中取得好成绩"。结果,压力重重的教师教出来的孩子对规定知识的掌握程度,明显比不上那些不在枪口威逼之下的老师所教的学生。另一项有趣的研究发现,哪怕只是学生们知道自己的老师受到了某种"外来的压力",他们自己的学习动力也会受到影响。也就是说,奖励并不仅仅对受奖者产生影响。

也许我们对老师和管理者为什么会使用外在刺激和其他一些控制性的技巧还有另外一些解释,但关键的一点是,这些措施最终都无效。事实上,如果这些症状表现在成年人身上,我们会称之为"精力衰竭"症。在第十一章中,我会讨论调动孩子们的积极性并有助于他们学习的更多有效方法。

更严的控制:特殊教育的案例

一般来说,各种控制性方法,特别是奖励,更广泛地运用于那些有着特殊要求或困难的孩子以及与众不同的孩子。这些学生往往遭遇的是一套严格的由精心设计的成绩表、分数系统和强化型学习计划组成的"斯金纳控制"体系。甚至那些对于是否应该将这一套方法运用到其他孩子身上犹豫不决的老师，也都认为对这些特殊孩子运用这种方式没有什么不妥。

想一想这些"不能学习型"（这个类别的弹性很大，也许我们每个人在某种特定情况下都可以被认为是这种学生）孩子的命运吧。老师们宣称他们对这种孩子采取了更具控制性的方式，对其他学生则并非如此。结果，尽管这些"不能学习型"学生们的内在动力并不比他们刚踏进校门时弱，但他们变得"更加依赖外在的评价"，比如成绩、奖励和老师的判断等，"与此相反，正常的学生（觉得更）能够自己做出判断"。

学习成绩是这一方法的牺牲品。有时让研究人员感到非常意外的是，哪怕在一些非常简单的任务上，奖励措施也会对被认为有学习障碍或过分活跃的孩子的成绩产生破坏性作用。同样，外在导向"使弱智学生的成绩比根据他们的智商预期的结果还要差"。

有更多需求或更大障碍的孩子们则被控制得更加严格，他们的课程"被外在刺激和控制性教育方法主宰的程度更为深重"。在针对行为失常或智力障碍的孩子所开展的一次全国性观察研究中，一组研究人员最近发现"强调控制行为，往往会导致学习兴趣的丧失"。此外，行为管理实际上强调的是服从而不是帮助"孩子们自我引导并对自己的行为负责"。事实上，研究表明，智障孩子的老师都对强化某种（成人规定的）行为有着强烈的偏好，以至于普遍忽略了孩子本人的选择和对自身喜好的表述。

在对为问题孩子设计的教学方法进行评估时，爱德华·戴奇和他的同事们认为核心的问题是看这些方法能否"提高孩子们自己判断和决定的能力"。他们发现，目前为止最为流行的那种行为调整方法恰恰取得了适得其反的效果："利用奖励、代币、最后期限和规定来给孩子们施加压力，会对提高他们的自理能力起到反作用。"哪怕是精细微妙的控制性环境"也会破坏孩子的自我约束能力"，并且随着时间的推移，还会"在班级里导致更差的表现和更坏的调整效果"。被控制得越多，孩子们就越依赖于控制，也就更少有机会对自己的学习和行为负责。

两位曾在专著中特别论及严重障碍儿童的作者发现，行为控制系统把老师变成了工匠，把孩子变成了"一种被操控、打造、按某种模型来定制的物品"，他们是"成人行为的被动接受者而不是教育过程中的积极参与者"。那些也许对孩子们来说意义重大并"对他们的整体发展至关重要的"自发行为，不由分说地被当成了达到成人为其设定的目标的一种阻碍。当这些严格的控制性措施遭遇失败时，人们往往会去批判强化孩子行为的具体措施、实施这些措施的老师或孩子本身，却从来不对这种行为主义的理论前提进行反思。如果说这些措施真的使孩子的行为有所改变，其代价必然是使孩子们患上"指令依赖综合症"，并"阻碍他们发展选择并控制自己命运的能力，而这种能力却是我们能教给智障孩子或其他有类似问题的人最为重要的技能"。

从事特殊教育的老师工作难度很大，但他们得到的报酬和认可却与这种难度不相称。毫无疑问，这些教育工作者都希望自己的学生能做到最好。不幸的是，他们却陷入了现存体系的泥沼，以对待宠物的方式来培育孩子。很多时候，他们，甚至是他们的老师，都没有意识到有计划安排的环境不同于控制性环境。长期以来，没有人告诉他们还有一些更尊重他人的、更有效的方法。这些老师深信，用外在的控制性方法来教育自己面对的那些孩子是不可避免的，但事实上这些方法只不过创造出了对这些方法本身的依赖。

"我做得怎么样?"

早在还没有读到这些研究成果之前,我作为一名老师或者更早时候作为一名学生,就非常清晰地认识到打"A"或其他什么人为刺激和一些简单粗暴的方式一样,在本质上都是一种控制性策略。最终,事实清楚地证明了这些方法的失败。不过,奖励之所以降低了有效学习的可能性,还有另外一个原因:它会导致学生们把注意力集中到本节标题所提出的问题上来。

在解释校园里发生的这些问题上,卡洛尔·艾姆斯、卡洛·S.德威克和约翰·尼科尔斯的研究最终都聚焦到一种关键的区别上来,尽管他们以"掌握和能力"、"学习和表现"、"任务和自我"等不同的方式进行表述,但都表明了:让学生们思考自己的行为和让他们只是关注自己做得怎么样(因此自己有多擅长做这件事)有着较大的区别,而后一种导向(这是典型的奖励唱主角的地方)将带来大量危害。

如果我们鼓励学生们思考自己的行为,他们就会发现有些事很有意义:

> 在学习知识、推崇对知识的掌握并在同伴儿面前骄傲的过程中,学生们注意力的焦点会集中在获取知识和磨练技能的过程上,而不是集中在他们自己、他们的能力、他们的进步会在多大程度上获得别人的认可,以及与成功或失败、奖励或惩罚等问题上。

这正是我们想要大力弘扬的学习过程,因为这种全身心投入的学习更有可能让学生取得成功。

与此相反,孩子如果被引导去思考自己做得怎么样,甚至更糟糕的是，老想着自己和别人比起来表现如何，那他表现优异的可能性就小得多。这种说法看起来有点奇怪，但事实是，如果学生们过分看重自己的表现，他们就会把学习当作达到目标的手段，这个目标就是好的成绩或者可能会得到的奖励。于是，他们尤其在面对失败的时候，就会觉得自己的表现源于天生的智力水平（或智力缺失）："我把事情搞得一团糟，所以我是个笨蛋。"接下来，他们还会认为下一次肯定也不会有什么好结果，所以没必要努力投入。由此，他们会尽力避免困难的任务，以逃避更多负面的评价。总而言之，关注自己的表现就意味着更多地考虑自己在别人眼中如何，而不是对自己行为的思考。

从这种情况及其研究基础，我们可以归纳出成绩导向之所以会带来不幸结果的两大原因。第一，关注自己表现如何的人往往会有着较强的"自我概念"。他们聪慧能干的自我形象会因为不能达到某种特定的成绩标准而遭到破坏，而为了保护这种形象，他们可能会放弃全力以赴以逃避风险。只要不努力，就不会失败。第二，学生们越关注自己干得怎么样，学习任务本身对他们的吸引力就会越小。但这种吸引力恰恰是对学习大有助益的，所以任何破坏这种吸引力的行为都将对教育过程产生负作用。

这并不是说我们不能对完成的任务进行评估。我已经谈过了信息反馈的重要性。有时我们需要考虑某个孩子是否做得够好，并且通常也有必要和其他人一起谈论某个学生的学习质量。但即使是在成年人的工作场所，这种评估的频率和程度也非常容易过火，在教室里就更不用说了。研究的结果很清楚：让孩子们关注自己的表现，将会影响他们在做挑战性任务时的记忆力，破坏他们学以致用的能力。通过测试他们的创造性和"对不同观点的接受程度"，我们不难发现他们的学习质量大大降低了。

通过说明自己的实验目的，或者向被访者说明需要思考的问题，研究人员通常都会引入绩效导向。但是，使用这些只会让学生关注绩效的传统手段，比如，给某项工作打分评级，或者提醒学生会对他们进行考试以评判他们做得怎么样，会发生什么呢？答案是其效果一模一样：与那些全神贯注于学习任务本身的学生相比，关注考试和成绩的学生在创造性思维和概念性学习方面做得较差。即使当他们不得不通过记笔记来学习时，也更可能过了一周左右就忘得一干二净。

我将在后面对"分数"的很多问题做更多的论述，在这里我想强调的一点是：当成年人做出奖励的承诺，把孩子们的成绩相互比较（使他们去考虑输赢而不是学习本身），或者用其他什么方法让孩子们把注意力放到自己做得怎么样上时，学生们的学习效率不会很高。而且，这些策略将一点点地侵蚀掉孩子们的内在动力。当你告诉一个学生他的任务完成得有多好、说明他多有创造性时，当你给他们评分时，他们对所做之事的兴趣也在不断地减退。

以色列科学家鲁斯·巴特勒开展了一次精心设计的实验，研究人员引导一部分六年级的学生关注自己在一项创造性任务（根据一张纸上事先给出的圆圈进行绘画）上的表现如何，同时鼓励另一部分学生只需尽情发挥自己的想象力。接下来，每个孩子都被带到一间房间里，房间的桌上堆了一些图画，研究人员告诉孩子说这些是其他孩子根据相同要求绘出的图。此外，每个孩子得知了自己的"创造力得分"将被如何评估，并把这一分数和其他人的分数相比较。不出所料，那些被允许沉浸于自己的任务当中的孩子对其他人做了*什么*更感兴趣；而那些被告知关注自己表现如何的孩子更关心的是同自己比较起来其他人做得*怎么样*。学生们会有先入之见"你得了多少分"——强制性地把自己的成绩与其他人相比较——并不是一个人的本性，而是由充斥于美国教育体系中的、扼杀了孩子学习兴趣的成绩导向所致。

让学生们考虑自己的成绩如何还会增加他们对失败的恐惧感。毫无疑问，尽力不失败和努力争取成功是大为不同的两码事。在前一种情况下，人们努力的方向是控制危害、避免风险、得过且过。在校园里，"读书并不是要去获取知识，而是要找到老师想要的答案，以及老师想要这种答案以何种形式呈现"。对小学生的系统观察表明，他们已经知道自己应该完成学习任务，竭尽所能地做到最快最好。只有极少数孩子认为自己应该努力去理解自己正在学的一切。

学生们常常说："取得好成绩是学校里最重要的事。"老师和家长越强调成绩，学生们就越容易被失败困扰，与此相比，那些任务导向的孩子则要乐观豁达得多。

现在把这个模式再向前推进一步：那些想要把失败降到最低程度的人不愿意挑战自我。不光是奖励，其他任何只会让孩子们关注自己表现如何的做法，都会导致他们尽可能去选择最容易的任务，因为重要的是表现良好，而不是学有所得。撇开所有能够证明这一点的证据不谈，我们只需走进大学校园，进行一下"最容易课程调查"（即寻找要求最低的课程），你就会发现一条经验法则：对成绩的关注程度越高，人们对智力挑战的兴趣越小。

对于那些因某种原因已经停止努力，或者对自己将来的表现忧心忡忡的孩子来说，这种对成绩的关注甚至会使事情变得更糟糕，这个发现也许并不令人意外。另一个不太明显却同样千真万确的事实是，成绩导向对于那些高分优等生来说也是一个坏消息。在德威克和他的一个同事进行的一项研究中，当学生们被要求关注自己表现如何时，他们"在面对某项可能会让他们在公开场合犯错的任务时，选择了放弃这一提高自己技能的机会"。与此相似，巴特勒也发现，在尤其强调成绩的情况下，优等生们对自我提升或者工作质量也相对不感兴趣。

在这里，我们还可以通过另外一个窗口来看看布朗纳所说的那些勤勉艰辛的超级优等生们。他们就像急救室里的专家监控病人的血压一样关注自己的平均分数,其后果必然是他们"不愿意冒风险"。他们对外在的奖励有着根深蒂固的眷恋,以至于他们的自我感觉往往并不太好:一些初步的研究表明,学生们在高中时的成绩和他们几年后对自己和世界的认识的积极程度,事实上呈负相关。一位专注于天才儿童教育的人士曾经这样说道:"在我们不断使用外部奖励的过程中……那些对接受教育最感兴奋的学生,可能是受我们伤害最深的孩子。"

有些老师认识到这一点后已经不再依靠奖励或强调成绩,但这么做的老师却面临着极大的限制:学生们的统考成绩会公布在榜上并被仔细研究,似乎这是衡量他们学习的唯一有意义的标准。于是,老师们也就不得不迫使孩子们过分地关注自己的表现。要想停止班级里扼杀创造力的行为,老师身上的这种压力必须被消除。

一些教育评论家告诉我们:"孩子们之所以在学习上失败,是因为当他们在某件事上出了问题时,我们因为怕伤害他们的自尊而不向他们指出。"但实际上,孩子们因为惧怕犯错误,所以总是尽可能地少做。另一些评论家说:"我们应该尽可能地少惩罚而多奖励;应该帮助孩子们不再害怕得 F,而是开始考虑拿 A 也非常现实。"事实上问题不仅仅在于惩罚,也在于奖励,不仅仅在于坏成绩,而在于成绩本身。任何方法只要让孩子们的基本关注点落到了他们自己的表现如何上,就都会破坏他们的学习兴趣和接受挑战的渴望,并最终降低他们所能获得的成就。不足为奇,奖励恰恰就是具有这样的效果。

第九章　对行为的贿赂：为什么行为主义不能帮助孩子们成为好人

> 如果我们想让孩子们根据自己的个人信仰去正确地行动……我们就必须减少成年人的影响力，并尽可能避免使用奖励和惩罚。
>
> ——康斯坦斯·凯米，1984

贿赂和威胁都会产生效果。如果我拿出一叠百元大钞，承诺如果你把本页中的每个词都熟记在心，那就把这些钱送给你，你可能会立即开始背诵。如果我用一把上膛的枪顶住你的脑袋，告诉你如果不立刻把本页撕下来吃掉，我就会扣动扳机，你也很有可能发现这么做并非那么难以接受。如果惩罚足够让人心惊，或者奖励足够让人心跳，没有什么指令会被你（或我）拒绝。

这就是为什么这么多老师和家长坚信奖励和惩罚对孩子们有效的原因。"再多说一句，我就让你一个星期都爬不起来"能够让孩子闭嘴，"如果你把这些玩具都收拾好，我就会给你买你想要的任天堂游戏机"会很快让房间变得整洁有序。外在刺激很难被舍弃，不仅仅是因为许多人找不到替代方法，也因为这种方式的确有效。

然而，提两个简单的问题就会使这种看法迅速反转。对于"奖励（或惩罚）有效"这一论断，我们首先需要问的是，对什么有效？第二，付出了什么代价？光是第一个问题就足以让我们手忙脚乱好一阵子了。

服从的代价

我想，我们作为父母或老师，停下来花十五分钟考虑一下（甚至也可以写在纸上）我们对孩子长期目标的定位，是再好不过了。我们希望他们在未来的日子里能做到什么，想要什么，有何感受以及成为什么样的人？通过向许多不同的人询问这一问题，我注意到不同的群体对这一问题的答案有着惊人的相似。我听到的千篇一律的说法是渴望孩子们能独立、有责任感、富于社会技能、关心他人、能够生存并取得人生的成功、思维敏锐并富有创造性、即使面对批评也充满自信、对自我价值的信念毫不动摇，等等。有些人强调其中某一点甚于其他点，有些则对这一清单提出一些修正，但没有任何人会对这些核心目标中的任何一个提出强烈的质疑。

接下来要做的事要花比十五分钟更长一点的时间：请根据这些长期目标，重新系统地审视一下自己每天的日常行为，以及您对孩子都做了些什么。让人不安的消息是，奖励和惩罚无助于孩子建立这些价值观和技能，如果不是起负作用的话。奖励和惩罚只能带来**暂时的服从**，为我们买来了顺从。如果这就是我们所谓的"有效"，那么的确，它们创造了奇迹。

但如果我们最终关心的是孩子会成为什么样的人，我们就没有捷径可走。好的价值观必须由内而外地产生，表扬、优待或是惩罚只能（暂时）改变行为，但不能——至少不能按我们所设想的那样——改变实施这种行为的人。没有任何一种行为主义的控制措施能够帮助孩子成为一个关心他人、有责任感的人。当孩子做了某件我们所欣赏的事时，我们所提供的任何一种奖励都不能成为没有奖励之后孩子仍然这样做下去的理由。

让我们考察一下有关责任感的问题。许多成年人抱怨孩子们的行为"不负责任"时，事实上他们的意思是孩子并没有按被告知的那样去做。[1]格莱塞在很早以前就注意到了这一问题："我们强调对学校规章的无条件服从，并称遵守这些纪律的孩子'有责任感'"。如果这就是我们想要的"责任感"，那么对奖励和惩罚的无休止运用似乎就会成为培育这种品质的最有效方法，也许是唯一的方法。但如果我们所说的"责任感"是指能够谨慎行事并为他人着想，能够做出道德判断并据此调整自己的行为，那么，就像教育家康斯坦斯·凯米在本章开头所说的那样，外在激励会把我们引入歧途。

理查德·莱思敏锐地发现了"帮助孩子们建立某种价值观，比如说责任感，和让他们做某件事，比如说倒垃圾"两者之间有明显区别，并指出"让他们做某件事更容易些"。行为主义控制方法能让人做某件事，但这些方法实际上"破坏了而不是培养了自决能力"，而这种自决能力正是最终形成责任感的先决条件。也就是说：一个因希望得到奖励或避免惩罚而选择服从的孩子，就像我们有时说的那样，并不是在"自我约束"，更确切地说是奖励和惩罚在塑造他的行为。

---

[1]尊重的问题也是一样，当我们说孩子不尊重大人的时候，通常只是指孩子没有服从。自行思考并提出挑战性问题的孩子被称为"不尊重"，这和其他说法都反映出说话者和被描述者同样多的信息。

那么，我们为什么会依赖于外在激励呢？一开始，我们倾向于使用能带来服从的措施。相对于去考虑这些措施会对孩子的长期发展产生什么影响，让孩子们去倒垃圾、让他们晚上按时上床（或早上按时出门）、在杂货店里平息一场兄弟姐妹之间的冲突或争吵对我们来说更容易。当然，没有足够的时间也是一个非常现实的理由，我们自身的情感需要，甚至希望更省事也是部分的原因。但我们必须清楚地知道这些快速见效方法的代价：我们面临的远远不是充分调动孩子们的兴趣和欲望，而是行为主义控制方法所带来的终极破坏作用。当我们进行奖励或惩罚时，请扪心自问，我们这么做究竟是为了谁（他们还是我们）？为了什么（建立良好的价值观还是仅仅为了获得服从）？

第二个问题迫使我们去反思，我们究竟在培养孩子们积极的价值观和前述罗列的长期目标上投入了多少精力。当年轻的父母高兴地向亲朋好友宣布自己的宝宝"真是个好孩子"时，他们指的是婴儿睡得很多、不经常哭闹或者没那么麻烦。但是，孩子长大之后，有多少父母在评价他们时（或老师评价学生时），对"好"的定义还依然是原先的这种意义？父母们都有希望自己的孩子乖巧听话、不惹麻烦的时候，但这种希望越根深蒂固，越是希望孩子听话甚于其他目标，就越有可能诉诸奖励和惩罚。

我们习惯于使用外在手段的另一个原因，是我们用解决问题的方式来对待孩子的教育。有些人，包括许多有见地的、受过良好教育的父母，似乎把这个世界看成黑白两极，在他们眼里只有两个选择：要么惩罚，要么什么也不做。于是，我们要么强力施压，要么放任自流；要么专制，要么放纵。有时候很多父母都会有类似的分工："我的丈夫在家里'唱红脸'，他向孩子们怒吼并让他们回房间，我则把他们解救出来。"

要对抚养孩子（或者说，在这里主要是教育孩子）做出认真思考，首先就要质疑这种错误的二分法。一些研究人员指出，我们需要把握严厉和放纵的尺度，在设置边界并实施有效控制的同时做到热情、关心并富于同情心是完全有可能的。另一些专家认为，我们没有必要不是严厉管教孩子就是放任自流，我们还可以拓展思路，把奖励也用来管教孩子。这种对传统框架的重构是一种进步，但还是很有限。最理想的是，我们应该考虑外在操控和行为主义方式以外的其他选择。我将在第十二章为怎么做到这一点提供一些思路。

老师的责任和家长的义务不尽相同，但培育孩子的社会和道德目标是基本一致的。然而，这些长期目标却被班级里的"隐性课程"所破坏，这就是"按老师所说的做、做出老师所期望的表现、勤奋努力、保持安静，以及少动、按计划学习"。

这些要求从何而来？首先，老师本人常常因为他们所教出来的学生是否安静和服从而受到评价。其次，老师可能会理所当然地认为，掌有绝对的控制权，是让三四十人在同一间屋子里同时学习的唯一方法。最后，这种单边的权力会让某些老师感到愉快（或这种权力的欠缺会让他们觉得窘困）。我认识的一个大学老师回忆说，当她威胁要对迟到的学生进行惩罚时，她的感觉是现在她又"重新拥有了控制权"。比起许多不承认自己想要拥有控制权的父母和老师，这位女士显然诚实得多。但有一种零和游戏的思维模式隐藏在这背后："如果我不实施控制，学生们就会打败我。"显然，关键不在于解决问题并共同学习，而是要赢得一场权力争斗。

无论出于何种原因，这些隐性需求决定了老师们并没花费多少精力去帮助孩子们关心别人和建立责任感，而是着眼于维持"秩序"。"纪律约束方案被人们婉转地称为教室管理技术，大多数约束方案都散发着控制的气息。"一位研究人员这样说道。绝大多数控制体系，具体说来，都是两种要素的结合：奖励和惩罚。当我们的长期目标被诸如教室里的秩序和控制系统之类的短期目标所遮蔽时，孩子们对外在动力的依赖会让成人们感觉良好。

一些教育家认为，我们应该甚至是必须首先让孩子们安静并顺从，然后才能推广那些雄心勃勃的价值观。这是与魔鬼签订契约，其效果同我所说的"胡萝卜加大棒"政策（指望通过外在激励使学生们认真学习，而当这些外在动力渐渐失效时，内在动力能够自发地形成并发挥作用）一样糟糕。如果我们一开始就立足于把课堂建设成一个简单地让孩子们服从而不是帮助他们做出有意义的决定的场所，那么以后我们就很难摆脱专制手段了。事实上，教育者们可能会宣称控制只是一种暂时性的需要，但是当下的实践却表明这种方法很难被叫停：

> 学校没有帮助学生们发展成成熟、自立、自我激励的个体，而是似乎在竭尽所能地让孩子们处于一种长期的甚至是幼稚的依赖状态。学校里弥漫着不信任的气氛，几乎对每一个细节都实施控制，这无异于每一天都在告诉孩子他们不是有价值的个体，当然也不是能控制自己行为的人。

学生们自然接收到了大人们想让他们做什么的讯息。当来自不同学校（代表了不同的教育风格和社会经济条件背景）的四年级学生被问起老师最希望他们做什么时，他们的答案不是"提出有见地的问题"、"做出负责任的决定"或"帮助他人"，而是"保持安静，别到处闲逛，按时完成自己的作业"。与此相类似，当二年级和六年级的学生被问到他们认为什么叫"表现良好"时，最普遍的一个答案就是保持安静。

在一些班级里，这些讯息伴随着（并与之相适应的）一套死记硬背的课程。在另一些班级里，它们伴随着（并与之相冲突）一套雄心勃勃的教学方法。但不管怎样，成千上万的学生都学会了闭嘴并按要求去做。公开实施外部控制方法的课堂管理计划更是典型地强化了这一课程。其中最受欢迎的一种方法，就是"独断性惩罚"，它把贿赂和威胁结合来以保证实施老师个人制定的规则。盲目服从的孩子会因此得到奖励，而不服从的学生的名字会被写在黑板上示众，学生们的质疑和反对则被轻描淡写地忽视。教室里所有的问题都被归罪于学生，学生们受到惩罚时也会被说成是"咎由自取"。

哪怕是按照相对狭义的标准来衡量，现有的证据都表明"独断性惩罚"是无效的。即使它能成功地维持课堂秩序，和其他所有在家里或学校里使用的"胡萝卜加大棒"策略一样，它也不可能帮助孩子成为一个有独立见解的、有同情心的人。如同一位研究者总结的那样："通过遵循他人为自己设计的规则，孩子们不可能自发形成道德观念……采取行为主义控制的方法去约束孩子的言行，往往会起到事与愿违的效果。"

惩罚孩子

我们怎样惩罚孩子？让我们来数一数有哪些惩罚措施：孩子们被关到自己的房间，小朋友们被"罚站"并不许离开，学生们被课后"留下来"，以及几乎所有人可能都遭受过的强行隔离："回你的房间去"。我们还对他们进行体罚：许多州还没有禁止在公立学校进行肉体惩罚（尽管世界上的绝大多数发达国家早就禁止了这种做法），大量的美国父母仍然赞同（并正在）打他们的孩子。我们在公开场合对孩子咆哮或批评羞辱他们，我们收回或保留某种特权，不给他们东西吃或不许任何人陪他们，故意对他们视而不见，阻止他们做自己喜欢的事。在学校里，我们给他们F或零分、布置额外的作业，让他们去校长办公室或是暂停一切活动，等等。虽然所有这些措施，我们都事先向孩子们发出了威胁，或者向他们清晰地描述了各种行为可能导致的严重后果，但仍然不过是大家一致认同的对惩罚的委婉说法罢了。

老师和家长还经常采用另外一种他们认为有用的做法，现在我邀请读者们也不妨尝试一下。在读完本段文字后，请闭上眼回到你的孩童时代，回忆某一次你做错事被批评的过程。请尽可能具体地回忆那些被认为是不妥的行为，以及大人说了或是做了什么，以及你自己对这些做法的感受。

每当我让人们回忆这些事件的时候，都感叹地发现人们对这些事的记忆是如此鲜活，好像它们就发生在上个星期而不是许多年以前。在人们忆起的一些故事中，孩子所承受的残酷对待程度令人震惊。另外一些故事则可能是一次短暂但粗暴的责难，一次对孩子说的话不信任，还有一些大人们可能在几天之后就会忘记但却被孩子牢记一生的小小羞辱。有些孩子再也不信任和尊重那个权威人物，有些孩子会长时间地拒绝重新融入班级，还有些孩子胸中积压着愤怒，并幻想着去复仇。人们也会告诉我说，被惩罚过后，他们在一段时间内表现得更加顺从，但从来没有哪个人告诉我，惩罚把自己变得更好。只有那些讲述父母和老师出人意料地谦和与善解人意，从没惩罚过他们的人，才会说他们受到了正面的影响。

这是一种典型的换位思考的做法——站在别人的角度上去看问题，只是这里的"别人"就是孩提时代的自己。一旦我们重新站在这个立场上，就更容易体会我们正在抚养和教育着的孩子们的感受。大人们应该经常想一想，自己对孩子行为的反应对他们产生的影响，其实比所意识到的要深远得多，今天对他们的强权镇压，可能会成为他们明天的痛苦回忆。

考虑一下惩罚的长远影响。斯金纳认为,当我们惩罚一个人时,我们只是在教他不应该做什么,却没有充分地引导他应该做什么。[1] 然而,这种批评无关痛痒,并没有击中要害。事实上,惩罚甚至不仅没有告诉人们不该做什么,更谈不上告诉不该这么做的原因,它真正教会人们的是尽量避免惩罚。惩罚强调的是行为(对实施者而言)的后果,而不是行为的本身。当我们说:"别让我下一次再抓到你这么干!"孩子们却在心里默默地说:"好吧,下一次你不会抓到我。"

毋庸讳言,惩罚孩子的确会给他们一些持久的教训。就拿暴力管束来说,不管我们想要通过鞭笞、打屁股甚至是打耳光来达成何种目的,其真正传达出来的信息却是:"暴力是一种可以接受的表达愤怒的方法",以及"如果你足够强大,你就能伤害别人"。几十年来,研究人员已经多次证实,受到体罚的孩子比他们的同龄人更具侵略性,也更倾向于在成人之后对自己的孩子使用暴力。这些影响并不仅仅体现在法律意义上受到虐待的孩子身上,即使是一些受到"可以接受"的程度的体罚的孩子,也会长时间地富于攻击性和痛苦。

有些父母过于依赖体罚,以至于当他们的孩子打了别人的时候也还要使用这一方法。许多人都在一些公开场合看到过这一幕:父母一边啪啪啪地打孩子一边说"我们不能打人!"在一次调查中,许多父母(41%)在处理孩子武力侵害他人的问题上都倾向于选择体罚,显然,他们认为告诉孩子打人不对的最好办法就是打孩子。这是多么滑稽的逻辑,但其结果是那么可悲。

不仅是这种被证明没有长期效果的体罚会让孩子更具侵略性,甚至带来其他一些不希望看到的后果,所有的惩罚,在这里我所指的是所有依赖强权、通过实施孩子不喜欢的一些行为来改变孩子行为的方法,都

---

[1] 就此而言,其他行为主义者还指出:"强化手段同样也没有教导人们什么样的反应是不应该的。"

会教给孩子：当你比别人更大、更强壮时，你就可以利用这一点来强迫他们做你想做的事。

惩罚也会导致抵抗和愤怒，孩子们可能会把这些转而施加到其他人身上，比如说他的同龄人。这会使孩子们的感觉更糟糕，因为如果总是有人对他们进行惩罚，孩子们就会真的以为自己不是一个好人。

更有甚者，惩罚还会破坏孩子和大人之间的关系。在孩子的眼里，依赖惩罚的老师或父母，是规则的卫道士，是一个令人不开心的人，简而言之，是一个应该避开的人。帮助孩子形成良好的价值观，在一定程度上依赖于亲子或师生之间建立一种相互关爱的关系，但使用惩罚却大大降低了这种理想实现的可能性。正如托马斯·高登所言："你越是力图通过强权来控制他人，你对他人生活的真实影响力就越小。"

研究文献确切无疑地表明惩罚将会带来反作用。半个多世纪以来的研究证明，当成年人使用"高度控制"、"独断推行"或只是平常的惩罚措施时，孩子们会变得更具有破坏性和侵略性，更加充满敌意。受父母惩罚的孩子在离开家之后，比其他孩子犯规的可能性更高。在一个影响深远的早期研究中，研究人员对成百上千个学龄前儿童的母亲进行了访问，发现"一些特定的惩罚行为常常得到母亲想要的结果"，从而导致这些母亲"认为惩罚能够带来好的结果"。但是，其长期的效果却是另外一回事：

> 惩罚给孩子带来的不快乐，就像一条忧郁的线一样贯穿于我们的研究发现。惩罚"大小便事故"的母亲最终面对的是一个"尿床宝贝"。相比于那些不进行惩罚的母亲，通过惩罚来消除依赖性的母亲培养出来的孩子依赖性更强，惩罚侵略性行为的母亲培养出来的孩子也更具侵略性……我们对惩罚的评价是：长期而言它是一种无效的方法，完全不能消除不良行为并把孩子们引入正轨。

若干年之后，在皮亚杰的理论基础上，凯米提出惩罚会带来三种可能的后果："计算风险"（孩子会花时间盘算他们是否能蒙混过关），"盲从"（不能教会孩子做出自我负责的决定），或者"反叛"。

惩罚的根源在于强制。当惩罚措施非常严酷时这一点非常明显，但在其他情况下，这一点也同样真实。菲利普·格莱温观察到："哪怕是看起来宽容友善、旨在说服而不是扭曲孩子意志的控制措施……也不可能让孩子形成一种真正的自治感或者对选择和责任的认识。孩子仍然不得不接受父母的意愿而不是按自己的想法行事。"皮亚杰更简明扼要地阐述了这一点："惩罚……使自主意识的培养沦为空谈。"

尽管如此，惩罚无疑是用以管教的主流方式，而管教，反过来又被我们认为是孩子所需要的东西。盖洛普公司曾经做过一个关于"当代父母抚养孩子过程中的主要失误"的民意调查，选择"缺乏管教"这一项的被访者（37%）比选择其他任何选项的被访者都多。（与此形成鲜明对比的是，只有6%-7%的被访者认为主要的问题是"孩子们没有被当作平等的人来对待"或"缺乏对孩子们的理解"。面对孩子们询问为什么要让他们做某件事，我们通常的回应是："因为我说要这么做！"当我们失去耐心时，这是一个便利的答案，但实际上这等于根本没有回答，它的潜台词是："我并没有什么充分的理由让你这么做，或者，我并不在乎对你做什么解释。不管怎么样，你必须这么做，因为我比你更强大。"[1]儿童成长专家瑞塔·德瓦瑞斯指出："有些人的确需要改变对孩子过于浪漫主义的看法，但更多的人需要克服与孩子相处过程中的专制主义倾向。"

当孩子受到恐吓要按我们的要求行事时，他经常会反抗。但这并不

---

[1]一些家长认为将诸如"因为我是妈妈，这就是为什么"这样的标语印在T恤衫和汽车保险杠上的做法很有趣，这和其他极权主义的想法一样有意思。

第九章 对行为的贿赂：为什么行为主义不能帮助孩子们成为好人　　185

是因为他"难于应付"，而更可能是因为他被当作一个什么东西来"应付"。研究人员发现，我们对孩子的选择限制得越严（控制得越森严并施以重拳），他们服从的可能性就越低。总而言之，即使在要求服从这样直接的目标上，专制主义的培养和教育都遭遇了失败，更不用提那些被遗忘了的诸如帮助孩子成为一个有责任感的、正派的人之类的远大目标，而且最终，这种方法无法让孩子做我们想要他们做的事。然而，当这种方法失败之后，许多成人的选择却是更加严格的控制和更加严厉的惩罚。

"后果"的后果

许多心理学家和教育家受到鲁道夫·德莱克斯著作的影响，认为惩罚粗暴且无效，并提出应该转而让孩子们承担自己行为（尤其是那些被描述为"合乎逻辑的"或"自然的"行为）的"后果"。这一观点的一些实践者承认，在实际操作的过程中，区分惩罚和后果并不容易。毕竟，这两者好像都在说"如果你这么做，就会发生什么"。

但也有些人坚持认为两者在解决问题的思路上有着本质区别。根据德鲁克的定义，后果与行为不当相关，应该有理性地（亦即不过度）、有所敬意地应用它。他们还举出了一些例子：

· 孩子如果在上课时把椅子翻倒了，那她就必须在剩下的上课时间站在教室里。

· 孩子如果总是不愿意餐前洗手，食物就会被拿走。

· 总是敲铅笔的孩子会被告知，如果不停止敲打，铅笔就会被拿走。

· 放学前还没有完成功课的孩子将不得不留在教室里做完作业。

（"如果老师担心孩子没有足够的事情可做，他们会要求学生们做25次高抬腿……只要我们遵循上述后果原则，这就不是惩罚。"）

· 一个在家政课上忘记带围裙的孩子将不准进行烹饪。

· 犯下各种错误的孩子将不准参加校外考察旅行，将只能在教室而不是在学校餐厅里吃饭，将被叫到校长办公室里，或者必须"给我写清楚怎么做才不会再破坏规矩"。

如果我们把惩罚定义为一种强迫别人做他不愿做的事（或阻止他做自己想做的事）的行为干涉，一种力图改变他人行为的方法，那就很难说上述各例不是惩罚。更重要的是，站在孩子的角度，我们很难说这些做法给他们造成的经历不是惩罚性的，即使这些事情的虐待性弱于他们承受的其他惩罚。德莱克斯和他的追随者们提供的只不过是另一种形式的惩罚。

这些专家无法从这个角度看问题，可能是由于他们过于看重我们对孩子的管教与孩子自身行为之间的相关性。但问题的实质是，强迫在餐桌上犯错的孩子空着肚子离开餐厅，与强行禁止他看喜爱的电视节目根本就没有什么区别；前者在技术上同孩子之前的行为更直接相关（这可能更让成年人感到满意），但这一点并不表示它就不是一种惩罚。[1]同样的，对于孩子而言，宣布我们将实事求是地根据他们犯的错误来采取相应的措施，一点也不比我们咆哮着要惩罚他们的威胁更小。

如果一个孩子把椅背往后仰得过于厉害，他就会摔倒。这是"自然的后果"，谁也不会质疑这种符合"自然"规律的行为的发生，关注孩

---

[1] 对于这种关系的过分强调可能是源于德莱克斯的观点！"在受到惩罚后，孩子们如果看不到惩罚和所犯的错误之间有什么联系，就会伺机报复。"如果这种想法是错误的，我认为它就是错的，那么惩罚和后果之间的区别就会渐渐消失，而我们又必须寻找另外的方法来替代两者。孩子为什么愤怒和渴望报复，更好的解释是：这根源于大人运用权力，不仅抑制了孩子的行为，也挫伤了孩子对于自由意志的渴望。

子的大人都会走过来阻止这种后果的发生。与之相反，如果一个把椅背往后仰的孩子被强迫站到下课，这就是一种惩罚。如果有老师觉得这种惩罚"符合逻辑"，也许只能反映出他想不出其他方法来解决孩子的坐姿问题（如果这真是一个问题的话）。对惩罚（不管我们给这种做法起一个什么样的名称）的长期效果认识得越清楚，老师们就越不会倾向于采取这种方式。

一些家长和老师认为，如果事前清楚而明确地警告了孩子们犯错后会发生什么，"后果"的方式似乎就可以接受。这种警告会让成人们以为自己很公平，并避免了孩子的抱怨，因为在实施惩罚前已经给予了充分的警告："嘿，我已经警告过你会怎么样，不是吗？"

但这样做实际上会带来什么呢？明确而具体地摆出规则和后果，会导致一种互相对立的气氛，其传递的信息不是每个人都是这个团体的一员，大家将一起工作并互相帮助，而是任何人违背了预先设定的规则都会陷入麻烦。成人们变成了执法者，并必须证明自己将会严格执行惩罚。于是，这种体制鼓励孩子们墨守陈规，关注每条规则对应什么行为，这些规则如何适用，什么情况会导致意外等问题。有些孩子会好奇地进行一些极限测试，看看自己能逃脱什么样的惩罚。同其他任何惩罚体制一样，孩子们从中学到更多的是使用强权，而不是为什么或如何成为一个负责任的人。

一些人认为当孩子们犯了错误时，让他们经受一些令人不快的后果会给他们一个有用的教训。[1] 毕竟，一个成人抢劫银行被抓后，必须为此付出代价。孩子最好现在就明白这一点，这样他们就不会认为自己

---

[1] 为讨论起见，我暂且假设像大多数观察者所认为的那样，孩子是在行为不当时才受到惩罚，尽管事实上，许多孩子只是因为惹恼了大人才受到惩罚。任何一种基于强权的方法都有一个特性，即凡是控制者认为"坏的"或者"不恰当"的做法都会导致惩罚，但对惩罚的合理性却从不质疑，问题只是怎样去实施罢了。

做错事后还能侥幸逃脱。

这种理论的第一个问题在于，它假定通过惩罚，孩子就能得到想要的教训。假设一个 10 岁的小姐姐欺负自己的小弟弟，把他弄哭了。如果她的父母让她整晚都待在自己的房间里，她也许不会花时间去考虑自己的残忍行为和所承受的令人不快的后果之间有什么联系，而是更有可能整晚都在觉得自己是一个受害者，她越来越生父母的气（也更加不可能告诉父母，今天发生这一事件的背后原因在于嫉妒），怨恨自己的弟弟，并且还可能在筹划如何更加聪明地去复仇。

这种"银行劫匪理论"的第二个问题在于，我们希望孩子们不做不道德、伤害别人的事情，是因为他们知道这样做不对，是因为他们能够想象出这些行为会对别人带来怎样的影响。然而，惩罚丝毫无助于培养这种对他人的关心。惩罚告诉人们的是，如果被发现做了某些不允许做的事就必须承担后果，不要恃强凌弱的原因在于也许会有人让你遭受同样的痛苦，不要去抢银行的原因在于你可能会去坐牢。惩罚强调的重点是什么将发生在**他们**身上，而不是他们的行为将导致**什么**后果。惩罚代表的是一种最低水平的、通常我们认为只有年幼无知的孩子才如此的道德逻辑，但实施惩罚的成年人似乎却在用这个逻辑思考。

我们不得不再一次提及我们的终极目标。我们究竟只是想控制孩子短期的行为，还是希望帮助孩子成为一个自我负责、自主决定的人？如果选择后者，就意味着应该认可动力的重要性：我们不仅要关心孩子们在做什么，更要关注他们为什么这样做。我们越是关注这些议题，我们就越不会采取上述的方式——"如果你犯了什么错，这就是我会采取的措施"。警告孩子去考虑犯错的后果，丝毫无助于孩子良好价值观的长期培养，事实上，还会适得其反。

这不是一场学术争论。实际上，让孩子关注犯错被抓后会发生什么，并不能有效地阻止不当行为的发生。就像前文引用的证据所表明的那样,这就是惩罚为什么往往事与愿违的原因。抢银行的人会假定自己不会被抓,也就是说自己的行为不会带来什么后果,于是,这就意味着可以勇往直前地去抢银行了。

事实上,如果在一个大礼堂里满是银行抢劫犯、虐妻犯和其他各种重罪犯人,我们很有可能会发现他们在孩提时代都是惩罚的受害者。是否把惩罚称为"后果"并不重要,真正重要的是:这些人所接受的训练并不是让他们去关注自己的行为以及这些行为是否正确,而是使他们聚焦于如果某个大人物对自己的行为不满的话会有什么麻烦。因此,如果有人以为既然成年人会对奖励或惩罚做出反应,那么奖励和惩罚也适用于孩子,对此,我们的答案是:对,某些成年人的确如此,但我们希望孩子成为那样的成年人吗?

"如果你表现好的话……"

许多父母,包括一些有意识地避免使用惩罚的父母,都有用金钱和其他东西来购买孩子良好行为的习惯。老师们也使用特权、好成绩、派对和电影来让某个孩子或整个班级行为"得当"。无论是在学校还是在家里,表扬常常被用来控制孩子的行为。通常,奖励者的目的和惩罚者心里想的一样:"照我说的去做。"

但有时奖励也被用来促进孩子养成一些无可争议的高尚品质,比如慷慨和关心他人等等。例如,纽约州北部的一些学校为了向学生输入这些有益的价值观,就把那些乐于助人的孩子的照片挂在大厅里,或者给他们一些礼券以免费换取商品。"优秀市民"奖在全美国也十分普遍。

但遗憾的是,尽管是旨在达成这种有意义的、长期的目标,而不是旨在获得简单的服从，奖励也和惩罚一样没有效果。我在前面的讨论中已经阐释了任何依靠控制的技巧、任何操纵行为的把戏都不能帮助孩子成为一个优秀的人。在这里，我想再次强调一下前面章节已经揭示出来的令人不安的观点：和负面激励一样，正面激励也确定无疑地符合这一规律。

许多老师和父母都希望孩子们能关心他人，对他人的疾苦感同身受，并能采取措施减轻他人的痛苦。然而证据表明，那些因慷慨而受到奖励的人，不太会觉得自己是一个有爱心的利他者，相反，他会把自己的行为归因于奖励。一个研究小组通过几项研究得出的结论是："外在动力会破坏人们对自己的利他性的认识，从而削弱了帮助他人的内在动力。""一个人的善良似乎是金钱买不来的。"孩子们从斯金纳策略中得到的教育是：成为一个好人的关键在于得到奖励。于是，一旦停止奖励，这种爱心行为也会停止。

> 那些相信自己忠于社会道德标准的行为也反映了自身的天性和价值观的孩子，拥有一种能产生自发行为并无需外来压力的内在机制。与此相反，那些认为符合社会道德标准的行为是服从外部强权的结果的孩子，只会在他们感受到外在压力时才会按规则行事。

这些孩子的行为方式，可能同汤姆·莱洛对"美国童子军格言"进行的反讽一样："在没有人注意你的时候，你无需展示自己的优秀品行。"

我们可以确认的一点是，所有的研究表明：**那些被父母用奖励来激励行为的孩子，其合作性和慷慨程度都比不上他们的同龄人**。一项对小学生的研究表明，如果孩子的母亲依赖物质奖励，那么这些孩子在家庭生活中就不太可能去关心别人、与他人分享，同时，他们在实验中也更加不愿意助人为乐。另一项研究发现，和那些没有受到过口头表扬的孩子相比，经常因举止得体而受到表扬的 4 岁孩子，始终保持这样举止的可能性更低。

和我们在其他研究中看到的一样，问题并不在奖品本身，带孩子出去吃一顿披萨，或者举行一次班级派对并没有什么错。问题在于把这些事情和某种特定的行为紧密地联系在一起："做这个就能得到那个。"在第四和第五章当中我已经罗列了出现问题的原因，在这里，我最后一次回顾一下这些原因，并尤其关注孩子的行为和价值观受到了什么样的影响。[1]

首先，奖励也是一种惩罚。表现好就给奖励，其强制性丝毫不逊色于威胁孩子做不到（或表现不好）时就不会有奖励。强制性方法并不能帮助孩子成为一个对自己行为负责的人。凯米这样写道："奖励和惩罚一样，都不能提高孩子的自觉性……（被奖品激励的孩子）被外在事物主宰的程度，与那些只是为了避免惩罚而表现良好的孩子被主宰的程度并无差别。"而且，如果不能按某种特定的方式做事奖品将被扣留或收回这一现实，将会使整个过程变得充满惩罚性。本章提出的所有关于惩罚的危害性的逻辑分析和证据，几乎也都同样适用于奖励。

第二，奖励会破坏融洽的关系。奖励会在父母和孩子（在这里，应该被定义为奖励者和被奖励者）之间划出一条巨大的鸿沟。孩子们为了按我们的要求行事而取悦我们，以此获得我们在他们面前晃悠的诱人奖品，就不太会在思考问题时寻求成人的帮助，或者做任何可能损害得奖的事。让孩子变得坦诚并信任我们，与通过奖品来促进其某种特定行为之间有着天壤之别。前者是帮助孩子实现前述长期目标的基础，后者则让我们离这些目标更远。

---

[1] 第四章中的第四个原因揭示了奖励的失败以及它对冒险精神的破坏，这个原因对创造性表现的影响大过了对日常行为和价值观的影响。

第三，奖励忽略了原因。为什么孩子们会表现得自私、不恭或富于攻击性？对任何一个问题我们都可以找出多种可能性的原因。如果不去研究这些原因，我们就永远不能迈出解决问题的第一步。父母可能无法抵挡使用贿赂和威胁的诱惑，但这两种方法都旨在控制孩子的行为而没有去关注孩子为什么要这么做。毫无疑问，这两种方法也就无法带来有意义的改变。

最后，奖励会降低孩子们按某种特定方式行事的愿望。这种现象不仅仅局限在孩子们学习的动力上，还会延展到孩子们行为的各个方面，前面描述的关于慷慨程度的研究已经令人痛苦但清楚地表明了这一点。无论是提高成绩、收拾房间还是帮助不幸的人，只要孩子们认为自己这么做是为了得到奖励，那么，这种被奖励的任务本身的吸引力就会大大降低。

有些行为并不天然有趣但却十分重要而珍贵，比如，在社会团体中，每个人都必须承担各种责任。如果因为孩子们做了这样的行为而奖励他们（或因他们没有这么做而惩罚他们），就会降低孩子们从心里接受责任的机会，因为奖励在本质上是一种控制，它会降低孩子们的责任感。最终的结果是，外在激励不仅不能促进，反而会阻碍孩子从内心接受我们热切期望他们养成的价值观。

父母和老师最好根据不同情况下希望鼓励孩子思考怎样的问题，来运用不同的约束、管理和沟通方式。依赖惩罚和后果的策略将会诱使孩子自忖："我应该做什么？如果我不这么做会怎么样？"基于奖励的方法则会让孩子们思考："我应该做什么？这么做我会得到什么？"

这两种问法给我们的第一个冲击，就是它们并没有太大的区别。第二个冲击，就是使我们意识到它们都不能让孩子离我们最终期望的目标更近。我想，我们期望的是孩子们问自己："我希望成为一个什么样的人？"或者更进一步，"我们需要的是一种什么样的班级（或学校、家庭、社区）？"我将在第十二章中具体讨论能够鼓励孩子思考这些重要问题的方法。在此，我想说的是：如果孩子们被反复灌输流行行为主义，那他们就不会有什么动力去思考这些。

第三部分

超越奖励

即使早在写作本书之前,我就已经多次在文章和谈话中批评过对奖励的使用,有时候这些批评只是三言两语,有时候是长篇大论。正如你可以想象的,人们对此有各种反应,但最常见的反应既不是认可也不是质疑我所提供的种种证据,而是嘟囔出一句:"那你还能有什么其他办法?"

这个提问看起来完全合理,但我懊恼地发现,出于几个原因这个问题很难回答。首先,取代奖励的其他方法取决于我们讨论的是不是养育孩子、教育学生或者管理员工。

第二,我们对这些领域发生的问题如何定义,取决于这些问题发生的原因是什么。流行行为主义最诱人的地方在于它承诺对所有问题都给出一个答案。但是这样的承诺是错误的,而且正是因为这个承诺,才解释了为什么奖励在长期来看是无效的。对那些习惯了既便利又容易的解决方案("做这个你就能得到那个")的人来说,我得抱歉地说并不存在一个可以代替奖励的方案,这个回答也许让那些人脸上浮起了自鸣得意的笑容,他们似乎在说:"呵呵,我就知道是这样。等你找到了其他替代方案以后,再来找我说说奖励(或者打分、发贴纸、表扬,等等)有什么问题吧。"当然,我们面对的所有复杂的动机性问题,都不会存在既容易又有效的解决方案。找一个容易的方案拿来就用,这样的诱惑是很强烈的。

最后也是最重要的原因就是,我之所以在别人问能不能拿出一个替代奖励的方案时遭遇尴尬,是因为凡是对替代方案的讨论都假设大家对目标都有一致的认同。如果我告诉你修路会导致你明天上班不方便,你可能会问我有没有另一条路可走,而我也会高兴地给你指路("走到加油站的时候不要左转,直走经过银行……")。之所以能如此,是因为我们两人都不会对你的目的地产生疑问。

然而,当我们讨论奖励时,目标却成了问题。如果你的目标只是让你的孩子、学生或员工按你说的做,那么对于"有没有替代奖励的其他方法"这个问题,可能只有回答没有(惩罚除外)。要引导短期的服从,行为主义的操纵方法是最好的方法。

但是,如果你的目标是激发员工的内在热情来高质量地工作,或者鼓励你的学生成为终生自觉学习的人,或者帮助你的孩子成为一个关心他人、有责任感、正直的人,那么"有没有替代奖励的其他方法"这个问题就没有意义了,因为奖励在推进我们实现这些目标上丝毫不会有什么帮助。事实上,奖励还积极地干扰了我们去实现这些目标。

父母、老师和管理者们的这些目标才是我感兴趣的目标,而且我希望你也如此。但是,既然在人们面前晃悠奖品并不能帮助我们实现这些目标,我们就不应该对这种用奖励来交换行为的做法深信不疑。实际上,我们才开始从头做起。那么,什么才能帮助我们实现这些雄心勃勃的目标呢?在这里,最有意义的问题终于提出来了。我将在接下来的三章里努力寻找答案。

第十章　感谢上帝，今天是星期一：工作中的动力来源

> 高工资不见得让那些觉得自己被奴役或被抛弃的人提高工作效率，低工资也不一定降低那些觉得自己是自由社区有机组成部分的人的工作成效。因此，改善劳动供给要素是一件非常复杂困难的事，远不是变动工资那么简单。
>
> ——D.H.罗伯森，1921

你不能总是通过封面来判断一本书的好坏，但有时你可以看看题目就丢开一本书。任何叫做"如何激励你的员工"、"让人们更有效率"或其他类似题目的书都可以放心大胆地丢到一边，因为这些书描述的企业完全是虚构的。道格拉斯·麦克戈里格这样说道："经理们经常向行为主义科学家们请教怎样激励人们，严格说来，这个问题的答案是：千万别激励。"

当然，让人们做一些事情还是完全可能的。这也正是奖励、惩罚和其他一些控制方法的目的所在。但是，**渴望**做某件事（更不用说做好某

件事），却是不能通过外力来强加的。从这个意义上来说，讨论如何激励他人本身就是一个错误。我们所能做的就是：创造某些特定的条件，使人们对自己所做事情的兴趣最大化，同时消除那些对人们的兴趣起反作用的条件和因素。现在已经有很多研究和经验提出了一些有效的方法和建议来创造出鼓舞内在动力的工作环境，本章就对这些条件和方法建议进行简要的回顾和总结。

第一步：废除激励

要挑战绩效薪酬这个办法，就必须提出下面这个问题：好，那么，人们应该根据什么得到报酬呢？必须要立刻强调的一点是，尽管这是一个合理的提问，但却没有大多数管理者所想的那么重要。虽然必须设计出一些替代绩效薪酬的计划，但设计出来的这些办法并不能帮助人们变得充满工作热情。

W. 爱德华兹·德明总结了自己半个世纪的经验，他对各类机构提出的忠告是："工资并不是一种动力。"弗雷德里克·赫茨伯格对这一论断进行了修正，指出钱还会让人失去动力。这也就是说，薪酬体系常常会妨碍我们获得效率、质量和内在动力，但它不会——也不能——帮助我们达成这些目标。这就意味着，强调"正确"运用薪酬体系是多么重要的那些书，事实上让我们偏离了真正重要的东西，在某种程度上，咨询顾问们兜售精心设计的薪酬体系无异于是在欺骗。

在这里，我想向那些负责制定政策的人提供一些基本的原则：慷慨而公平地支付报酬，尽量确保不要让人们觉得受到了剥削，**然后竭尽全力地帮助他们忘记金钱**。金钱激励的问题并不在于给了人们太多钱，赚取可观的报酬与高质量的工作之间并无冲突。但问题在于钱被过分强调并写在了每个人的脸上，而且它还变成了一种附加条件，也就是必须根据"做这个就能得到那个"的原则进行支付。要结束这种做法，我们必须朝着纠正企业的问题迈出第一步（但仅仅是第一步）。

请允许我说说自己的故事。每一次当我在商业演讲中向观众讲述奖励的危害时，总会有人双手抱胸在听完演讲后站起来，面带讥讽地向我发难："那么，我猜您这次不会收取任何演讲费吧？"这种反应告诉我，我还没有成功地解释清楚金钱和动力之间的关系。因此，我试着用另一种方式来表述这一点，问题并不在于金钱本身，而是在于人们被迫看待金钱的方式，以及利用它来控制人们的行为。

当有人来与我商量做一次讲座或写一篇文章时，我会询问价格并常常讨价还价，以求得一个看上去公平并且公司也能承受的最大值。接下来，假定双方达成了协议，我就尽力不再去想有关钱的问题。我这么做是因为害怕用报酬来衡量自己的工作所带来的后果：最终，我可能会发现自己的想法变成了"与B相比，A付了我两倍的钱，因此我最好为A提供双倍质量的工作"。如果情况真的变成这样，我的诚信将不复存在，内在的动力也会随风而逝。

换句话说，我要把任务和报酬分开。因为我是一个自由工作者，所以这一点对于我如何对待自己的工作，包括我想要做什么、什么时候做、怎么做等，非常重要。但是对于那些不是为自己工作的人来说，就必须由企业或组织来实施这种分离。避免某些特定的做法，尤其是那些让人们去关注自己做什么就能得到什么的做法，可以在很大程度上达成这种分离。

除了公平和优厚，应该如何向人们支付报酬呢？已经有企业进行了一些不一样的尝试。最雄心勃勃的做法是按需支付酬金，或者向每个人支付一样多的薪酬。另外一种不太激烈的做法是：综合考虑员工为企业服务的时间、所具备的特殊培训和技能及其所从事工作的复杂性等因素来支付薪酬。如果公司这一年的获利颇丰，我看没有理由不让员工也分享这些利润，因为无论如何，毕竟是员工们的工作带来了这些附加价值。上述这些建议或多或少符合德明的理论，根据我的理解，也符合日本和其他一些地方的企业做法。由于受到德明的影响，或者是认识到绩效薪酬方法内在的错误，一些（准确地说是一小部分）大型美国企业正在开始往这个方向走。

第二步：重新评估原来的评估体系

抛弃绩效薪酬的方法以后，我们需要对它的亲表兄妹——绩效评估——做一次认真的审视。这是一种典型的充满压力的年度仪式，使员工们被评级、打分，或者换句话说，被评判。事实上，它是一个早就应该退休的传统，因为它的结果充满误导、引起了许多不满，并破坏了合作。

那么，我们做什么来取而代之呢？与其推出一种什么新的技术，我们不如想一想为什么要评估员工。我们通过评估引起的变化往往没有一个能够持久，因为我们从来没有停下来想一想自己的目标和动力究竟是什么。在这一问题上，有些评论家认为绩效评估之所以持续存在，是因为它"是控制员工行为的一种非常有效的工具……不应该把它与员工的工作动力混为一谈"。另外一些专家的观点则是绩效评估的吸引力在于它可以使上级把解决问题的责任分摊给他的下级。不管这些观点的准确性如何，绩效评估赖以存在的理由主要是以下几条：

1. 它决定了每个员工应该获得多少报酬，或者谁应该得到不同的奖励和刺激。

2. 由于害怕得到负面的评价，或者希望得到正面的评价，员工的工作表现会更为出色。

3. 根据员工的工作表现对他们进行区分，以决定谁应该得到晋升，或者谁的工作表现有待提高。

4. 通过提供信息反馈，讨论问题和明确需要，来帮助每一位员工更好地工作。

我已经大量讨论过第一条和第二条不可能达到预期效果，因为绩效薪酬方法和胡萝卜加大棒的激励方法一样都会起反作用。第三条涉及许多复杂的问题，我在这里花两个段落讨论这个问题。

提及晋升，我们会理所当然地认定组织必然是金字塔结构，许多人都希望在高层从事那些数量极少的令人羡慕的、赚钱的工作，就好像这种安排是上帝的旨意似的。事实上，这种职位有多少，以及希望得到它们的人有多少，都是由企业自己决定的。我们人为地创造了一种员工不能升迁就意味着失败的氛围，我们对大多数工作进行安排，使得从事这些工作的人的权责小、工资低。只有这种情况得以改变，因晋升而引发的竞争性争夺才会得到缓解，我们也才能重新审视在组织中谁应该承担什么工作这一问题。

即使是在标准的等级制度之下，运用绩效评估来决定晋升也是以三个值得怀疑的假设为基础。第一个假设是，一个人在现行岗位上的成就能够预言他在另一个截然不同的岗位上也能获得成功。[1]第二，在

---

[1] 将绩效作为晋升的基础很可能不是由于它为我们提供了信息，告诉我们谁将在新的岗位上表现优异，而是为了奖励他在原来的工作岗位上的出色表现。这样做除了引起行为主义的其他弊端以外，也为员工在获得升迁后的失败进行了掩护。

决定一个人应该得到晋升承担什么工作时，他所取得的成就是比他愿意并感兴趣去承担何种工作还要重要的参考因素。第三，即使绩效的确在一定程度上很重要，但进行绩效评估的也多数是上级，而不是员工的同事或员工本人。

显然，为了把员工像土豆那样区分开来而进行的评估，还有很多可说道的地方。比如前面提出的评估存在的前两条理由，基于这两个理由来计算工资、激励员工，或以绩效评估为基础来决定升迁，基本上都是在从上到下单向地对待人们。与此相反，看一看第四条理由：评估是一种可以帮助员工更好工作的有用方法。这一点看上去完全合理，部分地就是因为它为员工们一起工作、双向合作提供了可能性。如果我们关注的首要问题真的是改进工作，那么有效评估的方法已经有初步的轮廓：

·它是一种双向沟通，提供了交换想法、提出问题的机会，而不是由一个人对另外一个人做出一系列的评判。例如，在一个高效运作的学校里，对教师的评估是为了"找到他们所发现的优缺点的原因，并且以一种平等的姿态同他们一起寻找解决方案"。

·它是一个持续的过程而不是一年一次或一季一次。

·它不涉及任何等级评定或竞争。

·最为重要的一点，它与报酬的决定毫无关系。给员工反馈以帮助他们更好地工作[1]，绝不应该与提供（或收回）奖励以控制他们的行为混为一谈。咨询顾问彼德·斯哥特斯这样说："任何一种将绩效评估

---

[1] 有许多作者都认为传统的绩效手段（其中也包括奖励）的运用可以让员工们了解企业对他们的期望，同时也可以及时地反馈员工的工作表现，从而证明了绩效鼓励的合理性。如果这些是我们的真正目标，那我们就必须考虑如何创造最为有利的环境来提供这些信息。当人们害怕受到别人的评判，当他们不得不与其他人竞争，当其中牵涉到外在的激励时，他们往往是最不愿意接受反馈意见的。

作为奖励基础的做法都是一种灾难性的错误。"早在 20 世纪 60 年代，赫伯特·梅尔就已经发出过同样的警告，他指出"让主管人员承担一种自相矛盾的角色——既提供建议（帮助某人提高绩效）又决定该员工的工资，是一种愚蠢的做法"。这里还有第三个支持意见：

> 通过把报酬和绩效评估联系在一起……上级和下级之间的交流就会变得与绩效无关，而是与报酬相关，但这只可能产生消极因素……互相讨论取得了何种进步和获得了何种绩效，而不考虑要通过这种评估来决定员工的奖与罚，则更有可能使沟通变得坦诚开放。

这些建议并不只是说上级在评估过程中不能谈钱，而是重在强调：反馈信息、评价进步、制定计划这一系列的活动应该同薪水的决定完全分开。要想让这些方法发挥作用，我们就不应该把奖励和惩罚放到人们眼前来回摆动。事实上，不论我们多么精心地组织，也不论评估多么富有建设性，一旦以应该支付员工多少报酬作为评估活动的结果，那么评估就会成为一种反作用力。

第三步：为真正的动力创造条件

普林斯顿大学的经济学家阿兰·S. 布林德最近编著了一本名为《购买生产力：经验研究》的论文集，他对有关成果进行了如下总结："改变对待员工的方式比改变员工的工资更能促进生产力。"这是一个非常有意义的结论，因为善待员工能够调动员工的积极性，这种内在动力会进一步促进生产力。如果我们的员工缺乏动力和效率，这很有可能同我们对待员工的方式有关。

如果让员工描述他们需要什么样的工作条件，或者让善于思考有经验的管理者描述他们想要创造什么样的工作氛围，我们会得到许多不同的建议。但是这些建议会有一个很大的交集，人们对管理者应该做什么有着这样的一些共识：

看：别让员工处于监视之下，找到需要解决的问题并帮助员工解决它们。

听：认真而带着尊重地去聆听员工关心的问题，并试图从他们的角度来设想各种情况。

说：提供足够的信息反馈，员工需要有机会知道自己哪些方面做得比较好，哪些方面还需要提高，并一起讨论如何改变现状。

想：如果企业现在的管理风格已经包含了使用外在激励、控制人们的行为或者简单地督促员工积极努力工作，[1]那么就有必要仔细审视一下这些方法的长期效果。与此同时，探究一下这些方法从何而来也很有必要。喜欢在处理与他人的关系时使用强权，或者觉得自己被上级所控制，都是值得关注的问题。

最重要的是，一个致力于让人们能够也愿意全力以赴的管理者必须要具备三个基本的要素。这些要素可以被简称为"动力3C"，也就是：明确工作的合作性（Collaboration）、任务的内容（Content），以及人们能够在多大程度上对做什么和怎么做进行选择（Choice）。本章接下来的部分将具体讨论这三个要素。在后面的章节中，我将阐释这一模式也同样适用于学校和家庭。

---

[1] 这有时是通过聘请"鼓舞动力者"给员工们做讲座来实现的。它能带来的最佳效果无非是让员工们暂时地恢复精神，这和刚吃完炸面包圈的效果类似。当那点糖分带来的热量发挥完以后，就没有什么有价值的东西能够保留下来了。

合 作

迄今为止，关于团队合作的著述已经很多，我也没有必要再详细阐述帮助员工们协同工作的重要性。大多数的工作任务，尤其是那些比较复杂并具备一定综合性的任务，都是运行良好的团队合作更胜于单打独斗，也更有可能让人们为自己的工作感到激动。这两种效果源于两个方面：一是合作带来了才能和资源的交换，二是社会性支持带来了情感支撑。比起那些永远只是单打独斗的人，有归属感、觉得自己是某个团体一分子的员工更加具有工作激情。

光听美国企业的各种鼓吹之辞，你可能会以为合作精神是美国企业必不可少的一种特质，但事实是，能够阐述团队合作重要性的人多如牛毛，但致力于实践这一精神的企业却凤毛麟角。某些高级主管所做的就是写一些"让我们团结一致"的备忘录。[1]有些企业的确把员工安排到了不同的团队之中，但却没有提供实现团队合作所必需的培训。（接下来不可避免的失败就会被归咎于当事人的合作性太差，或者单打独斗是人的一种"天性"。）有时员工们有机会在本部门内部协同作战，但是公司却始终没有建立起各部门间相互协调所必须的跨职能联系。最后，有些主管人员还会在团队合作的同时推行竞争，比如明确地树立两个对立的团队，或者使用报酬体系来使团队明争暗斗，从而破坏了合作的意义。麦克戈里格的洞见一如既往地透彻：

> 大多数所谓的管理团队其实根本就不是一个团队，而是一个在老板领导下的个人关系的集合体，他们相互之间充满了对权力、名

---

[1]更糟糕的一种倾向是谈论"团体游戏"，这个词儿看起来是指团队合作，但实际上仔细一看，就会发现它只是要求简单的服从和一致。

望、认可和个人自主权的明争暗斗。在这种情况下，共同的目标不过是一个神话……（然而，）组织体系中人们之间出现合作问题，并不是因为人类的本性，而是因为没有足够的管理智慧找到充分实现人类潜能的方法。

毫无疑问，简单地把人们安排在同一个小组中并不能确保有效的合作，只有大量的努力和组织性投入才能实现这一目标。然而，许多管理者却与此背道而驰，又回到了让人们做某事的常用方法——贿赂上。撇开奖励的其他所有问题不谈，贿赂对培育和维持有效合作也是无效的。就像一位工商管理教授评述的那样："薪酬不是促进合作、提高绩效的一个积极因素……当你想让员工围绕着工作而团结合作时，告诉他们你将改变报酬制度，却只会使他们围绕着报酬转。"

工作内容

即使工作场所具备包括合作在内的、所能想象到的最有启发性的管理方式，如果员工们对自己的工作内容毫无兴趣，他们也不会有积极性。"懒散、冷淡和不负责任是对无聊工作的正常反应。"赫茨伯格这样说道。另外，他还向主管们提出了这样一个挑战："如果你想让人们积极地做好一项工作，那么就请给他们一项好工作。"这些尖刻的警句指明了一条给人们职业生涯带来革命性提升的道路。

什么是好工作？让我们从最高标准开始：在最理想的情况下，它提供了一个机会可以让人们全身心地投入一项**有意义**的工作。觉得自己做的工作很重要，完全不同于觉得有内在动力来做工作。它并不只是意味着工作过程带来了快乐，也意味着所生产的产品（或提供的服务）似乎是有意义的，甚至是重要的，因为它给更大的团体做出了贡献。米哈利·斯克斯森特米哈伊的大部分职业生涯都致力于描述"心流体验"带来的纯粹快乐，他指出，在这种快乐之外，"人们还必须要问'这些特定的行为带来了什么结果'？"问题并不只是"我们觉得有趣吗？"而是"我们是否改变了什么？"

如果所有不符合这一最高标准的工作都不值得做，那么就会有很多人尴尬地放弃他们的工作。我提出这条标准只是作为一个长期的考量，一个引导我们思考自己言行终极价值的启明星。工作的意义显然暗含了道德层面的意义，但它也最终和动力问题相关：大部分有机会从事自己认为重要的工作的人都会全身心地投入其中。

即使是我们把这条标准放到一边，核心问题依然是：想要让人们在意自己的工作，就必须关注这项工作所包含的内容，而不仅仅只是工作的环境。当一项工作能够为员工提供学习新技能的机会，让他们体验各种不同的任务经历，或者使他们能发展或展示自身的能力时，人们从事这一工作的动力就会最强。众所周知，不同的人偏好不同的挑战水平，在对事物的可预测性和新奇性之间也有着不同的平衡。但其基本点却是大致相同的，赫茨伯格对此也有很好的论述：

> 管理者并不能通过更高的工资、更多的福利或新的地位象征来激发员工的动力。相反，员工们渴望在富有挑战性的任务上取得成功的内在需求才会使他们的积极性高涨。因此，管理者的工作不是激励人们去取得成绩，而是提供机会让人们去获得成功，从而大大激发他们的能动性。

怎样才能提供这样的机会呢？从只在企业内部进行微调，到对我们的经济系统进行一次彻底革新,有各种各样的可能办法。对一个管理者来说,最容易的改变是:只要有可能,就让员工从事他们最有可能产生兴趣的工作。这也就意味着在雇佣员工或者给员工分配任务时,我们应该不仅仅只是考虑其简历所表明的他们能够胜任何种岗位,还需要考察他们喜欢做什么。另外,还意味着应该给员工机会去尝试各种工作直到找到一个合适的位置,并且允许他们周期性地轮岗以保持工作兴趣。如同管理学家理查德·哈克曼和格瑞格·欧德汉姆注意到的那样:"当人们从事适合自己的工作时,我们就几乎不需要通过强迫、压制、贿赂或者计谋来让他们努力工作、表现良好。恰恰相反,他们会自动追求最好的表现,因为这本身就给他们带来了回报和满足。"

更困难也更有意义的一步,是重新构建工作内容,从而让更多的人对这些工作产生更大的兴趣。(当然,也有着极少数人喜欢重复性的、没有挑战性的工作。)哈克曼和欧德汉姆认为:"通过提高工作本身的责任、意义和反馈水平,人们的工作积极性就能得到提高。"他们提出的实施方案包括:让每个员工都对自己的工作能产生什么结果有所了解、对这些结果负责并且看到这份工作的价值所在(至少感觉这份工作让自己有机会运用各种技能)。他们指出,对工作内容做出这样的改变至关重要,因为"相比于员工个人的工作意向,工作动力实际上与工作内容的设计和分配更加密切相关"。这个观点显然和一旦出现问题就怪罪于员工个人的做法直接冲突。

尽管这种改变会很受欢迎,但我们还是要面对一些似乎在本质上就缺乏趣味的工作。对于这些天生就无趣的工作,我们能做些什么呢?一些社会改革家暗示的一种方法是,事先确定这些工作的内容,并向从事这些工作的人支付更多的报酬。我对此不敢苟同。我们对于人们得到充分报酬的关注,不应该分散了对于如何提高人们每天生活质量这一问题的注意力。这就要求我们关注工作的内容。同样,我们也可以从两个层面采取行动：改变工作内容的设计，使其乏味和繁冗的程度降到最低；进行有效的大规模的社会变革。

一般性的做法是对工作内容本身进行或多或少地处理，尽量使它们更受人欢迎。在第五章中，我已经介绍了达成这一目标的戴奇三步法，其中包括坦率地承认这些任务也许的确缺乏趣味、指出这样做意义何在（比如，其潜在的间接结果），[1]并在如何完成这些任务上给员工尽可能多的选择。另一位心理学研究专家卡罗尔·塞尚描述了"人们如何随着时间的推移不断调整自身的动力来完成必须做的工作"，包括有意提高工作的难度以增强它的趣味性，设法增加工作的多样性，留意与工作相关的信息，等等。（当然，在这里，让工作更具有吸引力的重任落在了从事这项工作的人身上，而不是管理者身上。）

一位社会学家研究了一群旧金山的垃圾收集者，发现他们中的大部分人都对自己的工作很满意，原因在于工作和公司的组织方式得当。他们彼此之间的关系得到了增强，他们的任务和方法"有着足够的差异性以克服重复性工作的无聊和乏味"，公司是一个协作的整体，每个人都拥有整个业务的一部分并为此感到自豪。显然，认为某些种类的工作天生就是令人不快的，人们只是由于外在的动力才从事这些工作，这样的观点是草率的。

更为激进的做法是：从根本上质疑让人们从事令人不快的工作的必要性。比收集垃圾还要令人不快的工作看起来似乎是不可避免的，但真正让我感兴趣的是那些对维持整个社会正常运转并不可或缺的令人不快的工作，它们的存在反映了我们这个经济体系的一个假定前提：如果什

---

[1] 请将解释说明、理性分析的做法与诉诸强权的做法进行一番比较，后者是通过激励或惩罚手段来对人们实行控制。这样的对比令人联想起一位发展心理学家（第十二章中有所涉及）的观点：我们可以向孩子们解释为什么要求他们这么做，而无需诉诸强权来使他们屈服。

么东西卖得出去，那这个东西在定义上就是值得生产的。如果准备和组装的人力成本非常高，我们还应该生产方便食品和豪华装置吗？也许我们的答案是肯定的，但仍有必要提出这些问题。如果我们很少提及这些问题，部分是因为很多人不得不在从事这些工作和失业这两者之间做出选择，这种选择并非源于我们"生命"本身的要求，而是由我们的经济体系所决定的。这些人会因为有就业的机会而感激万分，却不会去考虑从事这些工作所带来的心灵和身体上的伤害。

由此导致的事实就是：我们享受了他人身心俱乏的工作的成果，在烹食冷冻方便食品时，我们从来不会考虑那些从事每天八小时单调乏味、筋疲力尽的工作以生产这些方便食品的不知名的人们过着怎样的生活，但我们却很轻巧地说：这些工作必须要有人来做。从一方面来看，这个事实反映了富有者和一无所有者之间的强烈对比，那些一无所有者只能够选择乏味的工作。从另一方面来看，也可以说作为消费者的我们所得到的，也恰恰是作为生产者的我们所失去的：我们身边充斥着各种各样的产品，但我们的生命中却缺乏有意义的工作。

尽管如此，我们要强调的中心论点是：任何负责任的有关内在动力（尤其是那些关于工作内容本身在内在动力上所起到的作用）的讨论，都必须要考虑到整个社会的大背景。要改善工作，就必须首先改善那些承受了身心痛苦来为我们提供方便的劳作者们的工作。

选 择

如果能够自主决定采用何种方式来达成目标，人们就最有可能对所从事的事情——或者换一种说法，如何更好地完成任务——充满热情。

使用奖惩所导致的自主性丧失很好地解释了为什么它们会削弱我们的动力。但是管理者需要做的远不止是避免采取奖惩手段，他们还需要采取积极主动的措施来确保员工能够决定如何做自己的工作。

人们在日常工作中常犯的错误，往往就是因为失去自主权而带来的种种后果。人们所处的级别越低，这种情况就越明显。总体说来，那些从事乏味工作而且工资最低的人们，至少应该让他们能够自主决定如何完成自己的任务以获得一点补偿。但事实却恰恰相反，他们是被控制得最为严密的一群人。

不论企业的组织管理水平如何，成功和失败、热情和厌恶、甚至是健康与病态之间的区别都可以被归结到以下几点上：

· 为什么会有这么多的员工觉得痛苦和筋疲力尽？筋疲力尽常常不是因为任务太多，而是员工们感觉自己没有自主权和被控制得太严密。

· 什么样的工作会导致更大的心理压力和冠心病发病概率？不是那些"成功导向"的管理和专业岗位（大部分是高收入的工作），而是那些"人们不能充分控制工作局面"的岗位。

· 组织的何种特性最有可能扼杀创造性？并不是较低的报酬和紧急的最后期限，而是"不能够自主决定做什么或者如何达成目标，对自己的工作和想法缺乏控制感"。

· 为什么在宣布改变政策时，人们总是嘀嘀咕咕、窃窃私语？不是因为政策有变化，而是因为它只是被单方面宣布，换句话说，政策被强加在了他们身上。（这种区别迫使我们去重新考虑关于"人性"的保守假设。彼得·斯哥特斯的观察结果是："人们并不抗拒变革，他们抗拒的是被改变。"）

· 什么原因使得员工们寻找或是编造借口不来上班？如果注意到当员工们能够参与重大决策时，其缺勤率会明显降低，答案就不言自明。

• 什么样的中层管理人员最可能对下级采取专制手段？答案是那些同样受到了约束和控制的经理们。

让人们参与组织目标的决策（当然，他们要被给予所需的信息和资源来这么做），最能调动他们的积极性。即使是目标已经被制定，员工们能够决定如何做到最好、能够从自己的上级那里听到"这是我们需要达成的目标，你来决定我们如何去达成"仍然很关键。例如：

> 允许员工自行设定工作计划表、选择工作方法、确定何时以及如何对工作质量进行检查。员工们能够自主决定何时开始工作、何时停止、何时休息以及如何排定任务的优先次序。鼓励他们自己寻找解决问题的办法。如果有必要，也可以咨询组织中其他成员的意见，而不是一有问题就立刻去找上级领导。

给员工们自己做决定的机会并不等于放任不作为。和那些要么依靠粗暴的批评、严厉的惩戒来进行控制，要么放任自流、无计可施的父母一样，一些组织行为学者也认定管理者们只能要么独揽决策权，要么无所作为。事实上，创造一种支持员工们自主决策的体系结构，本身就是一件充满挑战性的工作。

当管理者们遇到问题时，无论这些问题是出自企业内部还是出自外部环境，他们的第一反应都应该是动员每一位员工投入到寻找解决方案的过程中来。麦克戈里格认为："不允许个人积极而又负责任地参与可能会对其职业生涯造成影响的决策讨论，是无论如何也讲不通的。"在寻找渡过难关的方法及替代裁员的方案时，也应该动员员工参与。

选择的重要性同本章描述的各种变化密切相关。它消除了外在激励，因为奖励和惩罚都是控制性的方法；它引导我们重新审视现有的绩效评估体系；它综合体现了改变工作内容的各种努力；同时，它也必须同合作结伴而行，因为如果一个团队在做什么和如何做上没有一个真正的权威，它就不可能有效运行。

但是，如果以为发布命令就可以使每个员工发生这样的变化，那就太讽刺了。对工作内容和动力进行变革所依据的自决权原则，还必须指示出如何实现这些变革。如果我们把某个新观念强迫灌进人们的喉咙，哪怕它真的是一个好主意，人们也会把它咳出来。除了更能向员工表示尊重和保持一致以外，同员工展开合作从实践的角度看也更趋合理。

把增加员工的选择权作为一种计划来推行，有时也被称为"参与式管理"。大量的案例研究表明，通过运用一些方法，美国或者其他一些国家（比如日本和瑞典）的公司在实施这一计划时都十分成功。在近期的一次学术会议上，经济学家们报告了有关利润共享方法的研究结果，最令人"意想不到"和印象深刻的发现是：员工们的参与不仅提高了这一方法成功的概率，"其自身还有着许多有益的效果"。总结47个量化研究了决策参与程度和生产效率及工作满意度之间关系的实验，发现无论人们从事何种工作，两者之间的关系均成正比。在现实生活中，这一效果远比实验室模拟实验的结果明显得多。

这并不是说任何参与性管理的尝试都会取得成功，但是这种尝试的失败往往都是由于参与程度不够造成的，比如，参与的人太少，实验的时间太短以至于还不能产生任何正面的结果，员工所参与的只是一些无关紧要的决策，员工们的建议根本得不到上级管理人员的重视，等等。

参与式管理的这种局限性在美国企业并非个别，而几乎是一种普遍的现象。一次大型的调查显示：约有一半被调研的公司都推行了这种方法，但真正参与这一计划的员工一般只占企业全体员工的百分之十五或者更少。哪怕没有被正式排除在外，大多数员工还是采取了观望的姿态，因为他们"怀疑企业是否真的认为这一计划很重要"。

这种怀疑合理吗？威廉·弗迪·怀特回忆了人本主义刚刚成为企业

界流行语时的情形：

> 只有很少的管理者愿意去倾听那些可能会对他们有益的信息和想法，他们最常问的问题反映了他们真正的兴趣所在："我们如何才能让员工们觉得自己参与进来了？"对此，我们力图解释，从长期来看，对于管理者和员工们来说有着重要意义的决策，如果员工在其中不能真正地产生影响的话，他们是不会觉得自己参与了进来的。可惜，这种解释通常带来的结果就是谈话的结束。

主观上想要控制，但却竭力掩饰其操纵性，这等同于欺骗，而不是真正做出可以帮助人们对自己的工作充满热情的改变。且不论这种做法道德与否，它最终必将无效：当人们被操纵时，他们能很快地觉察到这一点。

即使是那些真诚地想给员工提供真正选择权的管理者，一旦采用了行为主义的假设和方法，也会对参与式管理造成不利。这表现在两个方面：把给员工提供决策的机会当作对他们做了其他某些事的奖励；把参与管理活动当作对其他员工的诱惑。除非动力理论更新换代，否则这些所谓的新的管理技巧不会取得成功。

认真对待员工的选择权还要求我们挑战组织的等级结构。"那些只是让员工们的感觉更好，而并没有真正改变组织的权力关系结构的所谓参与性管理，也许根本就没有真正增加员工的责任感。"换句话说，让员工们对自己的工作负责并进行自我管理，也就意味着在工作场所推行民主，而在任何领域推行民主都会深深威胁到那些通过非民主方式进行控制的人。从这个角度来说，如果不是一点诚意都没有的话，主管们在推行参与式管理计划时一般都会半真半假、带有暂时性或者片面性的特点，也就不足为怪了。

美国人喜欢谈论民主，即使是在明显缺乏民主的经济领域，也没有人愿意明确地否认这一点。剥夺人们对自己工作控制权的常用借口是（尽管没有明确的证据证明）：一个组织如果没有上下级的管理关系就不可能有效运行，或者大部分人并不是真正地想要自主决策权。后一种说法有时还被当作参与式管理计划经常失败的理由，大部分人宁愿按指令行事。

任何一个员工，如果他必须按指令行事，如果他已经学会不再相信诸如"如果有什么抱怨或建议，老板的门永远向你敞开"之类的微笑承诺，如果他的内在动力在严格的奖惩制度下早已不知去向，那他当然会对你邀请他参加一项全新的"员工参与计划"兴趣缺乏，而因此就断定这样的员工对参与不感兴趣至少是一个牵强的结论。如果管理者能赢得他们的信任，并提供足够的时间和资源让员工们做真正有意义的决定，他们都会非常高兴地进行自我管理，成为自己生活的主人。

谈论如何让人们控制自己的生活，引发了关于我们的终极目标的更大追问。我们在根本上关心的，究竟是公司所有者的投资回报，还是为每一位在此工作的员工提供包含了有意义的工作、自主感、健康、相互支持等因素在内的更高质量的生活？显然，后一种目标同要求更高的绩效相一致，事实上，它也是实现绩效目标的最有力保障。但是，有些时候我们可能必须要权衡什么才是最重要的。许多管理者和咨询顾问们已经清楚地表明，他们之所以认为每天早上来公司上班的员工们的心理状态和积极性很重要，就是因为在他们看来，这些因素会给企业带来更高的效率。[1]例如，大多数"员工满意度"的调查之所以展开，只是因

---

[1]我还想提一下某些更大胆的思想家的想法，他们敦促管理者们废除激励机制，不再考虑市场份额，强调团队合作，但他们这么做只是为了提高客户满意度，从而达到提高利润的最终目的。这些改革者使我们想起了那些教练和顾问，他们要求运动员关注自己表现是否出色而不是胜利，但最终目的还是为了赢得比赛。

为员工满意度被当作影响绩效的一个因素。

毫无疑问，上述问题不仅要求我们重新反思一些公司的管理方法，还对整个经济系统所依赖的基础提出了新的质疑。无论如何，开始质疑行为主义的相关方法，也就意味着我们将会和更为广义的民主问题交织在一起。如果致力于思考后面的这个问题，我们可能会发现自己是在质疑我们最基本（也是最少被检讨）的制度。

第十一章　迷上学习：教室里的动力根源

> 如果学生们对要学的内容没有什么内在动力，那么……老师们就会尽力用一些外在的吸引力来包裹学习内容，比如用金钱或某种贿赂来吸引学生的注意力，从而让"课程变得有趣味"，或者转而求助于打低分、留级、放学以后留在学校等威胁……但通过这些方式得到的注意力……总是依赖于外在的因素……而另一方面，事实是：专注的思考总是包括判断、推理和探究，这意味着孩子们会**提出自己的问题**，然后积极地去寻找和挑选相关的学习内容来解答问题。
>
> ——约翰·杜威，1915

管理员工和教育孩子有很大的区别，推动工作绩效和推动学生成绩也迥然不同。但它们之间也存在着一些明显的共通之处，这不仅因为目前它们都盛行斯金纳的理论体系，而且因为它们对如何进行有意义的变革的对策也类似。我在本章概述的超越行为主义理论的步骤，是对前面章节中论及的多个方面的综合，而动力的三个要素——合作、内容和选择，会显得尤其熟悉。

公司和学校很相似的一点就是老是问起同样一个错误的问题。道格拉斯·麦克戈里格提醒过我们"怎样激励员工"不应该是主管们问的问题；同样，教育者们也不该这样问，因为孩子们不需要被激励，他们一开始就非常渴望了解这个世界。只要创造出一种让他们感觉不到被控制、鼓励他们关注自己所做的事（而不是做得怎么样）的环境，任何年龄段的孩子都会表现出很高的积极性，并对挑战充满了渴望。

"我怎样激励这些孩子？"这样的问题不仅误读了激励的本质，还会导致控制性的操作方式，而这恰恰又是激励的死敌。这一领域的专家雷蒙德·沃洛德考夫斯基这样说道："我从来不说'激励孩子'，那将会剥夺他们自己的选择，我们所能做的就是影响他们如何自我激励。"

但是，这种影响不能仅是我们能做到的，也是我们必须做到的。教育工作者们的任务既不是调动孩子的积极性，也不是消极地无所作为，而是创造一种让学习成为可能的环境。如同两位心理学专家所说的那样，真正的挑战在于我们不是要"等待他们开始对什么感兴趣，（而是要提供）一种充满鼓励的环境，让学生们觉得自己拥有一些有趣的、有价值的选择，从而引发成功的学习和表现"。本章将勾勒出这种环境的一些特征。

去除奖励

如果一位老师从明天开始停止使用外在激励，把标语、五角星、证书和成绩单统统扔进垃圾桶，请不要以为学生们会从座位上跳起来欢呼："耶！现在我们可以开始自我激励啦。"

学生们之所以不会这样做至少有三个原因。首先，我们还没有向他们详细解释这种改变。单方面做出决定（不论这些决定的价值如何）的老师，事实上是在向所有学生宣布他们的喜好并不重要，这个课堂不属于他们而是属于自己。如果我们只是对学生做些什么，学生并不会雀跃欢呼。因此，想尝试一些新方法的老师们应该采用别的方式，在刚才这个案例中，这位老师就应该组织大家讨论（以一种与学生年龄水平相称的方式）为什么要学习，以及学习带来的真正有意义的回报是什么。

其次，抛弃行为主义的策略并不能保证真正的学习就会自动到来。阻碍内在动力的框架和结构必须被抛弃，但我们还需要提供一些能够促进动力的条件，创造适宜的课程和校园气氛。本章的后半部分就讨论这一过程。

最后，如果学生们多年以来一直被灌输他们之所以读书、练习和思考是因为这么做可以得到奖品，而这些奖品又对他们很有吸引力的话，那么奖品的突然消失会使他们产生抵触情绪。甚至学生们可能已经对得A和其他一些奖励上了瘾，不愿意在没有奖励的情况下完成学习任务，并且依赖这些奖励来确认自己的身份。

学生们的一些提问就反映了这种依赖，"我们必须要知道这些吗？"或者，"考试会考这个吗？"每一位教育者都应该认识到：这些问题实质上是求救的信号。这样问的学生实际上是在说："我对学习的兴趣已经被那些好心的、使用贿赂和威胁来让我完成课业的人毁了。现在所有我想知道的就是，我必须要这样做吗？我这样做你会给我什么？"

听到这些提问的老师也许并不是这种外在激励导向的始作俑者，也许也没有能力完全解决这一问题，但至少应该明白这是一个问题。学生们认为自己是在为了得到奖励而学习，意味着回归内在动力之路将缓慢而艰难。但是，越是难以让学生们离开小金星和糖果之类的奖品，这么做的必要性就越是紧迫。老师们将面临的困境是学生们会坚持拒绝学习任何不计入成绩的东西。对此，"哦，要不还是不断地给他们外部激励吧"，这种反应无疑是荒谬的，唯一有意义的做法是："他们已经走得这么远了，我们得分秒必争地来消除奖励的破坏性了。"

我们需要打分吗？

那些已经认识到奖励的破坏性的老师和家长，仍然很难抛弃长期以来晃动在学生们面前的五角星、诱人的食物和其他一些奖励。取消评分制无异于掀起一场地震。即使老师和家长们有权力这样做，他们也很可能不情愿放弃这个已经深深地融入了我们的教育系统以至于很难想象离开它将会变得怎样的评分制。这种不情愿表明，我们有必要对给孩子打分这一做法的必要性和价值进行一些更为深刻的反思。

首先，我们可以问一问为什么要给出一个成绩。人们通常的回答反映了使用绩效评估的根本原因。评分制存在的理由是：

> 1. 它使学生因为害怕获得坏成绩或渴望得到好成绩而表现得更加出色；
> 2. 它以学生的成绩为基准对学生们进行分类，这样做对学校的管理和工作分配有益；
> 3. 它可以告诉学生们哪些方面做得好、哪些地方需要改进。

让我们来整理一下这些观点。我花了本书前面200多页来指明第一个理由有致命的缺陷。胡萝卜加大棒理论总体来说是不成功的，特别是打分，它破坏了内在动力和学习本身，而这又会使我们增加对它的依赖。在实践中，成绩不仅用于评价而且也用于激励，这一事实更强化了它的破坏效应。实际上，无论出于什么原因使用评分制，它都造成强力的动力抑制。

评分制确实能起到分类的作用，它"可以帮助管理者对孩子们进行评级和分类，把孩子们进行严格的、难以逃脱的划分"。对评分过程的批评大多集中于对孩子们进行分类的工作做得好不好，分类是否恰当。一些人认为，目前中学和大学教育主要存在的问题，是没有将足够多的学生剔除出精英阶层（当然，他们的批评和我们讨论的不一样，他们说的是"分数贬值"的问题）。另外一些人则认为这种分类过于严格，评判标准过于主观，产生这些分数的测试过于肤浅、简单。因此，有人认为成绩无法为企业雇佣优秀员工和学校吸纳优秀学生提供更多有益的信息。

我认为后一种批评切中了要害。研究表明，对学生提交的同一份作业，任何一个教师都可能会在不同的时间给出不同的分数。当更多的老师来参与对这份作业的评分时，分数上的差距自然变得更大。成绩只不过是一种戴着客观面具的虚假准确和主观判断。一位作家嘲讽地写道："分数只能被看成是针对一个学生对数量不确定的学习内容的未知比例部分的掌握程度，由一个片面的、多变的评判者做出的一种不准确判断的非充分报告。"

但是这种对于评分制的批评未免过于温和，问题不是我们对学生的分类是否准确——这是个从逻辑上来说可以通过尽力分得准确来解决的问题。问题在于我们在分类上花了太多的时间。在一些特定的情况下，为了促进教学工作的顺利进行，我们借助评分制可以查明每个学生的能力水平。但是分类的目标却不可能与帮助学生学习的目标相一致。诚如一些批评家所言："很多教育工作者似乎不知道他们应扮演的主要角色是促进学习，而不是成为一名为社会挑选人才的代理人。"在一个高度等级化的社会里，某些人毫无疑问地会发现将学生们事先评定为优等、上佳、良好或标准的做法十分方便。但是如果这种分类使教育变得更为困难，那么我们就需要下定决心对学校教育的核心目标进行界定。

评分制的第三个理由是：它可以让学生们知道自己的表现如何。实际上，在这项制度的引导下，学生们现在已经越来越依靠分数来了解自己的能力和竞争力，并且随着不断的成长，这种依赖性将不断增加。

想对事情的进展有所了解无可厚非。实际上，信息反馈是整个教育过程的一个重要组成部分。但是，如果我们的目标真是提供这样的反馈，而不是为评分这种做法穿上什么其他的合理外衣，那么，无论是打A还是给分数，成绩都没有充分的必要，也不会对信息反馈形成什么实质性的帮助。在卷面顶端给个B+，不能告诉学生他的答案最令人印象深刻的地方在哪儿，还需要做怎样的改进。而一个有实质内容的评语可以提供上述信息。实际上，一项研究表明，添加评语并不会减轻评分制对学生的破坏性影响，其含意是评语应该替代评分，而不是作为评分的补充。

如果学生们想知道自己的表现如何，评分制并不能给他们提供多少有用的信息。但是我要再次强调，我们应该进一步评估我们教育制度中既存的一些错误。问题不仅仅是评分制不能充分说明人们（学生和职员）的表现，而是评分这个措施导致人们把注意力全部集中在自己的表现上。就像我在第八章中强调的那样，如果老师们关心的是如何帮助学生学习，他们就应该帮助学生不要成天困扰于自己表现如何这一问题。至少，这样的教师不应该每天像量温度计一样给学生们的学习打分，或者更糟糕的是，告诉每个学生他和别人相比的排名是多少。

评分制通常都建立在各种考试的基础之上，很多时候，考试被认为是教师了解学生表现的一个合理方法。我并不准备主张立刻取消所有的考试，但我确实认为应该用其他少一些惩罚性、多一些信息性的方法来达到上述目标。（这里的前提是我们想知道每个同学的表现，以帮助他们今后更加有效地学习——这是对学生进行评价的唯一合理目的。）假定这些班级被控制在一个合理的规模，一个有能力的教师会对每一个学生的表现有很清晰的了解。如果一个人需要正规考试才能知道自己的真实水平，我们就需要重新考虑对其进行指导的方法和步骤，以及他或她是否说得太多而听得太少。实际上，通过和50位行业顶尖教师的面谈，我们发现了一个惊人的一致，那就是他们都不重视考试（如果不是有意识地尽可能减少使用的话）这一工具。

在一个保护学生安全感的课堂里，学生在遇到不理解的问题时可以坦然面对并寻求帮助。具有讽刺意味的是，打分、考试、惩罚和奖励都极大地妨碍了学生获得安全感。因此，这样做不仅会使学生不大可能说出自己的意见，也不大可能形成真正具有建设性的评估。[1]

总之，对学生有激励作用并不构成评分制存在的理由，因为它实际上削弱了能促成出色表现的内在动力。使用评分制对学生进行分类，抵消了我们在教育上的努力。至于对学生们的表现给予反馈，我们也有比简单评分更好的办法来达到这个目的。在提供反馈时我们必须非常谨慎，以免学生参与任务的积极性受到损害。

---

[1]实际上，有些非常自信的学生会在一个分数导向的班级里大声发表意见，但他们这样做是为了让老师对自己更加印象深刻并提高自己的形象和地位。这显然不同于勇敢地说出某个自己还不是十分肯定的新观点，为了学习而直接提出某个问题，当自己遇到学习困难时明确地让老师们知道，等等。

全优生：一个需要谨慎使用的称呼

仔细分析，给学生评分的优点似乎并不非常令人信服。但如果你对这些研究越熟悉，对教室里真实发生的一切越了解，那么你就会越深刻地体会到评分这一做法的缺点。第八章中我引用的证据表明，同那些不看重成绩的学生比较起来，以成绩或其他奖励为动力的学生在学习劲头、思考深度、对自己所做事情的关心程度以及挑战自我的意愿等方面都稍逊一筹。

但破坏还不仅于此。分数淡化了学生们成功完成某项任务的成就感，它还诱使学生考试作弊，导致师生关系紧张。分数还削弱了学生控制自己命运的感觉，使他们盲目迎合别人的愿望，甚至有时会疏离了自己的偏好而不知道自己是谁。请再次注意，不仅是那些得到F的学生，也包括那些得到A的学生都会承受成绩所带来的这种种恶果。

几年以前，我曾向全国最顶尖的预备学校的全体师生做了一次演讲，时间恰巧是在最残酷的四月里的那一周（因为在这一周里，高年级学生们将会知道自己是否被大学录取）。我同他们一起讨论了这场令人心力憔悴的竞赛。实际上，我已经知道，为了大学入学考试，他们已经学会了把那些自己感兴趣的书籍抛在一边；为了让自己的履历看上去更加优秀，他们去参加了一些自己毫无兴趣的社团；为了挤进常春藤盟校，他们的友谊也受到了极大的影响。

这些是他们都知道的，他们有一部分人没有意识到的是，就算最终走进了大学校园，所有的这一切也不会结束，并且又会在一个新的轮回中重新开始：他们将会仔细研究课程表以确认选那些会比较容易得A的课程，参加一些新的课外活动以丰富自己的简历，当教授告诉他们为了考试应该把注意力集中在什么地方并放弃其他一切时，他们也会非常感激而不是感到愤怒。他们会把自己定义为一个准医生、准律师或准商人，而这个"准"字意味着：除了那些对他们日后的事业有帮助的事，其他的一切都无关紧要。

大学毕业也并不意味着这种方式的终结，地平线上的曙光也不会因此离他们更近。现在，他们必须为下一轮奖励而奋斗：获得最好的住所、最理想的工作岗位和最快速的职位升迁。接下来是为最好的任务委派、合伙人以及副总裁等等头衔努力工作，打拼未来甚至更加疯狂。然后，人到中年，他们会突然在半夜醒来，感叹自己的人生究竟是怎么度过的。（如果这种感觉一直持续下去，就会有医学院毕业的医生给他们开处方。）

毫无疑问，对那些在经济和心理困境中苦苦挣扎的人来说，等待他们的甚至是更为暗淡的命运。当学生们第一次因为自己所做的某件事被打分时，他们就登上了一辆列车，这辆列车会载着他们去努力赢得奖励或避免惩罚，而不管是奖励还是惩罚，都是一场无法获胜的比赛。

我在预备学校做演讲时向听众们所说的这些话，直到现在还让人直冒冷汗，我担心这些话听起来像是出自传道者之口。但我还是觉得有必要向所有在场的老师和家长提个醒，如果你自身的经历已经印证了我所说的一切，那么你的任务就是把这一切告诉给学生们，并帮助他们理解这种追求的可怕代价，而不是让他们在这条道路上越走越快。比起如何粉饰自己大学入学申请书的小窍门，或者关于这次期末考试的重要提醒，学生们更需要从你那里得到的，是理解什么东西在主宰他们自己的命运。

学生们从哪里学会成为了分数的奴隶？是从这些话里："同学们，你们最好听仔细了，因为考试的内容会与此有关"，"只得了一个B-？戴博瑞，你怎么了？"，以及"我为自己是一个给分很严格的老师而感到自豪，你必须在这里努力工作"。事实是：

老师有能力摆脱这种有害的、误导性的教育方法，因为它们常常会对学习起到反作用。一旦老师们不一味强调成绩，不仅不会导致标准降低，还能鼓励学习。

但老师是不可能单方面形成这种想法的。我见过有人在孩子出生前就已经开始疯狂地策划让孩子进最好的大学，我曾经追溯过这种迫切性的根源，我见过有人在整个孩提时代都在为进入哈佛而努力，也遇到过一些父母出于最良好的意愿而做这所有一切，但他们其实是为了从孩子的成功那里获取快乐，为了在和朋友们一起讨论孩子问题时感觉自己高高在上。但我最终看到的结果，是生命在逐渐被榨干。

最后结束演讲时，我再次扫视观众，一个穿着体面的16岁左右的男孩向我举手问道："您告诉我们不要卷入一场争夺传统奖励的竞赛，但除此之外还能有什么可做呢？"

这个提问让我一时无语，我站在讲台上紧紧攥住话筒，两眼直视着前方。这大概是我碰到过的最令人沮丧的问题。我猜这是一个用传统价值观来衡量很成功的年轻人，并且正在向着更大的荣耀进发，但他的灵魂却有着一个巨大的空洞。对于这个问题，更重要的不是回答（尽管我笨嘴拙舌地试图给出答案），而是对打分、无休止的追求奖励及其对价值观的损害进行控诉，这比我所能提出的一切事例都伤害更大。

从降低分数的重要性到取消分数

当现行系统有问题的时候，你会很快想到两种方案。一种是在现有的框架结构内尽可能减轻伤害的程度，另一种则是同他人一起来改变现有的结构，同时心里清楚即使花费很长时间，也不会有什么根本性的改变。如果我们直接采取后一种方案，比如动员人们抛弃整个评分制，可能也无法保护我们的孩子和学生，使他们避免成绩和其他一些奖励因其控制性而产生的破坏性后果。但是，更难认识到的一点是，如果我们只是去迎合现状，致力于让孩子们适应现行的做法并成为这个游戏的一部分，那么什么也不会改变，而且孩子们还会对他们的后代重复同样的做法。正如一位哲人所说：现实主义意味着堕落，绝对的现实主义意味着绝对的堕落。

如果没有必要给学生打分，我们就不应该给他们成绩。但是在让成绩消失或者至少从我们自己的学校中消失之前，我们可以朝着正确的方向小步并现实地逐渐迈进。从本质上来说，这一做法就是：**在意孩子学习的父母和老师，需要想尽一切可能的办法，让孩子忘记分数的存在。**

遵循这个建议需要我们对学校模式以及与学生相处的方式进行一次革命。我们必须要重新考虑学习与什么相关、学习的动力是什么以及我们是否真的想促进他们的学习。这样做需要相当的改变，并可能带来的操作上的困难，但与我们非常熟悉和适应、却有着明显破坏性的强调成绩的现行做法比起来，显然是值得的。（有时评估一个改革建议，我们会假定替代方案（即现行的做法）是没有缺点的，然后以此衡量新方案的风险和缺陷。）

无论这个建议听上去多么激进，但它的确是一种可以立刻实行的方法。对父母们来说，这意味着首先需要思考自己推动孩子取得更好成绩的动机是什么。在了解了上面的经验证据并仔细权衡之后，父母们最好明智地开始考虑不把成绩和分数作为成功的衡量标准，转而关注孩子们的学习**兴趣**。这也应该成为判断一个学校（以及我们自己的行为）的最基本的标准。

具体说来，我建议父母们不要再询问孩子考试得了几分，不要拿成绩单小题大做。这并不意味着我们不关心，而是恰恰表示我们对他们的学习非常关心，以至于我们决心扫除一切障碍性因素，并对我们自己的行为会对孩子们的心理产生怎样微妙而复杂的影响进行了认真的思考。社会心理学家莫顿·戴尔奇提出，如果某位父亲因为女儿在一次数学考试中得了 A 而奖励她 10 美元，

> 可能会向女孩传递许多不同的信息……比如在她自己的动力方面，使她觉得"我本身并没有什么强烈的愿望去学好数学，我需要一些外部的激励"，在数学方面，使她觉得"这不是像我这样的人会感兴趣的课程"，而对于父亲，她也许会想"对他来说重要的是我得到一个好成绩，但他关心对我来说什么才是重要的吗？"，如此等等。而且，这种激励还会使孩子们一门心思地去想可能的奖励（那 10 美元）以及如何才能最轻松、最直接、最万无一失地得到它。因此，关注的焦点变成了如何得到优而不是学习数学。这很有可能导致考试作弊或者一种应试型的、而不是旨在掌握知识的学习方法。

总体而言，父母们可以和孩子一起讨论其他的内容而不是学习成绩："今天你在学校里做了什么有趣的事吗？""你听说或者读到了一些让你吃惊的事吗？""当你最终攻克了一个数学难题时，你感觉怎么样？""你认为南北战争的起因是什么？"等等。请记住，光是说什么（或不说什么）还远远不够，如果孩子得了高分还是会让你喜不自胜，得了低分还是会让你失望愤怒，那么你的行为还是会暴露你的想法。

对老师来说，降低分数的重要性则是一件更具挑战性的任务。这里有七条建议：

1. 即使你在学期结束时必须给出一个成绩，**请尽量少安排布置那些要给出等级或分数的考试或任务，或者，更好的选择是彻底抛弃这些做法**。作为替代性的方法，请给出翔实的书面评语或进行面对面的交流。请确认这种放弃成绩的做法不会转而让学生们担心他们的成绩单上会得到什么样的评语，因为这将会破坏整个过程。有些学生尤其在开始阶段会经历一种实实在在的眩晕：源源不断的分数已经成为了他们生活的意义，但现在他们失去了方向。请与这样的学生私下沟通，讨论一下在给出评语的那一天，他本来可能得到一个怎样的分数。随着学生们对所学的东西越来越投入，他们对成绩之类的信息反馈需求也会越来越小。

2. 如果你觉得自己不仅需要对学生完成一项学习任务的情况进行评论，还必须要给出一个衡量标志，那么**请尽量减少等级的数量**。比如说，从 A／B／C／D／F 变成及格＋、及格和不及格，或者

3. **把成绩的种类减少到两种：A 和未完成**。这里依据的理论是：任何没能得 A 的工作都不算完成。关心教育质量的人应该乐于采纳这个建议，因为它假设了学生们应该做到最好。这种做法的另一个优点就是能抵消成绩带来的负面后果。最重要的是，它还原了本应有的优先次序：帮助学生进步比对他们进行评估重要得多，先学习然后再评级。

4. **永远不要在学生们尚未完成一项学习任务的时候就开始打分**。更重要的是，不要在此时因为学生目前已有的表现给他们奖励。频繁地进行考查测验会阻碍学生们的理解过程，因为这没有给学生们留出足够的"探索时间"。如果你不能确定学生是否已经准备好接受测验来展示所学到的东西，最简单的办法就是直接问他们。

5. **永远不要给努力程度打分**。成绩在本质上会降低学生挑战自己的意愿（参见第八章），使得学校里到处都是对被迫要学的东西毫无兴趣的学生。而这种后果有时又会让老师反过来再次回到造成这种问题的

做法上去，具体来说，就是给孩子的努力程度打分，期望借此迫使他们更加努力。然而，这一做法的致命缺陷在于：尽管强迫有时能带来充满怨气的服从，但却不能引起孩子对学习的渴望。给努力程度打低分似乎是在说："你甚至不知道如何努力"，而给努力程度打高分给学习成绩打低分则意味着："你是废物，不可能取得成功。"最重要的是，奖励或惩罚孩子的努力程度会让教育者忽略这样一种可能性，即孩子之所以缺乏学习热情，可能是因为课程设置或学习环境有问题。

6. **永远不要画成绩分布图**。在任何情况下，我们都不应该人为限定好成绩的数量，因为这就意味着一个学生的成功导致其他学生的成功可能性降低。"让成绩符合一种'正常的'分布图并不是铁面无私的标志，而是一种失败的标志，表明教得不好、考得不好或者没能对学生的智力发展做出有益贡献。"

7. **尽量让学生充分参与到评估过程中**。这不是说让你在上面读正确答案，学生坐在下面自己给自己的试卷打分，而是说老师应该和学生一起讨论用什么样的标准来衡量他们的学习状况，并且让学生尽可能多地参与实际的评估过程。这可以一举多得：它使分数的惩罚性得以减轻，使学生更多地控制自己的教育过程，并且通过评估过程本身让他们学到很多东西。通过思考什么让一个故事更有趣、如何让一个数学证明更简化以及怎样才能让某个观点更具说服力，学生的智力水平能够得到大量有效的锻炼。马克·莱帕和他的一个同事指出，一个人"做一件事时能在多大程度上感觉到成功……取决于成功的标准是自己设定的还是他人确定的"。

就像学生应该参与评估过程一样，我们也应该同他们一起讨论这些改变。我们应该向他们充分解释放弃评分制的理论依据，并请他们建议采取何种替代措施，以及在转型期应该如何管理。

最后，我想对学校管理者再说几句。为了降低成绩的重要性，让老师改变他们每天在教室里的做法只是一种权宜之计。理想的做法是，期末成绩最好也应该同时被取消掉。而且，当老师自己不再强调分数的重要性，或只是很少谈论分数时，学生可能会以为这门不打分的课程不如那些还在打分的课程重要。因此，和其他教育改革一样，这一变革也必须以学校为单位（如果不是以区域为单位的话）全面展开。放弃评分制会让很多父母感到不安，很多父母之所以热衷于掌握自己孩子的成绩，一大原因就是他们只能通过这个窗口来了解孩子的学校生活。如果你希望他们接受（还谈不上积极支持）抛弃评分制，就必须向这些父母提供关于孩子们在学校里进展如何的其他信息渠道。很多小学都不使用评分制，或者至少到孩子们10岁或11岁时才开始打分。一个实施这种变革的方法就是：从最低年级开始，每上升一个年级，在评分制中就减去一个字母等级。

让高年级的学生和老师放下成绩的重担更加困难，但决不是没有可能。[1]

学习就像探索发现

成绩之类的外部激励对兴趣和成就之所以有如此大的伤害，一个重要原因就是它们会把学生的注意力转移到自己的表现上来。如果不做那些迫使孩子老是想着自己做得怎么样的事，我们就向帮助他们学习迈出了第一步。接下来的一步，就是采取一些措施帮助他们专注于学习。

---

[1]即便还不能取消评分制度，但一些最恶劣的做法，比如根据成绩来给学生排名次，无疑可以取消的。

已有研究表明，鼓励孩子充分投入到自己正在做的一切而不是去担心自己的表现如何，会有助于孩子建立一种"更有可能促成长期的、高质量的学习过程的心理状态"。这一策略对于那些对学习任务感到焦虑或者已经停止努力的孩子非常有效，对那些优等生也有帮助：对一所以教学优秀闻名的高中全体学生的研究表明，他们越是倾向于把自己的课堂描述成一个老师强调理解、提高、尝试新事物以及冒险（而不是相反的强调成绩和竞争）的地方，他们就越喜欢这个班级，越积极尝试多种学习方法，并更愿意进行自我挑战。

布朗纳喜欢把老师的角色描述为：帮助孩子以一种"探索"而不是"学习"的心态去对待自己正在做的一切。他认为这样做的好处在于"通过告诉孩子他们做得对还是错，而不是通过奖励和惩罚，让孩子有机会经历成功和失败"。这是一种关键的区别。给学生"做得对还是错"的反馈将会使学生改进提高，老师必须要让学生得到足够多的此类信息。但把成功和失败当作一种信息反馈的能力更为重要，这要求老师和父母强调任务本身而不是成绩如何。

我们如何开发孩子们的内在动力并创造出探索、创造的感觉？有些专家针对这一问题发表了长篇大论，但我们应该对这些研究进行更为细致的讨论。同时，这里有五个建议：

· **允许积极的学习**。通常来说，不仅是小孩子，成人也是一样，当他们可以观察、接触并实践，而不是坐在桌前单调地听讲时，他们的学习效率最高。积极动手的活动不仅仅是正式课程的课间活动，如果组织得好，他们本身就是正式的课程。

· **告知安排某项任务的原因**。如果某项任务没有启发价值，也许我们就不应该布置它。（遗憾的是，老师并不会经常做出这样的判断。）如果某项任务是有价值的，我们就应该对参与这项任务的人解释清楚它的价值究竟何在。一项研究发现："孩子们对任务的投入程度如此之低的一个重要原因,就是老师没有解释清楚这么做的目的和意义。"如果我们希望孩子学点什么,我们就需要向他们提供一些说明,告诉他们为什么要积极地投入。另外,提供这种解释也是表示对孩子的尊重。

·**点燃他们的好奇心**。人们天生就对那些不知会产生什么结果、(或者知道结果但却)没有按预期发展的事情充满了好奇。给孩子讲故事的大人往往会对这一点有直觉的理解,他们会在故事讲到一半时停下来问:"你觉得接下来会发生什么?"或者"你觉得他为什么要那样做?"这就是内在动力的核心,对其进行有技巧的发掘可以让那些年龄较大的学生也专注于任务。为什么故事中一个看起来很普通的角色记不住他的母亲是何时去世的?为什么看起来那么像水的物质在这么低的温度下还没有凝固?如果这些人既不愿意让步也拒绝使用暴力,你觉得将会发生什么?

·**树立榜样**。老师应该给孩子们讲述自己觉得教书很愉快,并让他们看到自己也在阅读或专注于某项智力任务,并从中得到了快乐。(父母也能够通过对自己工作的描述来树立榜样。听到父母抱怨不得不在星期一开始工作的孩子,也会由此对动力有所感悟。)老师还可以通过承认自己不知道某事、通过如何面对失败来展示坚强、通过质疑传统的智慧、通过展示自己是如何看懂一篇非常难理解的文章来树立榜样。

·**欢迎错误**。"错误是我们的朋友"是贴在许多教室墙壁上的一句格言。有经验的老师在学生犯错时认真倾听和观察。他们不会抗拒错误,因为他们知道错误并不一定意味着教学质量低下,他们不会动怒,因为他们知道错误并不一定意味着草率和懒惰。(如果的确是这样,那就要找出学生草率或懒散的原因,然后一起努力把问题解决掉。)错误反映了学生们是如何思考的。迅速而有效地纠正这些错误并不会对学习的过程产生多大的影响。更重要的是,害怕犯错的学生即使在需要帮助时也不太愿意开口求助,也不太可能在心理上觉得很安全从而愿意冒险，更不太可能为自己的内在动力所激励。

又见 3C

美国教育最令人感到不安的事情之一，就是对保持安静的强调。如果我们仔细研究那些学生不怎么说话的课堂，会发现学生在课堂上的沉默是由我们的精心设计和强力压迫所造成的。在课堂上说话通常被认为是"行为不端"，是一种缺乏自我修养和自我控制的标志，除非有明确的规定，比如说老师点名让某个学生回答问题，大多数时候，学生都被要求安静地坐着、认真听讲。老师如果脱离这种常规，赋予孩子更多的发言权，就会被认为失去了对自己班级的控制。

像我们学校的许多其他特征一样，对安静的要求来自于一套尽管看不见、但却影响范围很大的理论。这个理论把老师（或书籍）看作信息贮藏室，把学生当作空白的容器，我们所要做的就是采用一次一点的方式向容器里注入信息。学生的职责就是被动地接受这些信息，偶尔拿出来应用一下以表明自己已经掌握了这些知识。为了推进这个过程，我们采取对成功者奖励，对失败者惩罚以及一套精心设计的评分系统来规范这种知识的转移。格莱塞描述道：

> 教师被要求对学生灌输各种重要知识的片段，就好像学生们根本没有这样的需求，甚至就好像他们是某样东西。教育则被定义为有多少知识片段被这些"学生东西"们长期掌握，以应付各种测试学习水平的标准化考试。

实际上，被填鸭式灌输到学生大脑中的各种课程，学生自己对整个过程没有发言权，不许他们说话和交流的各项纪律，把学习当作一种信息传输的看法，把孩子（最终是所有的组织）都当作必须要运用强化手段和威胁才有动力学习的惰性物体，都是这个理论的一部分。

可能我听起来有点激动了，但我仍然相信，如果不摆脱这种毫无意义、破坏性十足的模式，我们就永远也无法领会教育的真正意义。因此，要实现教育的真正意义，要想帮助学生学习，我们要做的不仅仅是避免使用奖励，还要采取很多其他措施。而其他这些措施的基础，正是上一章阐述过的动力的三个要素（动力3C）。

合作：共同学习

美国的学校教育存在两种基本模式。第一种，孩子们彼此对立，为了得到人为造成的稀缺等级和奖励而相互竞争，争相成为第一个找到正确答案的人。其潜在的逻辑是：任何一个其他人都有可能成为自己成功路上的绊脚石。第二种模式是：学生坐在各自的位子上，他们学会了忽略彼此的存在，并被告知不要互相说话。老师对他们一再强调要看"你能做什么，而不是你的邻座能做什么"，学生要做的只是独立完成课堂作业、课后作业以及考试。这种模式让人们潜意识地学会了"如何在人群中孤军奋战"。

这就是大多数老师的保留剧目：让学生互相争斗或让他们彼此疏离。这些做法的唯一问题，就是它们都对学习没好处。正如思想家皮亚杰和杜威解释的那样，在最理想的状态下，学习是共享信息和想法，质疑别人的解释，重新思考自己的看法，以及在一种互相支持的氛围下探索问题。（请注意，所有这些都要求交流。）理解能力和智力水平的提高不仅来源于学生同老师之间的关系、学生同课本之间的联系，还来自于学生们彼此之间的关系。

现代教育最令人激动的一大发展就是所谓的合作型学习，让孩子们两两结对或形成小组。许多研究都表明，参与组织良好的合作型小组，将会使学生对自己、对同学以及对所学的课程都有一个更加积极的态度。学生如果能够共同学习，而不是彼此竞争或彼此疏离，他们的学习效率也会大大提高。合作性学习既适用于幼儿园阶段，也适用于研究生阶段，既适用于那些理解力较差的学生，也适用于过目不忘的天才，既适用于数学、科学、语言技能，又适用于社会学、艺术和外语。

我不想在这儿列举关于合作型学习的相关研究，也不想解释为什么这种方式有效、需要什么样的背景条件以及应该如何操作，更无须探讨教室里究竟有几种团队合作模式以及他们之间有什么区别。在此，我的目的是提醒那些关注学习和动力、对教育改革有兴趣的人，请务必注意教室里学生们之间的相互关系，并充分认识到合作的重要性。

除非有极为充分的理由（比如，有时老师想给学生一些时间进行自主学习），否则合作应该始终成为教室里的主旋律。学生应该在我们的帮助下形成这样的习惯：无论是回答问题，还是验证某个想法，他们都彼此商量，大家围着桌子坐在一起，而不是独自坐在自己的位子上。

作为合作型学习拥护者的领头人，大卫和罗杰·约翰逊为我们如何颠覆传统的做法提供了一个很好的建议：校长可以在学校的大厅里转一转，并站在每个教室的门口听一听里面的动静。如果什么也听不到，他就应该询问那位老师："为什么这里没有人在学习？"实际上，在一个认真进行合作型学习的教室里，参观者不仅很难找到老师，因为老师经常在教室里四处走动，及时为学习小组提供帮助而不是只站在讲台上照本宣科，也很难听到老师的声音，因为他很少提高自己的声调以盖过学生的声音。

真实的课堂经验所提供的证据,与严格的研究所展示出的证据相互印证,都表明了合作型学习的好处。然而,尽管打破传统的个人主义和竞争性结构至关重要,但我认为更为重要的是抛弃行为主义的那一套。如果我们只关注前者而忽略了后者,我们就会仍然受束缚于现行的关于学习和动力的理论,仍然会按原先的行为方式处理问题。唯一的区别只在于,现在我们需要贿赂一个小组而不是一个人,才能让孩子们学习。运用证书、成绩或其他一些外在激励来诱使孩子们一起学习,就好比是一只手刚刚得到的好处(通过让孩子们一起学习而得到的),马上就被另一只手拿走了(因为本书描述过奖励产生的所有弊端)。幸运的是,我相信会有越来越多强调合作型学习的人会认识到这一点。

内容:值得了解的东西

即使是一名小学生也可以告诉你,做了多少工作或者做了多长时间的工作,都不如正在做的工作本身重要。(梭罗的解释是:"只是忙碌还不够,问题在于,我们为何而忙碌?")那些把延长学生在校年限(或学校上课天数)或者增加课业数量,作为改进教育体系的重要方法的批评家们,显然忘记了这一点。连10岁的孩子都知道但他们却没有意识到的问题是,与其对课程学习投入大量的时间和做大量的笔记,还不如对课程本身进行改进。

坦率地说,现在学校里要求学生们做的许多事都不值得去做。布置给学生的任务不需要什么创造性思维,而需要大量的死记硬背。这些任务与孩子们的生活和兴趣也没有任何明显的关系。实际上,任务单

上的两句话之间、两个任务之间以及两门课程之间都没有什么明显的联系。[1]正如马克·莱帕和他的一个同事所观察到的:

> 所提供的信息非常抽象,与孩子们的日常生活没有明显的联系。学习的主题也依事先排好的日程表而定,而不是根据某些孩子特别感兴趣的或者已经"准备"好去学习的来定。

简言之,学习的内容脱离了语境,我们把思想观念分解成了许多与整体没有什么关系的碎片。我们给学生们一条信息,再给一条,再给一条,直到他们毕业。此时,我们以为他们已经构建起了自己的大厦,但其实他们拥有的只是一堆砖块,而且保存的时间也不会长久。

学生们需要填出一系列句子中缺失的字母和单词,解决一个又一个的数学运算问题,了解秘鲁的主要出口产品,记住暗喻和明喻之间的区别,仔细阅读第十一章并回答随之而来的许多问题……他们会一直忙到下课铃声响起。放学之后,他们还要跋涉到图书馆,从百科全书中复印一些关于狄更斯、劳动部门或消化系统的资料,并在对这些资料进行整理之后形成自己的报告。与传统主义者所宣称的不同,这种要求带来的不是严格的智力训练,而是一种苛刻的僵化。孩子们不会成为一名求学者,因为他们已经在这整个过程中被引入了歧途,即使是最优秀的学生,他们努力学习的唯一原因就在于他们不得不这样做,然后,再把这一切抛诸脑后。

为什么学校要让孩子学习这些没有价值的东西呢?撇开关于什么是

---

[1]根据美国高中的课程表安排,直到下课铃声响起(这是学生们翘首以盼冲出去的时刻)之前,学生们每节课学习一门课程40或50分钟。这种上课模式来自于一百多年前的工厂工人做工的模式,这个模式在今天已经对装配生产线毫无意义了,然而,我们的教学看起来却还在沿用这一模式。

有价值的争议不谈，我认为还有以下这么几条原因：

·几个世代以来，学生已经被训练得麻木僵化了，最容易的事情就是重复做已经做过的事情，这也更容易避免对这些事是否有价值提出质疑。

·有意思的课程往往需要花费更多的功夫来准备和教授。"读第三章"只要求老师们读一下第三章的内容，多项选择题的测试也能很快给出成绩。

·一套适应求学者需求的课程要求老师具有高度的灵活性、充分包容不可预见的因素，并愿意放弃控制课堂。当教育变成对无关联的事实和技能的简单传授时，控制是一种更能维持局面的做法。实际上，"许多老师……就像他们讲课那样死板地维持纪律"。

·现行的课程体系非常容易进行标准化的测试和对学生分类。我们急于从评估着手，而不是首先考虑什么是值得教的，然后再设计相应的评估方案。

不论是出于哪种原因，就是基于这样一套没有吸引力的（如果不是对智力发展具有破坏性的话）课程内容，我们不理解为什么学生没有积极性，他们为什么要逃学、为什么成绩不好。当他们做白日梦或者走神自娱自乐时，[1]当他们没有按时完成任务时，我们都会大发雷霆。我们怒气冲天地挥舞着成绩单，把孩子们的名字写在黑板上以示警告，罚他们待在教室里。简单说来，我们把责任归咎于孩子，而不是毫无乐趣可言的课程本身。波洛菲和科尔说过："许多要求学生完成的任务似乎毫无意义或者毫无必要地令人厌烦，所以在这种情况下，与其努力刺激

---

[1]我在当老师的时候意识到学生的一些破坏行为更主要的不是出于恶意，而是出于希望时间快点过去。如果忽视了学生的捣蛋行为反映出他们对我们所教授的内容缺乏兴趣这一事实，任何课堂管理都不可能长期有效。学生不能跑出教室，所以只好做些出格的行为。讽刺的是，正是对课堂纪律的严格约束才导致了学生的这些行为问题。不过，这两者之间的关系并不总是显而易见的。

孩子们对这一任务产生兴趣,还不如寻找一些更好的任务来提高他们的积极性。"当一位老师抱怨学生对任务"心不在焉"(教育界最喜欢用的术语之一)时,行为主义者的解决办法是采取一系列措施把他们重新拉回到任务上来。对待这一问题,更合理的反应是问一下:**你让学生学习的是什么任务?**

毫不意外,对问题的这种分析遭到了许多教育者的强烈反对。我不止一次地被告知:生活不可能永远充满乐趣,孩子们必须要了解这一点。这似乎是在暗示:学校的核心目标不是要让孩子们对学习感到兴奋,而是要让他们习惯于做一些单调乏味的琐事。于是,控制孩子的欲望和不愿意设立一套有意义的课程,就变成了最符合孩子们的需要。

还有一种反应是进行嘲讽。"让孩子们只做那些他们感兴趣的事?为什么我们不干脆只让他们看小人书,还读什么文学书籍?"对此,我们应该指出,一套有吸引力、与孩子们的生活有联系的课程,并不意味着要降低难度以获得孩子们欢心。阅读文学书籍是一个很好的主意,但问题在于许多孩子被强迫按照教学手册规定的方式来阅读。优秀的教育成果来源于内在动力,"对学生来说,某个行动的目标一定要有意义,这样他们才会发自内心地想要挑战这一目标"。

这是否意味着我们得放弃教授那些基本技能呢?当然不是,这意味着应该把这些技能同现实生活联系起来,学习者的兴趣才是问题的焦点。例如,学生对自己成长得有多快充满好奇,这为我们提供了一个讲解加法和小数的最好环境。学生想写一篇太空飞船把他们带走的故事,这也许是向他们介绍即将用到的标点符号的最好机会。学生也许会询问越南战争的有关情况,这是我们介绍一些早期历史事件的最佳切入点。把这种灵活生动的教学方法同下述方式作个比较你就有体会了:让学生把二十个小数变成分数,回答课文中关于分号如何使用的问题,以及听一场关于时代进步的演讲。

当一个事物被孤立地讲授时，它既不容易被理解，也不容易引起思考。因此，我们就不能只提出"任务是什么"，还要说明这些任务同孩子们的现实生活有着怎样的联系。杜威这样描述道，"当12这个数字只作为一个纯粹外在的事实存在时，它并没有什么意思"，但问题的解决方案不在于"向孩子们提供某种贿赂"以让他们掌握这些单纯的数字，而是：

> 要结合事实使这个数字变得有意思……把它作为一个工具来满足孩子的某种愿望，比如做一个盒子、量一量某人的身高，等等……人们往往爱犯的错误是忽略了孩子正在学的东西，或者主观地认为这些东西太微不足道或与孩子的教育没多大关系。

这里整个讨论的前提是：在学校外面，孩子也是有血有肉、有兴趣爱好的人，他们带着自己的视角、观点和思维方式走进了教室。我们教什么以及怎样教都必须考虑到这些现实。这就是"建构主义"学派的基础，这一学派来源于杜威和皮亚杰的研究，他们对行为主义理论的前提假设提出了鲜明的反对意见，认为：

> 人们通过积极地创建知识，把新信息同既有的信息做比较，对自身或者和他人不一致的地方进行思考和探索，从而得到一种新的理解。在一个建构主义观点盛行的教室里，学生们将拥有许多机会去探索现象、观点和猜想，与他人一起分享设想，并修正自己最初的设想。比起那种老师独自做演讲，告诉孩子们解决问题的"正确"方法，不允许学生拥有自己的观点并否定他们的知识和经验的课堂，这样的课堂截然不同。

建构主义为当今日益展开的教学改革运动提供了一种框架，这种改革运动要求我们从那些值得阅读的东西开始教孩子们阅读，并且宣扬要"以学习为中心"来革新动手实践的数学课和其他一些课程。这一改革背后的信条是：老师应该成为"学生身边的指导者，而不是讲台上的圣人"。

即使不对老师的角色进行如此彻底的重新定位，任何关心孩子们在课堂上是否真地在学习的人都应该考虑教育内容的几个特点。第一，我们要考虑分配给孩子的任务的难度。不只一位社会学家观察发现，当人们从事的任务既不是非常容易、让人觉得无趣，也不是异常艰巨、让人觉得焦虑无助时，他们的效率最高。

这一点应该不言而喻，但教学的事实却并非如此。有时，老师为了帮助孩子们培养自信，给他们一些容易的任务并在他们完成目标时大加赞赏。但这种做法不能激发孩子渴望面对更大的挑战。有的老师蔑视"愚蠢的"课程，以向学生们布置超出他们能力范围的任务为荣，但这却是一个让学生们觉得自己愚蠢的好办法。选择中间点才是最佳答案。实际上，学生不仅能对恰当的挑战做出良好的反应，还会努力去解决它。实验表明，"如果任务既在他们可及的能力范围之内，又需要他们提升自己现有的水平，那么孩子们就会在内在动力的激励下投入到这些任务当中去"。

当学生不用进行重复性工作的时候，内在动力会更加强烈。而且，多种多样的需要不同技巧来完成的任务还有一个额外的优势，就是有助于减少班级里显著的才能差异。相反，如果所有的任务都要求良好的口头表达能力，孩子们就会看不起那些刚好缺少这种特定能力的同学。

分配给学生的任务不仅可以每天不同，在同一天里，也应该因人而异。让学生们"可以从几个不同的任务当中选择一个"，班级里的竞争性氛围就会下降。毕竟，如果教室里的所有人都不是在做同一件事，互相竞争比较的可能性也会大大下降。

当这两个建议结合起来实行的时候，也就是老师提供挑战程度适宜的多种任务，学生也有机会体会到成就感的时候。那种经过努力而得以掌握并发现自己能够胜任的感觉，是成功学习的关键要素。就像一位研究者所说的那样，"能为水平参差不齐的学生们提供一系列具体任务的课堂，是不需要表扬或物质奖励来激励他们学习的"。

最后，学习任务被放到特定的环境中，有时会显得更有吸引力。许多教育者都在担心"糖衣"活动，这的确不是杞人忧天，有时这种活动并不能提供智力上的营养。但一些精心设计的项目，比如以计算机为基础的情景模拟学习，就能够使学生产生"更佳的学习和记忆，更好的归纳和概括，日后对这一主题的兴趣更浓厚，自信心不断增强，以及在真实学习过程中不断提高"。只要这些做法没有使我们偏离更重要的任务，即学习的内容应该有意义并同孩子们的日常生活有关，那它们也能在加强学习动力的过程中发挥作用。

选择：教室里的自主权

每一位被告知应该使用什么教材、何时使用以及如何评估孩子们表现的老师，都一定知道在一种控制性的气氛之下，人们的工作热情很快会消失殆尽。然而，并不是每一位老师都知道孩子们也是一样的道理：剥夺孩子自主决定的机会，也就意味着从他们身上拿走了动力。如果学习只是服从命令，学生的表现就会大大不同于他们能够对自己所做的事发表意见的时候。

给孩子选择权的理由有三条。第一，这是一种更加尊重人的做法，因为人们从内心深处渴望自主；第二，这会给老师们带来好处。通过与学生共同决定将要做什么，老师的工作会变得更加有趣。就像纽约一位教五年级学生的老师说的那样：

> 我已经教了三十多年书了，要不是让孩子们参与课程的设计，我早就毫无热情了。我会对他们说："有没有最令人振奋的方法来学习下一个单元？"如果我认为他们的第一个建议不可行，我就会说："OK，还有没有令人振奋的方法？"他们总是能提出很好的建议，积极性也很高，因为我用了他们建议的方法，而且在一个单元中一种方法只用一次。

让学生成为自己学习过程的积极参与者，还会在其他方面给老师带来益处。一组研究人员发现，在学生能够参与的情况下，老师们工作时"可以从不停地监控和督导孩子们行为的琐事中脱离出来，将所有的注意力都放到……和孩子们的互动上"。

第三个确保学生们能够对自己整天做的事情发表意见的理由，也是我在这里将要关注的基本点，就是这么做会取得更好的效果：

- 匹兹堡的二年级学生在学习上获得选择权时，包括决定在给定的时间内完成什么任务等，他们倾向于"在更少的时间内完成更多的学习任务"。
- 明尼阿波利斯的高中生在没有提示（也即自行决定如何寻找答案）的情况下解决化学问题时，和那些被明确告知该怎样做的学生们比起来，他们"一般都会写出更好的实验报告"，并能更好地记住那种物质。他们会花费比规定更多的时间，"进行额外的实验以验证那些即使不做额外工作也能被接受的结果"。有的学生刚开始时不愿意自己决定如何着手，但后来"却因为能够完成一项自己的实验而倍感骄傲"。

- 当马萨诸塞州的学前儿童被允许自己选择材料来创作一幅拼贴画时，他们的作品比那些使用相同但被指定材料的孩子们的作品要更加充满想象力。

- 当纽约州的一些大学生可以从几个谜题中自行挑选一个来解答，并能自主决定如何分配自己的时间来解题时，他们后来对这类谜题的兴趣远远超过那些只是被告知该怎样做的学生。

- 当一些在市中心区教授黑人孩子的老师接受了如何提高孩子自主决定意识的培训之后，他们班级里孩子缺课的情况和成绩，都好于那些在这次全国普查中传统班级的平均水平。

- 那些觉得自己能够对自己学习负责的四、五、六年级的孩子们，比起那些觉得在教室里被控制的孩子们，有着"明显更强的自尊心和学习能力"。

- 一些二年级的孩子在数学课上采用了建构主义的教学方法，他们抛弃了课本和奖励，转而强调"智力自治"。孩子们被分成不同的小组，大家积极参与寻找解决问题方案的过程，并且可以在教室里自由活动寻找自己需要的材料。结果，他们不仅没有在那些基本的概念性任务上落后于人，而且还普遍获得了更为复杂的、更高水准的逻辑技能。

这样的例子不胜枚举。至少有一项研究已经发现，那些"有更多机会参与决定学校学习"的学生在标准化测试中的得分会更高。哪怕是在一些自己并不十分感兴趣任务上，他们还是比那些没有自主权的学生更有可能继续工作。哪怕在没有奖励的情况下，他们也非常乐于选择一些难度适中的任务来挑战自己。毫无疑问，给予孩子选择权相当有效。

这些研究展示出的各种不同形式的选择提醒我们，可以有不只一种方法来使选择变得有效。其中一些方法涉及的范围比另外一些方法要小一些，但所有的方法都涉及学习问题的重大决策。在这里，我指的不是让高年级学生自己选择哪三个论文题目作为期末考试之类的小事，而是要让各个年龄段的学生都来自己裁量课堂里的重要事情。

每天至少都应该能有一段时间留给孩子，让他们自己决定干什么：开始做家庭作业、写日记、完成某个艺术作品或读一些文学作品。孩子们也可以选择各种创造性的写作任务。老师可以让孩子们自己挑选个人或班级阅读的故事。（一个四年级的老师这样说："这是书店里的五本书，你们可以在本周的空余时间翻阅一下，然后星期五我们再一起决定下一本要读什么书。"）在表达自己的想法或对某一课程做出反馈时，孩子们有时应该能够被允许选择自己的表达方式，他们也许可以写一首诗、一篇短文或者一个短剧，也可以创作一幅拼贴画、一幅水彩画或一尊雕塑。把学生感兴趣的同数量有关系的一些事件作为数学课程的导入部分。实际上，前文中对建构主义传统的描述就已经预言了学生自主学习的做法。一些合作型学习也是同样的做法。

请注意，在上述每一个例子中，老师是提供一些原则或宽泛的参数来让孩子们选择。老师根本就没必要承担起孩子们所有的教育职责，如同杜威所说的那样，也不应该这么做。是告诉学生做什么（或限制他们的选择范围），还是让他们自己做决定，不同的老师对此有不同的平衡。在众多影响因素当中，学生的年龄、老师自己所受到的限制[1]，以及他或她对控制的需要程度，是决定这种平衡的最重要参数。

在任何情况下，老师们都有必要帮助学生掌握那些他们能够自由运用的技能。卡罗尔·艾姆斯说："对自我管理和自我约束的培养必须要同责任感的培养同步。"我们不希望看到这种局面：老师让孩子决定做什么以及怎样做，但却发现孩子们没有能力去规划一个时间跨度比较长的大型任务，最后只好又回到控制性的操作方法上来。

---

[1] 如果一位老师被迫教某门课程，他可以和学生展开讨论，请他们想想为什么有人认为这门课如此重要，然后和学生一起找出这门课与他们现实生活中感兴趣或关心的事有什么关联。

我曾听说有老师只尝试了一次就放弃了，认为"孩子们不能对自己的行为负责"，并进而取消了学生们可以锻炼并发展自身责任感和行为能力的所有机会。我也曾经听到老师说"孩子们不能独立思考"，并因此而代替他们思考。但这样的老师却绝不会说"孩子们不会独立阅读"，并因此取消了他们所有学习阅读的机会。

最后强调一点，我们中许多人对选择持一种非此即彼的观点："不是你做决定，就是我做决定"，要么是学生们自己决定一件事，要么是老师们来决定。这种观点忽略了很多种可以为教育者所用的可能性。读哪本书或者怎样分配时间，有时候可以由每个学生自己来决定，有时候可以由合作小组来决定，有时候可以由全班一起来决定。而且，选择的责任不应被认为要么交给老师，要么交给孩子，有时可以通过一起讨论来做出选择。这里的重点是共同分担决定学什么以及怎么学的责任。这种讨论本身就能够成为一堂生动的课程，它提供了一个互相辩论、解决问题、估计后果以及考虑他人要求的机会，还能对内在动力的形成起到有力的支持。

孩子们天生就是热情的求知者，我们正是要通过教学来帮助他们一直维持这种状态。在前面关于"内容"的章节中，我已经论述了我们应该尽量减少乏味的任务，抛弃那些没有什么意义的任务。乏味的任务至少还有一些是必须要做的，但那些对教育并无意义的任务，则没有理由让孩子们去做。

当然，我们认为孩子们应该学的每一样东西并不是都很有趣，我想要澄清的是，本章所提供的建议并不是说每一门课程都应该设计得让孩子们兴致盎然。因此，当学生们成功地掌握了某些对他们并没什么直接吸引力的学习内容时，研究一下是哪些因素在起作用是非常有价值的一件事。

我举一个我自己读高中时候的例子吧。我记住了元素周期表中的每个元素，但背元素周期表并不是一件有趣的事，因此有没有适当的环境因素促使我这么做就显得很重要了。第一，记住周期表的决定是我自己做出的，没有人强迫我这么做，或是告诉我会因此得到什么奖励。第二，我邀请了几个要好的朋友来一起挑战这个任务，除了可以彼此促进、互相帮助以外，这样做还会让大部分任务完成得更加愉快一些。第三，由于我们通过一首歌（讽刺作家汤姆·莱洛已经把这些元素的名称编成了一首歌）来记住元素周期表，这个任务就变得不那么乏味了（坦白说，变得更加容易了），甚至更像一场游戏。我不能确定上述三个因素哪个才是决定性的，但我知道直到几十年后的今天，我仍然能背出周期表中的每一个元素。与之形成鲜明对比的是，一整年的高级欧洲史课程至今还让我记得的只剩下"温水港"这个词儿。

没有人应该记住所有的元素或者所有国家的首都，但学习确实要求我们努力付出，有才能的老师正是这个地方大放光彩。这样的老师能让孩子们成为一个求知集体的一部分，在这个集体中孩子们互相帮助，从而让每个人都做到最好。他们把学习任务与孩子感兴趣的问题或故事结合起来，还会解释清楚学习任务同这些问题或故事之间的联系。他们向学生充分说明要完成某个任务的理由，并让学生自己决定如何来完成。

我们再次回到前面的讨论，有经验的老师会去除培养兴趣的绊脚石——奖励。对那些绝望地认为教育体系不可能摆脱行为主义控制的批评家，我将以一些充满希望的事例来结尾。在第七章，我谈到尽管许多员工已经深受外部激励因素的伤害，并且到了对这些因素形成依赖的程度，但他们大多数人仍然会说自己更感兴趣的是有意思的工作，而不是能挣多少钱或者拿到多少奖励。在学生中也存在着同样的情况。在向350名高中生询问他们的目标时，"实现个人目标"排在第一位，而诸如因为某项成就而受到公众认可等外部奖励的重要性则低得多，"赢得竞争"更是被排到了最后一位。与此类似的一个令人吃惊的调查也显示，一些老师们在被问到哪些因素对孩子有激励作用时，也错误地高估了外在激励对孩子能起的作用。

至于老师关于学习的信条，显然有更广泛的理论假设和实践有待建立。指望美国的学校放弃斯金纳策略是不太现实的，但最近的一次针对小学老师的全国性调研表明，相当多的老师已经认识到奖励对于调动和维持学生的积极性并不是特别有效，相比于向表现好的学生授予特权或者公开比较学生们的成绩，在学习上给予学生更多的选择，或者让他们协同工作，是更为成功的方法。然而，尽管有这样的共识，人们还是频繁地使用外在激励，这也许正反映了提高标准化测试成绩或提高班级控制程度造成的压力。如果老师知道奖励对于提升学习的动力并没有什么帮助，也许奖励就不会成为教育者们的首要目标。果真如此，那么我们需要做的就是重新强调内在动力的重要性。我们完全能够让孩子们迷上学习——如果我们真的决定这样做的话。

第十二章　无需奖励的好小孩

最好的出路就是直接通过。

——罗伯特·弗罗斯特《众仆之仆》

只要有人在培养孩子，但却不知道怎么培养才好，就会有另外一些人为此提供建议来谋生。这些专家们对父母应该如何做各执一词，让人不知所措，但更让人疑惑的是，他们提供的一些方法互相重复。

大多数关于如何培养孩子的书籍和研讨会都有三个特征，人们对这些特征都习以为常。第一，更多地是在谈论如何减少不良行为，而不是如何促进积极的价值观和技能；第二，会为父母们提供一个详细的行动计划；第三，大量使用惩罚和奖励。大部分帮助老师们解决学校里非学习性问题的规划也呈现出这三个特征。

这三个特征中的每一个都与另外两个相关。那些关注如何阻止不良行为的人倾向于详细地规定该做什么和说什么。相应的，那些希望严格执行规定的人倾向于考虑日常的、眼前的麻烦，而不是长远的价值观。而这两种导向看起来都和强调外部控制的策略一致。

本章并不旨在给出任何培养孩子的综合性解决方案，而是要对这三个问题做出不同的改变。努力消除不良行为，并直接采取一些相关的措施，这并没有什么不妥，但是，只关心问题解决并不能有助于孩子成长为一个好人，而且还可能成为达成这一目标的绊脚石。另一方面，如果我们能有效地促进积极的价值观和技能，就会大大减少每天需要干涉解决的问题数量。打个比方说，既关注孩子的价值观又关注孩子的技能培养，就好像一个饲养者同时在喂养两只小鸟。[1] 大部分"怎样为人父母"指南手册所具备的第二个特征就更站不住脚了。任何试图告诉父母或老师在某种情况下具体该怎么做、怎么说的人，事实上都是在兜售现代版的万金油。他们强调，我们只需简单地记住在话语中加上（或避免）某些"魔力"词、使用某些正确的语调，并对孩子的反抗做出某种正确反应。但事实上，我们不可能将人与人之间无比微妙复杂的相互反应简单归结成一些所谓的科学模式。

除了那些最浅显的目标以外，这种方法不可能有效地实现任何其他目标。另外，就像我们通常对孩子使用的一些策略意味着根本不尊重孩子一样，提供一套简便的、傻瓜式的育儿指南也是对父母们的不敬。

这种育儿指南同样依赖于奖励和惩罚，而我一开始就敦促的恰恰是我们应该避免或至少大大减少使用这种方法。本书已经对其中的原因做了大量的论述，现在我们应该重新考虑我们与孩子之间的关系了。

---

[1] 尽管意思相近，但对待孩子更像是喂养而非击中小鸟，所以我不愿意用大家熟知的"一石二鸟"来表达。

超越控制

婴儿出生以后被抱着走、被喂养、被照顾入睡，基本上被动地接受一切，到第二年的某个时候，孩子开始变得有自己的主意了。许多著作都阐述了婴儿对自主的要求、对自我的认知以及自我意志的实践。然而，提供给父母们的大部分建议，都是面对一个现在可以大声反对的孩子时应该采取哪些更聪明的新策略。我的看法则是，孩子蹒跚学步的这段时期恰恰应该完成从对婴儿做些什么到和孩子一起做些什么的转换。

为了更好地表明这种区别，我们需要对孩子面对的限制和规则进行分析。孩子们并非天生就反对诸如应该几点睡觉、应该吃什么、什么东西不能玩以及什么地方不能去之类的"规则"和"限制"，但是，某个限制是否合理则是另外一个问题，我们可以通过分析限制的目的、范围以及它是由谁设定的来进行判断。

综合考虑这三条标准，如果这些限制和规则的目的合理（比如保护孩子不受伤害）、限制范围最小（比如不许碰某几个抽屉，而不是把孩子们关在一个狭小的空间里），并且孩子们也最大限度地参与了安排（比如一起制订完成作业的计划），那么我们就可以说这些限制和规则完全能够接受。

了解限制和规则的执行情况也非常重要。这可能会让人联想到"控制"，这个词一般意味着使用威胁和压迫把自己的意志强加给孩子。爱德华·戴奇和理查德·莱恩区分了孩子所处的两种环境：被控制的环境和有规则限制的环境。他们反对的是前一种环境。哪怕是控制论最狂热的反对者也不敢贸然抛弃所有干预（尤其是面对年幼的孩子时），有时我们必须坚持，并且坚持到底。但是，我依然有理由建议所有的父母和老师为了实现合理的目标，应尽可能少地进行干预和威胁。如果可以温柔地要求孩子做什么就不要采取粗暴的方式，如果可以告诉孩子做什么就不要温柔地要求他去做，如果可以征询他的意见去做就不要直接告诉他去做。

注意观察那些为了让孩子做什么的父母们所施加的控制的程度，我们往往能够在很大程度上预测这些孩子在其他场合的行为举止。研究者们发现棍棒教子不仅收效甚微，还很有可能导致这些孩子离家之后出现破坏性、侵略性的行为方式。在一个早期的实验中，马丁·霍夫曼指出：预测这些孩子行为方式的一个更好方法，就是看如果他们不按照父母的旨意去做，他们的父母作何反应。如果父母们叫嚷、体罚、威胁、惩罚，或者在孩子一开始反抗之后就怒火中烧以努力取得控制权，那么孩子最终的行为方式也会更糟。

如果很多父母都采取了这种方式，可能不仅仅是因为被气得发了脾气，而且是因为没有其他的选择。父母们为自己辩护的理由是：我们不只是简单地把自己的意志强加给孩子，还必须要教会孩子如果行为不当会有什么后果，从而阻止他们再次犯错；而且，我们认为自己是在进行一种最基本的审判：违反了规则，就必须立刻得到惩罚。

在第九章中，我已经指出其第一个理由存在致命的缺陷：惩罚教会人如何使用暴力，而不是如何或者为什么要行为得当。第二个理由看上去似乎对教导孩子应该做什么有一定意义，并不能被证明有何不妥，但探究一下其背后的依据还是有意义的。我的印象是：热衷于惩罚孩子反映了一种恐惧，即害怕不这么做他们就会"侥幸得逞"。

如果我们再深入挖掘，就会发现这个想法有两方面原因会让我们感到不安：首先，这暗示着孩子们已经"取得了胜利"，我们的权威已经受到挑战。我们越是把亲子关系看成争夺权力的战争，就越是会猛烈出击以捍卫权威。其次，我们担心孩子们会认为自己可以做任何做过的事。这种担忧反映了我们对孩子们行为动机的一种假设，即除非被强行禁止，否则孩子们会倾向于做坏事而不会受到惩罚的。于是，基于这种不言而喻的人性理论，就导出了我们对惩罚的需求（或者害怕放弃惩罚）。

惩罚背后的每一个理念和动机都可以被拿出来仔细分析。我们真的想要追求一种与孩子相互对立的关系吗？如果答案是否定的，那么我们就不应该选择这样一种方式来阻止他们赢得这场权力的争夺赛，因为这里根本就没有对权力的争夺。同样的，我们需要问一问自己，为什么我们相信孩子们天性会对这些肮脏的、自私的和反社会的行为津津乐道，只有在害怕这些行为会给自己带来不良后果时才会克制自己不去做这些事？但实际上，事实恰好与此相反。

我的观点是：对待犯了错的孩子，我们有两种基本的选择。一种是强加一些惩罚性的后果，另一种是将之看成是一个"教育的机会"，使我们对孩子进行教育或者共同来解决问题的机会。我们的反应不应该是"你犯了错，现在我要对你这么做"，而应该是"出了问题了，我们该做些什么"。

后一种不仅代表了一种不同的看问题的角度，也代表了一种不同的反应方式，我们有充足的理由来支持后一种选择。动用权力来采取一些让人不快的措施是一种破坏人际互动的方式，尤其是对孩子而言。显然，任何可以避免这种方式的做法都应该成为我们的首选。此外，通过共同努力来解决问题，提升了孩子的自信，表达了对孩子的信任，就好像在对孩子说："我相信，如果你理解了相关的道德问题、掌握了必须的技能，你就能负责任地做事。"这一信条将会导致"良性循环"的发生：我们越信任孩子，孩子们越不会辜负这种信任。

但这在现实生活中有效吗？实际上，更恰当的问题应该是：惩罚在现实生活中有效吗？经验和研究告诉我们，如果孩子被惩罚，问题行为反而会增多，不仅不能解决背后的问题，而且使孩子形成值得怀疑的价值观。几乎其他任何做法都比惩罚更能带来进步。创造一种尊重而不是威胁孩子的气氛，和孩子一起努力提高举止得当的能力，指出问题出在哪里并共同解决，这些做法都有助于孩子养成一种更加讨人喜欢也更有可能带来长期效果的行为方式。

当然啦，怀疑派会这么回答。这种做法在刚开始时，或者说针对一些小错误时还管用，但如果孩子重复犯错或者犯了很严重的错误时会怎样呢？我们难道不需要在恰当时候对他们强加惩罚（或"后果"）吗？[1] 让我们首先从前提假设入手来回答这个问题，这个前提假设就是：只有在采取某种让孩子不愉快的措施时，成人才算是真正采取行动（或开始严肃对待）。这一假定反映了前文描述的一种广为流传的趋势，一种非此及彼的思维方式：要么惩罚，要么什么都不管。（在这种思维方式下，这里推荐的"解决问题"方式被看成是一种异想天开的什么都不管的方式）。支持这一假定的另外一种信条是：除非让孩子们吃到苦头，否则一切都毫无意义，没有付出就没有收获。

事实上，孩子的行为特别具有破坏性，或者长期重复犯错，正反映了惩罚毫无效果。因为大错而惩罚和因为琐碎小事而惩罚，对孩子来说并没有什么区别，我们甚至可以说其效果更差，因为它的代价会更高。相比之下，找到问题的核心并将之解决是一种更有意义的方法，即使（实际上也是部分因为）这样做不会带来痛苦和羞辱。

对于顽固的行为，家长更受到诱惑去进行惩罚，但这并不是因为惩罚会变得更有效，而是由于我们自己变得更加绝望。这就是所谓的"脸色铁青"综合症，比如"我和他谈了好多次，但他就是不改"。撇开惩

---

[1] 持这一立场的老师们有时会采取一种功利主义的标准，"我要操心的孩子太多了，也许惩罚或赶走一个调皮捣蛋的学生可以使其他人都受益"。这种思维方式的问题之一在于：由惩罚所体现的权力和高压控制也同样会影响其他所谓受益的人们，也就是那些亲眼目睹老师通过控制的手段来处理问题的学生。

罚性措施收效甚微的事实不谈（当然，除了让孩子充满怨恨地暂时服从这一效果外），这就好比是在说："我在不停地打字输入，但我还是没有写出一本好书。显然，打字并不能打出一本好书。"当一种方式无法解决问题时，我们需要的是改变方式，而不是放弃解决问题，转而采取威胁和恐吓的手段。

哪怕是使用一次威胁和恐吓都会造成不可挽回的悲剧性后果，这种说法也许有些夸张。在我们想不到还有什么其他方法时，偶尔使用一些不那么激烈的惩罚手段或者斯金纳式的刺激，并不会对孩子的情感造成永久性的伤害，至少在一种总是充满温暖、慈爱和尊重的环境中不会造成这种严重的后果。但至关重要的一点是，我们必须时刻牢记，只要有可能，我们就应该避免使用奖励和惩罚。原谅我们自己偶尔的错误同拒绝承认这是一种错误之间是有着本质区别的。

比起使用外在激励，我们在面对问题时（在某些情况下）保持耐心和自我控制是否需要付出极大的努力？期望老师和父母们做到这一点是否是不现实的？第一个问题的答案是肯定的，而第二个问题的答案则是否定的。当我们放下本书回到紧急状况层出不穷的现实生活当中，我们的时间和耐心都有限，而孩子们却盯着我们要这要那，有时甚至会让我们勃然大怒，这时那些有关惩罚的研究和分析就被抛至脑后了。处罚、叫嚷甚至是动手，或者用诱惑（也就是奖励）来进行控制的冲动是很难抑制的。每一位父母都知道，为我们的行为设置一套不可能实现的标准是毫无意义的。然而，我们不可以也不需要摈弃标准和目标，我们也不应该低估自己的能力。在没有贿赂和威胁的情况下培养孩子对自己行为能力的自信需要时间，更确切地说，培养我们对自己不依靠奖惩来进行管理的能力的自信需要时间。我认识的一位母亲曾经告诉我："我从没打过我的第二个孩子，原因很简单，我已经成了一个更好的母亲。"我认识的另一位母亲曾经向我承认："我之所以告诉女儿'如果你把房间打扫干净的话，就把这个给你'，是因为我实在没有其他的办法来解决这个问题。"

在我看来，这些父母对自己行为方式的审视充满了建设性，并让我看到了希望。尽管他们使用过奖励和惩罚，但他们并没有认为对这些方法的批评是"不现实的"（也许他们知道所有根本性的改变在刚开始时看起来都缺乏可行性）。他们并不固执己见地认为，除了外在的控制性措施之外，孩子们不会对其他的东西产生反应（坚持成见的往往是那些对其他教子方法一无所知的父母）。而且，这些母亲把自己看成求知者，认为自己正处于不断进步的过程中。他们也许需要时间和帮助来去除旧习惯、放弃流行行为主义，但他们直觉地知道这才是正确的方向。

解决问题：回到 3C

替代控制方法的另外一个选择就是我在前文中所提到的"3C"：内容（content）、合作（collaboration）和选择（choice）。在这一部分，我将分别简要讨论 3C 在我们面对问题行为时可以发挥怎样的作用，在后面的部分，我还会回到这三个要素，阐释它们对于帮助孩子成长为一个好人所起到的长期作用。

内容。当人们的工作表现很糟糕时，我们有必要看一看他们被要求做什么，也就是这份工作的性质是什么。当学生们不好好学习时，首先要问的问题就是他们被要求学些什么以及这值得去学吗。同样的，当孩子不听话让人担心时，我们就应该从分析要求孩子听什么样的话开始。

对那些事先假定别人只应该按他说的去做的人来说，这种观点是一个巨大的威胁。他们更喜欢问的是"我怎样才能让他们听话"，这个提问必然会导致行为主义的泛滥。同主管和老师相比，父母更可能这么思维，因为比起其他类型的人际关系，我们理所当然地接受父母和子女之间是不平等的关系。当工作发生问题时，有些主管可能会反省任务的设计。当学生没有成功完成所布置的学习任务时，有些老师会想办法提高课程的质量。但当孩子不听话时，几乎没有多少父母会反思自己要求他们做的事情。如果他们希望寻求帮助，也只会是如何改变孩子的行为。

父母（在学校管理中，则应该是老师）应该反思自己要求的合理性，这并不是一件多么复杂的事，似乎也并不需要大量的理论和专家意见的支持。有的父母会认为这样做颇具可行性，不管这做起来有多么困难。有的父母则会把这里的论述一脚踢开，因为它违背了自己培养孩子的基本信条。在此，我并不想要说服那些认为父母就应该期望得到无条件服从的人，而是希望提醒其他所有的人：在处理孩子的不当行为时，让我们从认真反思自己的期望和要求开始。

人们可以从一个非常一般性的问题开始反思：我们设定的规则"是否和孩子们的基本需要、动力或趋势相冲突，是否必然会产生矛盾"，比如，总是让孩子不要发出声音、不要乱动或不要表达自己的情感。我们是不是在要求他们按照与自身年龄和能力不相符的方式来行事，比如，要求他们在行动之前考虑自己行为的长期后果。

我们还可以从必要性和可取性的角度来考察每一个具体的要求。我们对一个3岁的孩子说不许玩刀，孩子会对这种限制感到不开心，我们再三斟酌，还是认为这太危险（并且向他做出解释）。我们告诉一个6岁的孩子不要在餐桌上玩冰块，孩子也会对此觉得不愉快，我们再次考虑，发现这并不会带来什么真正的伤害。（毫无疑问，重新考虑所设定的限制，同由于筋疲力尽而心软——"好，玩吧"——有着本质的不同）。

有些规则和限制明显是合理的，有些则毫无必要、不近人情，但大多数情况都会介于这两者之间，这就需要我们进行权衡。例如，孩子对周围环境探究的渴望可能会导致对自身的伤害，或者孩子们的尽情嬉闹可能会影响到周围人的权利。父母管教有方并不仅是因为他们每次做出了限制，更是因为他们愿意对这些限制进行再三斟酌，而不是习惯性地说不，要求孩子对任何限制都无条件地服从。

合作。决定孩子应该做什么以及可以对他们提出哪些合理的要求，这一过程不仅仅是父母的事。孩子的年龄越大，我们就越应该让他们参与这一过程，向他们解释，倾听他们的意见，同他们一起商量，并一起做计划。替代奖惩的方法的最大特点就是它是一个"共同解决问题的过程"，其核心要点就是合作。

解释是最有限的一种合作形式，也是我们必须向孩子做的。即使孩子年龄还太小，不能参与决定的过程，或者我们认为某项规则是不容商榷的，最好也是用"这就是为什么……"（诉诸原因）来取代"因为我这样命令……"（诉诸权威）。这种方法更加有效，因为研究已经证实了一个常识，那就是孩子更可能对那些被告知了原因的要求做出积极反应。

这种解释显然要符合孩子的理解能力，但解释的方式还是要因情况而定。有时候要用马丁·霍夫曼称之为"引导式"的方法，引导孩子明白自己的行为会对别人产生什么样的影响。有时候我们需要动之以情，讲道理并不意味着要排除激情，比如在告诉孩子为什么不能打人的时候（这里的小窍门是不要让激情冲淡了所要传递的信息）。解释必须成为对话的一部分，这种对话氛围要欢迎孩子做出反应，而不要变成孩子必须安静聆听的一场说教。

然而，理想的合作方式并不仅局限于成人向孩子解释为什么必须要（或者不能）这么做，而是一个共同做出决定的过程。例如，在通常所说的纪律问题上，第一步应该是讨论孩子的行为是否真的是个问题，如果答案是肯定的，那么为什么。传统的做法是父母自己做出决定，然后告诉孩子必须要改变，然而，在孩子看来，除了这是可以决定奖惩的父母强行提出的要求以外，他们并不理解为什么要改变。于是，这种改变往往就会是表面的、暂时的。

孩子总是把自己的房间弄得乱糟糟的真的不好吗？他们必须要停止从小伙伴那里抢过玩具吗？教室里的学生在说话之前必须要举手吗？有时父母或者老师已经决定了答案，在这种情况下，对话的目的就是帮助孩子理解为什么要这么做。有时（我相信这种情况极为少见），大人会愿意和孩子一起探讨为什么会发生不恰当的行为，并取得相互理解。[1]

在任何一种情况下，共同讨论什么是错误的（以及为什么）都大大有益于提高孩子的道德水准。约翰·尼科尔斯这样论述道："如果真的发生了比较严重的纪律问题，我们也能把这些问题转变成让每个孩子成为一名立法者（道德思考者）的智力挑战。除了控制行为以外，在道德问题上还有很多方法可尝试。"

假设某个孩子的行为已经被明确认定是错误的，那么下一个任务就是找出其根源，尤其是在重复犯错的情况下。我在上文中已经论述过，奖励和惩罚无效的部分原因就在于其不考虑起因。不同的流派对行为的原因有着不同的解释，有的流派可能强调孩子只是希望通过一些行为引起关注，有的认为孩子可能只是在模仿（他对朋友充满攻击性是因为父母对他充满了攻击性），有的从家庭或学校里的人际关系结构入手，等等。抛开这些理论不谈，不同的情境也会赋予同样的行为以不同的意义。

那么，我们怎么来确定原因呢？最显而易见的方法就是询问孩子。

---

[1] 许多大人采取了律师在法庭盘问时使用的策略，即从来不问那些他们自己还不知道答案的问题。这么做可以让他们保持权威，避免自己遭到冲击，但也阻止了合作的发生。

父母们往往并没有意识到需要这么做，这要么是因为他们已经假定行为的原因非常清楚，要么是他们认为这一点根本就不重要。有时父母们确实询问了孩子，但却伴随着一种粗暴的、威胁性的语气（"为什么你这次上学又迟到了？啊？为什么？回答我！"），于是，孩子完全明白这并不是真的在询问他原因，而是要求他低头忏悔，低声求饶，以求免于受罚。

更年幼一些的孩子有时并不能确定或表达出他们的动机。5岁的孩子不可能说："爸爸，我想我动手打查克里的原因是我需要排解一下郁闷的心绪，因为我总是听到你和妈妈互相大喊大叫。"他们更有可能做的是耸耸肩嘀咕道："我没有。"（大一点的孩子也有可能做出这样的反应，但如果我们能创造出一种非惩罚性的、合作性的氛围，让孩子觉得能够安全地说出自己想说的一切，那就更有可能得到孩子更有意义的解释。）如果孩子们不愿意直言不讳，父母和老师必须要开始探究，寻找线索以确定可能的原因，并且要避免在找原因的过程中就做出推测性的结论。

接下来应该是父母和孩子共同制订出一项计划："你认为我们应该怎样解决这个问题？""你觉得我们现在应该怎么做？"有些人喜欢用正式的合约来确定所达成的共识，但是否以书面形式记录下行动计划，并不如我们是如何得出这一计划来得重要。计划是共同制订的，还是只反映了大人的意愿；是在宽松的氛围中达成的，还是迫于压力制定的；是基于对道德价值观的理解做出的决定，还是为了避免惩罚而采取的一种权宜之计。了解一个合约是否有帮助的一个好办法就是直接问孩子。有时孩子出现不当行为后，合理的处理就是根据情况恢复、替换、修补、释疑或者道歉。"如果孩子没有感到惩罚的恐惧，他们会愿意主动响应并改正。"

最后，安排一些后续的检查通常会十分有用，看看问题是否得到了解决，计划进展得如何，是否需要一些额外的或全新的方法，或者哪怕只是让孩子对自己能够解决问题而感到骄傲。这样的讨论还能让参与者反省整个过程，判断其是否公平、是否有建设性。尤其是在整个班级的学生一起解决问题时，这一方法特别重要。

选择。讨论以合作的方式来解决问题，就涉及到了孩子的选择权或者说自主权的问题。当大人不确定事情发生的原因或不知道该如何应对时，他们需要牢记的口号是："让孩子参与进来"。越是让孩子觉得自己是整个过程的一部分，越是征求并认真考虑他们的意见，需要大人解决的问题就越少。

我将在本章的后半部分具体阐述自主权问题，它并不是我们对待孩子不当行为的一种技巧，而是培养和教育孩子的一个基本组成，它将帮助孩子形成积极的价值观和技能。现在我唯一想说的一点是：我们必须警惕那些提供控制性建议的人是如何曲解选择这一概念的。父母和老师有时被鼓励对孩子实施惩罚性的"后果"，会把这种惩罚说成是孩子自己选择的结果。例如，对一个在房间里闹腾着打网球的孩子说："我看你是选择了整晚待在自己的房间里吧。"父母和老师们偏好这种方法一点也不奇怪，它看起来减轻了大人将要对孩子采取措施的责任。但这种归咎于孩子的做法根本不符合事实。当孩子被告知不能做什么事时，她可能本来想待在房间里玩玩具，[1]但肯定不是想被关在自己的房间里，让她关在房间里的是她的父亲。于是，这种颠倒事实的心理游戏所造成的侮辱又使惩罚增添了新的一重伤害，它传递出来的信息是：是孩子自己要求被惩罚的。这种把戏使用了"选择"这个词语来恫吓孩子，但却没有给孩子他们真正想要的：一个真正参与决定自己将要做什么的机会。

---

[1] 即使是这样的假设也不一定对，因为孩子可能还不具备作出理性决断的能力或作选择时控制冲动的能力。假如真的是这样，我们应该帮助孩子培养这方面的能力，而不是惩罚和责备。

关爱孩子

对不负责的行为采取行动，甚至阻止其发生远远不够。我们想强调积极的方面，帮助孩子负责任地行动，并形成长期的符合社会道德准则的价值观。但怎么做呢？抛弃奖励和惩罚也许是达成这一目标的必要条件，但显然还不够。幸好有许多研究已开始关注这一宏伟的目标。当然，并不存在什么万无一失的指南，但的确存在一些通用的原则值得总结一下。

关心。如果孩子知道有人关心他，他也就更可能成长为一个关心他人的人。一个温暖的、有利于成长的环境是积极发展必不可少的条件（它对实现让孩子按我们的要求去做这样的小目标也很有用）。如果孩子们觉得安全，他们就能承担风险、提出问题、犯错误、学会信任、分享情感并不断成长。如果我们认真对待他们，他们也会尊重他人。[1] 如果他们的情感需求得到满足，他们就有宝贵的能力去满足他人的需求。而如果这些美好的事物被剥夺，他们的一生可能都会耗费在治疗心理创伤上。他们的耳边大声回响着他们自身的需求，因此对他人的呼唤就听不见更不用说做出反应了。

想要成为一个充满关爱的人，父母和老师首先就必须要是个人。我们中的许多人倾向于把自己装扮成一个永远强大、能够有效控制，拥有不容置疑的权威的父母和老师。这么做其实是在扮演一个角色，即使是按照剧本的要求去关爱他人，也完全不同于在孩子面前做一个有血有肉的真实的人。一个真实的人（而不是一个父母或老师的角色）有时会慌张、会分神、会疲倦、会脱口而出然后后悔不已、会询问孩子的看法、

---

[1] 也有相当一部分大人要求孩子们必须尊重他们，或者大声抱怨孩子们不尊重他们，却从来没有考虑过也要尊重孩子们。

会有除了担当父母和老师角色之外的兴趣并且愿意就此展开讨论。而且，一个真实的人会避免那种使亲密关系变得疏远的做法，比如用第三人称来称呼自己（"孩子们，科恩先生今天会有一个特别的惊喜给你们"）。

最重要的是，关爱者应该关心他人，我想这个观点不会引起什么争议。然而，传统时代遗留下来的一个相反观点仍然会不时浮现在我们面前，例如，人们还能听到一种古老的说法，就是当婴儿啼哭时，你不能马上抱起他抚慰他，否则的话他的脾气只会越来越大。现代流行的行为科学理论与这一观点一致，它也认为父母的这种反应只会让婴儿啼哭得更厉害。（不过，凡是具有实际的育婴经验的人都强烈反对这个观点。）

与此同时，仍然有些教育家认为，除非在圣诞节，老师不能随便放下架子向自己的学生微笑。（我希望提出这种建议的人都已离职，不能再继续伤害孩子了。）另外一些教师仍然坚持他们"来这里不是为了讨学生喜欢"，这往往也就成为了他们不能或不愿关爱学生的一个合理解释。现有的研究"已经清楚地表明了对学生友爱的老师在教学方面效率也很高……并且驳斥了学生可以从冷漠、古板、有距离感的老师那里可以学到更多的神话"。

示范。早在孩子学会站立之前，或者甚至是他们摆出一副漠不关心的架势之后，孩子还是在通过观察大人是什么样的人来学习如何做人。几乎每个人都知道成人是通过榜样来教育孩子的。但无论是有意还是无意，我们常常忘记我们的所有行为对孩子来说都是榜样。例如，我们可能在孩子面前做了一件事，想以此示范某种行为或态度，但让人不安的现实却是，孩子同时也在模仿我们十分钟以前的行为，而那时我们并没有好好考虑自己该怎么做。

如果孩子们看见我们从身处困境的人面前快速走过，他们学到的是别人的痛苦与我们无关。如果孩子们听到我们以"我们 vs. 他们"的方式来谈论这个社会，他们学到的是无须用同样的方法对待来自不同背景的人。如果孩子们屈从于强权和控制，那时因为你就是这样对待比自己弱小的人的。但如果他们成长的环境中充满了爱、公平、尊重和同情，他们也会学到这些。事实上，研究表明，如果父母本身就是关爱他人、乐于助人的人，孩子也更有可能变成这样的人。

当我们带着尊重倾听时，当我们试图帮助陌生人时，当我们承认自己的错误时，我们都是在示范。除了付出爱以外，几乎所有其他能为孩子做的事都比不上向他们忏悔和道歉更重要、更困难。向孩子道歉是在告诉孩子"如果我说了什么让你感到窘迫，或者伤害了你的感情（我也不是一个完人，所以也有可能做出这样的事），请告诉我"。这样的成人毫无疑问将会树立一个勇气和关爱的榜样。

通过关爱孩子，我们以身示范了关爱的重要性（关爱不仅仅是简单地提供他们所需要的东西）。然而，这种关爱的冲动要以不妨碍孩子自己独立解决问题并从中发现自身的能力为界。另外一条同样重要却又往往被忽视的是：冲上去帮助孩子可能会阻止他们向朋友、兄弟姐妹以及同学求助。我们希望成为帮助他人的表率，但我们不希望教导孩子们相信大人能够应付一切因而不需要同辈的协助。

解释。"展示并告知"并非只是小学生的活动。示范和解释是天生相伴的两个要素。离开了前者就等于忽视了研究结果所支持的一种常识性智慧：行动比语言更有力。离开了后者就等于剥夺了孩子思考和讨论他们所看到的事情的重要性的机会，从而也就不能充分地将之内化于孩子自身的行为方式之中。

我已经阐述了解决问题要求我们和孩子进行对话，向他们提供解释和说明。但这并不只是解决问题时才有用的一个策略，要使孩子成为一个有自我道德约束的人，就有必要每天进行这一过程。研究者发现，那些父母在他们的孩提时代就倾向于和他们一起分析原因，而不是惩罚他们或者只是要求他们简单地服从的人，更有可能乐于助人，也更乐于参与社会公益活动和政治活动。在另一项研究中，采用引导方式来替代权威策略的中产阶级母亲发现"这种改变与孩子更高的道德水平之间有着明显的正相关性"。某一项研究甚至表明，解释能够降低孩子的侵略性。

当然，除了致力于同孩子交谈，我们选择解释什么以及怎么解释也非常重要。解释不应该仅仅局限于指出负面行为的后果，例如，我们不能仅仅告诉孩子为什么打人是不好的，还要鼓励他们考虑为什么助人是好的。而且，不要仅从自身利益的角度展开解释，还要让孩子注意到别人在获得帮助后的感受如何。

有时，我们还想要同孩子们讨论责任和同情意味着什么。这不是简单地向他们说教，让他们变得眼神呆滞，而是共同探讨一个人应该如何面对他人有困难的局面。比如，当我们在路上看到无家可归的人时，年长的孩子在欺负年幼的孩子时，或是遇见某个泪流满面的熟人时，我们该怎么办？如果大人们自己在这些时候都麻木不仁、无动于衷，那么他们讨论这些问题的可能性显然是微乎其微的。

归因于积极的动机。我们不仅需要关注我们说了什么、做了什么，还应该关注我们信仰什么——关于"人的本性"、关于孩子、关于某个特定的孩子以及为什么这个孩子在下午干了这样一件事。每一次都做最坏的假定，将会变成一种自我应验的预言。让我们来看看这样的观点：道德必须要强加给那些不愿意接受的孩子，社会化是为了抑制野性的冲动，自私和侵略比合作和关爱更接近人的本性。持有这样观点的父母很可能在对待孩子时很专制。同样，我们可以想象，那些持有这种观点的老师也会如此。控制性和惩罚性的方式又会反过来导致孩子做出我们预料中的反社会行为，而这又会进一步强化人们认为有必要采取惩罚的主张。

相反，如果相信孩子其实非常希望让大人们高兴，只不过他们不知道该如何做，相信孩子们一般都会对充满关爱的环境做出积极的反应，那么就会产生截然不同的局面。可以说，如何解释一个孩子的行为以及他为什么会那样做，有赖于我们做出什么样的前提假定。用最可能符合事实的积极动机来解释孩子的行为，就会促进另一个"良性循环"的产生。尽可能假设孩子已经被积极的价值观激励，而不是把他模棱两可的行为归因于一种让我们的生活变得痛苦的邪恶欲望，这样做将会更好地帮助孩子们形成良好的价值观。

提供关爱的机会。人们都是通过实践来学习，父母如果希望孩子们学会关爱，就要为孩子们提供一系列的机会让他们进行第一手的实践，比如关爱宠物，照顾弟弟妹妹，辅导其他的孩子，和同学们一起商量解决问题等等。下面这个故事可能是杜撰的，但不无道理。传说很多年前，中国孩子穿的马褂扣子在背后，这就要求他们必须相互协助才能穿戴整齐。这就是我们应该为孩子提供的机会，它可以平衡孩子因为相互无情竞争而产生的自负。独立性非常有用，但如果每个人都只对自己负责，关爱的态度和行为就会在这样的文化中逐渐枯萎。

前面描述的成人和孩子之间的合作，也必须成为孩子们的一种常态行为，在学校里尤其如此。日常的学习和玩耍都应该鼓励独立和合作。例如，我们可以把小学里常见的描写或画出孩子自己某个方面的活动，改变成描写或者画出别人的经历或想法。同样，每个学生（无论年龄）都应该有一个长期的搭档，以确保在在其中一个缺席的情况下其值日工作仍能完成。如果我们真的希望把孩子培养成充满关爱的人，就必须改变那种要求他们打败别人以获得成功的环境，创造出一种让他们对彼此负责的氛围。

强调换位思考。我们所有人都希望孩子能够成为一个充满关爱、乐于助人的人，但我认为我们想要的还远不止这些。首先，我们希望他们不仅是为了得到奖励或是避免惩罚（哪怕只是心理意义上的奖惩）才这么做，而是因为他们把自己当作一个充满关爱、乐于助人的人。如果是因为从助人中获得乐趣或者对他人的痛苦产生同情而助人，这是可以接受甚至是令人期待的，但我们还是希望孩子有时伸出援手仅仅是因为他人需要帮助，而不考虑自己的所得。（这是对利他主义的一种合理的定义，并且也是对一部分符合社会道德准则行为的定义。）

其次，我们希望孩子们的这种行为不仅出于理性，还要发自内心。他们不仅要有对道德准则的理性理解，还应该同他人有情感联系。许多培养道德的方法都只强调了其中的一点，而忽视了另外一点。

最后，我们希望孩子建立一种如欧文·斯托博所说的"支持社会导向"，这是一种愿意关爱、分享，在不同的情况下给不同的人（包括那些他们不认识的、不喜欢的或看上去不相同的人）提供帮助的总体倾向。向亲密的朋友伸出援助之手是一回事，尽力帮助一个陌生人则是另外一回事，所有这三个目标都可以通过鼓励孩子们努力想象他人的思维方式、感受以及对世界的看法来达成。这就是心理学家们所谓的"换位思考"，也是"移情"（设身处地感受他人的情感生活）的近义词。如果我们鼓励并帮助孩子们进行这些练习，他们就会在通往充满关爱的道路上顺利前行。

不能接受他人的观点、不能跳出自己的思维模式，可以成为许多问题行为（从乱扔杂物到谋杀）的原因之一。（卡夫卡曾经把战争的原因归结为"想象力的一大失败"。）换位思考能很快地帮助我们发现在表面的差异之下，自己同别人有着基本的共同点（我们都拥有共同的人性），以及在表面的相似性下，自己同别人有着何种重要的区别。孩子们首先会明白的道理就是"己所不欲，勿施于人"。但接下来，我们希望他们能更加成熟，并意识到当肖伯纳警告我们不要"用你希望别人对待你的方式去对待别人，因为他们的品味可能不同"时，他也是正确的。人与人之间不仅品味不同，需求、背景和世界观也有很大的差异。

简言之，换位思考是培养和教育孩子成为一个有道德、充满同情心的人的关键。移情也许是我们天生的能力，我们需要也能够教授换位思考。例如，我们可以：

• **进行示范**：在碰上了一个粗鲁的人之后，我们对孩子说，"孩子，我猜那个人这一天一定过得很糟糕，以至于他对我们那样大喊大叫，是吗？"这将是一个很强有力的示范。如果我们对令人不快的事情的反应是力图去理解，就向孩子表明了除了发怒之外还可以有其他的选择。更重要的是，我们让他们习惯于从别人的角度来看待问题，并试图找到他们的这种观点从何而来。

• **这样来解决问题：** 如果老师发现两个学生总是相互指责或者争斗，就可以让他们坐到一起，互相交流，尽可能多地了解对方的兴趣、信仰和背景。这些了解将有助于把一个人从被动变为主动，让其人性得到恢复。这就会让他人几乎不可能再残酷地对待他或者她。

• **借助艺术作品**：老师和父母可以在讲故事时有意强调不同的、有时是相冲突的观点。而且，换位思考能够提供一种几乎可以分析任何书籍和电影的方法：我们可以让孩子们站在另一个角色的立场上来描述事件，用另一种视角来重新编写一个章节，进行角色扮演，或者想象事情朝着另一个方向发展。

• **直接教育**：已经有很多种活动被设计出来帮助孩子注意并接受他人的感觉和观点，老师和父母还可以设计更多的练习来达成这一目标。

学校的角色

越来越多的观察家们在审视我们社会的道德状况时都认为，职业教育家应该和父母一起帮助孩子们取得道德、社会和行为方面的进步。在某种程度上，这是因为很多孩子不能在家中接受到正面的价值观，所以学校必须挑起这副重担。同时，也是因为教师们已经有意无意地在价值观教育中扮演了一定的角色，事实上，学校生活的每一个方面都和价值观密不可分。无论怎样，老师的职责（和机遇）就是不仅要帮助孩子成为一个好的学习者，还要帮他们成为一个好人。

这么做的过程并不是简单地向每个学生传授一套处事技巧，也不是老师为这个孩子或那个孩子（或者，好一点，和孩子一起）做些什么，而是我们如何创造一个充满关爱的课堂和学校社区，使之成为孩子们获得积极价值观和技能的一个大环境。孩子们在这样的环境里学到符合社会道德标准的价值观，而他们所学到这些价值观的一部分正是该环境体现出来的。

1980年代早期设计的一套旨在帮助小学生提高责任感和爱心的教育方法启发了我对这一问题的思考。总部位于加利福尼亚州奥克兰市的儿童发展项目（CDP）的工作人员设计了（并且仍在不断改进）一套这样的教育方法，并全面跟踪了它的实施效果。和我的观点一致，这套方法的前提就是如果想要孩子把支持社会的价值观内化到心灵深处，我们就必须帮助他们置身于一个充满关爱的大环境，CDP对这种环境的定义是：

> 这样的环境应该强调关爱和信任，而不是限制和威胁，用来自于所取得成就和达成目标的团结和自豪感来代替输赢，向每一个人

征求意见，让所有人都能得到帮助，鼓励每个人都信守诸如友善、公平和责任之类的价值观。（这样的）学校环境应该力图让每一个学生都感到自己有能力、同他人相互关联以及有自主权……学生们不仅能看到这些基本的人文价值，还有许多机会对此进行思考、讨论和实践，从而获得能够促进移情和理解他人的宝贵经历。

认为这种环境高不可攀，是低估了它的可行性，实际上，运用我所描述的关爱、示范、解释等方法，就可以让一个环境部分地满足这些要求。CDP工作人员和其他一些研究者和教育者还为如何实现这些目标补充了许多有效的操作程序。这些程序包括合作性学习而不是利用成绩或其他的一些外部刺激因素，以及类似于我称之为"互动式解决问题"的一种很少使用纪律约束的方法。此外，还包括以下这些内容：

·**班会**。任何一个年龄段的学生都需要有时间坐在一起，以做出决定、分享信息、回顾前一天（或者前一周、前一年）所发生的事情、制订计划和解决问题。这一过程需要时间和耐心，但这个过程本身就很关键，那些只求效率的老师和学生很难理解这一点。如果推动班会的老师能够随时判断自己该坐在一边还是参与介入，那么，通过这样的会议，学生们就会开始相信他们的决定是有意义的，感觉到自己属于某个集体，并逐渐明白如何才能让集体正常发挥作用。他们会对自己帮助形成的价值观全心投入，还学会了倾听、换位思考、分析问题和解决冲突的技巧。没有什么会比这样的对比更强烈了：一种是学生们坐成一排，在贿赂或威胁的诱使下接受老师的规则，另一种则是学生们通过班会承担起决定他们的班级应该变成什么样的职责。

·**团队建设活动**。这种做法指的是首先以个人为单位增进彼此之间的了解，然后再逐渐地感受到个人只是"我们"中的一部分。一个班级可以选择一个名字或标识，共同完成一场话剧、一幅壁画、一床织被、一首歌、一张报纸或者是一本书的创作。他们可以印出班级名册，把自己的照片张贴在公告板上，共同完成校内或校外的公益活动。

·**全校活动**。两个不同年级的班级可以组成搭档，以扩展团结和集体的概念，并定期进行跨年龄阶段的孩子之间的互动。但美国的大部分学校明显缺乏这种活动安排。当一个年长一些的孩子照顾或帮助某个年幼一些的"小家伙"时，他就通过实践学会了关爱，而得到关心的孩子就有了一个付出关爱的好榜样，而且树立这个榜样的甚至还不是一个成年人。还有一些让整个学校都能参与的活动，比如说选举大会。或者还可以让来自学校各个方面的成员，包括各年级的孩子、工作人员（管理员和秘书等），进行定期的会议。

·**亲社会的学习材料**。这里有一个容器喂食两只小鸟的极好例子：在教会孩子从拼写到象征手法的语言技巧时，我们所选择的学习材料不仅要满足语言技巧方面的目标，还应该能够说明一些重要的价值观（比如友善、公平、宽容等等），解释什么叫移情，或者能够引发一些和日常生活相关的讨论。这里的关键在于，和示范一样，教师们选择的材料必须要始终具有这方面的教育意义，哪怕我们的目的不是进行这种教育，或者使用材料的老师和学生根本就没有注意到这层深意。（不然学生们有可能学到另外的东西，例如男性应该解决问题，而女性只需要袖手旁观，武力是一种有效的手段，人们通常总是单打独斗而不是寻求合作等等。）

这里提供的以学校为基础的每一种方法都有助于孩子形成正面的价值观，就像本章前面部分提供的那些父母和教师可以使用的方法一样。但是，寻找一种可以取代奖励和惩罚的方法或选择，是我们必须优先考虑的。这种选择在前面讨论如何处理问题行为时有所涉及，现在我们回到这一点，看看选择对于孩子们的长期发展会有多么大的影响作用。

选择的机会

许多不同领域的研究都发现人们渴望拥有一种能控制自己生活的感觉。在前面的两章中，我谈到这是促进人们对自己的工作和学习感兴趣并取得成功的关键要素。但实际上其有益影响触及到人类生存的每一个方面，让我们先从健康和生存说起。

一位心理学家曾经说过："一个人能够保持健康的最重要因素，就是感觉自己可以控制生活中所发生的事情。"实际上，研究发现，那些尽管面对很大压力还能保持身体健康的人，大都是那些觉得自己能够有效控制自己生活和工作的人。在一次著名的实验中，能够自己决定生活环境的养老院居民们不仅变得更加幸福和积极，而且还比其他居民的寿命长一年半左右。自己选择何时服用止痛药的病人（不论是日常的还是手术刚刚过后的疼痛），和只能被动接受医疗方案的病人比较起来，往往服药的剂量会更少，承受的副作用更小，紧张程度更低，甚至（在术后）恢复得更快。

控制对人心理上的好处则更明显。如果我们觉得自己能够自主决策，情绪调整就会容易得多，相反，没有什么比无助更容易让人感觉到绝望或沮丧。既然奖励对于改变行为并没有什么明显的效果（参见第三章），那么，如果我们能够有所选择的话，我们就更有可能去坚持那些有建设性的事情，比如说锻炼身体、戒烟或者同龋齿做斗争。实验还表明，当我们知道自己能够中止一些令人不快的噪音、寒冷或者电击之类的感官刺激时，我们也能更好地忍受它们。

研究表明，这一规律对孩子们来说也不例外。如果一岁大的婴儿能让一个发声的机械玩具开始工作，他就会对这个玩具非常感兴趣。但如果他不能控制这个玩具的操作，他的兴趣就会小很多，甚至会感到恐惧。如果老师让小学生觉得自己能够在教室里自主决定的话，他们就会有更强烈的自尊心，对自己学习能力的自信也会更强。

在这里，与我们的关注点更密切相关的，是自主权能够更好地培养孩子们的社会感和道德感。有一个很荒谬的场景就是，大人们一面热切地强调孩子们需要"自我约束"，需要"对自己的行为负责"，一面却又不断地对孩子们下指令。事实上，如果我们希望孩子对自己的行为负责，就必须首先给他们责任，确切地说，大量的责任。孩子们是在不断做决定的过程中（而不是在接受指令的过程中）学会做决定的。正如凯米所写的：

> 我们不能指望孩子通过学校教育就能接受这些现成的价值观和真理，并突然变得成熟起来。同样，我们不能指望孩子在学校里被奖励和惩罚控制，长大成人后却有着马丁·路德·金那样的勇气。

事实上，强调尊重权威（而不论这种权威从何而来）和服从规则（而不论规则是否合理）所带给我们的教训令人不安。史丹利·米尔格瑞姆做了一次著名的实验，一些普通人在明知他们的所作所为会给别人带来巨大痛苦的情况下，还是有意伤害了那些不幸的陌生人，其中的原因就在于有人告诉他们要这样做。这可不只是一个对社会的"写照"，还是对我们培养孩子的某些方式提出的警告，关键的问题在于：强调服从"不仅是远远不够的，还是危险的"。

我们在这里讨论的价值观不光是道德和勇气，讨论选择的重要性也就是讨论民主。目前的状况就像前任社会责任教育家协会主席谢利·博曼描述的一样："我们通过让学生切实去做来教授阅读、写作和数学，但我们却通过说教来教授民主。"我们最多是让学生对某项提议进行投票，或在候选人当中选举学生会负责人。威廉·格莱塞指出："孩子们在学校里被要求对选择课程和制定纪律承担起一定的责任时,他们就发现了民主。"这一观念远远超越了简单的投票选举,它包含对话和倾听,寻找不同的方案并取得一致意见,共同解决问题以及做出有意义的选择。这是非常重要的一课,如果我们希望让孩子参与到民主氛围当中或者努力创造出民主氛围的话。

自由度

了解了选择的重要性之后,再次回到我们作为父母和老师真正的目标是什么这个问题会大有裨益。目前我只是简单地将目标区分为两个层面:短期的服从和长期的价值观培养。然而,如果做更进一步的观察,我们会发现还有一系列更复杂的选项。

排在最前面也是最没有雄心的目标,就是让孩子们按我们所说的去做。但即使是这个目标,让孩子自己做决定也会增加其服从的可能性。例如,如果能自己选择食物和餐具的话,一个 2 岁的孩子就更有可能坐下来吃午饭。(当然,奖励和处罚也能够让孩子暂时服从。)

比服从更进一步的目标,是希望引导孩子一直遵从我们设定的规则,即使他不会因此立刻得到什么奖励或避免什么惩罚,也就是说,让这些规则深入他们的内心。在这里,让孩子们有机会做决定就更加重要了。毕竟,向孩子解释为什么要设定这些限制有助于提高其遵守纪律的可能性,因此,请他们来帮助设计这些规则并决定如何实施,让孩子们觉得制定这些规则自己也有份,就会有更好的效果。(这也就是为什么对老师而言,最重要的问题是墙上贴着行为规范准则的教室究竟是属于谁的?谁制订了这些规则?是老师还是这个班级的全体成员?)

许多研究孩子发展和教育的专家都会停留在这一层面并满足于这样的观察结果：把规则内在化比依靠外部压力而取得的表面服从要好得多。但我认为莱恩和戴奇指出了两种内在化之间至关重要的区别。一种是那些专家所谓的"心力内投"（从分析心理学借用而来），指的是让孩子们把这些规则作为一个整体，囫囵吞枣地咽下去，这些规则的确在孩子的身体里，但却没有被消化。不幸的是，人们不仅能感觉到来自于外部的控制，也能感觉到来自内部的控制。人们有时"会像外部事物在向他施压一样进行自我施压"。

"内在化"本身（哪怕是被定义成心力内投）足以让那些只是希望即使没有大人在旁边监督，也没有奖励和惩罚作为刺激，孩子们照样会做某事的大人们感到满意。就像一个上了发条的玩具一样，一个被投射了特定价值观的孩子即使在控制人不在场的情况下也能完成规定动作。这就难怪那些指导某个特定的经济体系并从中获利的领导者会倾向于使用"自我控制（而不仅仅是被控制）的人力资源"了。同样，内在化这一概念还远远谈不上替代行为主义的理论，所以它为斯金纳所欢迎也就不足为奇了：

> 让个人可以自由地调整他自己来适应周围越来越多的奖励。最终，让所有的老师和顾问都"消亡"，就像马克思主义者宣称的那样。我不仅赞同这是一个有用的理想，而且已经建立了（在《瓦尔登二世》中）一个幻想的世界来展示它的好处。

莱恩和戴奇认为我们应该有更高的目标。只是口头说想要让孩子们将某个价值观内在化还不够，因为这一过程往往是以投射的方式进行的。他们建议采取融合的方式，包括帮助孩子把某个价值观变成自己的，理解它的缘由，并且在采取与之相适应的行为方式时仍能感觉到自主权。这个目标是一种更深层次的选择，人们不只是把选择理解为选 A 还是选 B，而是看到选择是基于"某种更充分、更加协调的职责系统"。成人可以通过支持孩子自治、提供机会让他们独立地或者与同辈一起解决他们自己的问题，邀请他们参加有意义的决策，并同他们讨论上述这一切来帮助他们达成这一目标。

然而，即使是"融合"也不是这个问题的终极答案。我认为最终我们希望孩子们不仅深深地认同我们的价值观和行为准则，而且还能够对选择哪些价值观和准则做出自己的决定。在这里，锻炼决策能力的最好准备就是实际进行决策。但是，我们成人还是必须要考虑如何帮助孩子获得必需的社交、伦理和认知的技能，以便让他们能够自己思索哪些目标是值得追求的，以及如何才能更好地达成这些目标。此外，我们还必须要在某些时候给予孩子足够的信任，避免根据孩子们所选择的价值观同我们的价值观的相似程度来判断我们努力的效果。这当然不同于努力把我们的某些价值观灌输给孩子，让他们"自主地"做出和我们一样的决策。

自主不仅仅是孩子必须具备的价值观之一，也不仅仅是帮助他们健康成长的一种策略。在最终的意义上，没有自主选择，宽厚、关爱等其他价值观都不可能成功地发展起来。下面的宣言正大声提醒了我们这一事实，它来自于一位我们都很熟悉（或者应该很熟悉）的人。他回忆起"自己被教导最高的职责就是帮助那些需要帮助的人"，并补充说他在受到这个教导时，周围的环境总是在强调"快点接受我的父母、老师、牧师、实际上所有大人的希望和命令……他们不论说什么都永远是正确的"。

说这番话的人就是鲁道夫·豪斯，臭名昭著的奥斯维辛集中营司令官。亲社会的价值观非常重要，但如果它们的传授是在一种强调服从而不是自主的环境中进行的，我们也许将一无所获。

选择的障碍

如果我们真的看重自主决定的价值，那就应该重新审视一些问题。例如，有一个老生常谈的说法，即孩子们需要并且心里也希望受到限制，不管他们嘴上怎么抱怨，我们设定规则其实是在为他们服务。毫无疑问，规则和框架有它们的作用，但正如托马斯·高登所说："关键的问题不是家庭和学校是否需要限制和规则，而是由谁来设定限制，是成人自己还是成人和孩子们一起？"随着孩子们年龄的增长，他们对父母或老师单方面制定规则并强制实施的做法也越来越反抗。

让我们来看另外一个例子：有些人认为父母双方必须一直保持统一战线，在孩子面前要观点一致。的确，在一个家庭中，父母双方在教育方法上的差异将会带来问题，但否认双方对问题的看法有时也会不一致，这显然刻板而不真实。更重要的是，如果孩子被剥夺了所有决定自己行为的机会，父母的一致就成为了反对他的联合阵线。这时，选择又一次成为决定性的问题。

育儿问题专家南茜·萨玛琳认为："孩子们必须参与决定吃什么、穿什么、业余时间干什么以及是否在课堂上回答问题。"但参与到什么程度，从几岁开始参与，参与哪些事情的决定，应该让孩子自己做决定（或是同大人一起做决定），这些问题并不可能事先有一个精确的答案。父母每一天都在努力寻找这个最佳平衡点，这是他们职责的一个重要部分。

成人需要检查孩子们做决定的能力，保证他们具备所需要的技能。但他们也要有心理准备，那些并不习惯进行选择的孩子们的反馈可能并不理想。当老师向那些已经习惯于被控制的孩子们提供做决定的机会时，这些反应是一种再普遍不过的现象。最开始，孩子们可能直接反对，愤怒地争辩说设置课程和规则的问题不是他们的责任。正如埃瑞克·弗罗姆所说的那样，这种"对自由的逃避"，实际上意味着老师们应该开始组织学生讨论教室究竟是属于谁的、被人呼来唤去的感觉如何以及本章讨论的其他一些问题。

接下来，孩子们会怀疑这种邀请的真实性，他们将开始对大人进行试探，他们会故意给出一些明显不合理的建议来看大人是否会重新使用他的特权，以此来证实他们认为大人根本就没有诚意的想法。的确会有些建议根本就不可行，但老师往往必须要面对这种明知不可行的建议，让大家就此进行一些讨论，然后再回过头来评估其可行性。

再者，孩子们也许会说一些他们认为成人喜欢听的东西（或者他们从其他的成人那里听到的东西）。比如说，在被要求对班级行为规范提出自己的建议时，一个三年级的学生也许会说："我们应该管好自己的双手。"这很有可能发生，因为孩子们渴望取悦我们，或者并不相信老师真的希望听到他们的真心话，也或者是没有人帮助他们对决策过程进行思考。充满感激地接受孩子们这样的建议对老师来说是非常有诱惑力的，因为他已经让孩子们进行了选择，同时又得到了自己想要的东西，这对两方面来说都是一个皆大欢喜的局面。不幸的是，迎合并不等于选择。老师们应该在这里停下来，告诉孩子"说一些你认为别人希望听到的东西"和"说一些你还不知道别人会做何反应的东西"有什么区别，并强调后者才是你现在想要的东西。

这种情况有时也会发生在家庭当中，特别是在父母们从专制方式向民主方式过渡的时候。[1]但父母们需要面对的重要问题不是孩子们的抵制，而是他们自己是否真的能放弃控制性的方式。有些人并没有准备

---

[1]令人高兴的是，这些年以来，我们有理由相信，越来越多的家长开始重视孩子们的自主权而不是单纯的服从，因此使用专制教育方式的家长可能会越来越少。

好去迎接这种新型的父（母）子关系，他们会让孩子做决定，但转瞬之间又会因为孩子们没有做出"正确的"（也就是他们所希望的那个）决定而收回决策权。这不仅不利于孩子们自主性的发展，还会招致孩子极大的怨恨。

同样，另外一些成人会事先给出许多严格的限制甚至是造成一种错觉，然后再赋予孩子们选择的权利。我听到许多父母和老师都洋洋自得地宣称如果选择的结果不太重要的话，他们都非常愿意给孩子们选择的机会。当然，这会让成人们觉得一切都在掌握之中，但这只是通往自治的第一步。更有意义的做法是我们愿意放弃权力，让孩子们决定那些重要的事项，决定那些我们非常在意结果会如何的事项。一个教育家这样描述道："老师们（也许我们还应该加上父母们）进行的许多控制本来都应该属于孩子们自己的权利，但正是由于恐惧，我们才不愿把这些权利还给孩子们。"

最后，也是最阴险的一种做法就是让孩子觉得自己是在做某个决定，但实际上却并没有真正的权利。（这种做法在前面关于控制的章节中已经有所讨论，老板会在员工中创造出一种他们好像能自我控制的氛围，但这实际上只是员工们自己的主观幻觉。）最近，我听到一位全国知名的为孩子和教育呐喊的鼓吹者在回忆自己当教师的经历。在说起有一个孩子总是明确地挑战她的权威时，她微笑着评论道："我必须得是一个比她更好的谈判专家。"这句话表明，她和孩子之间的互动实际上并不是谈判而是控制。毕竟，一个大人不得不十分灵敏聪明才能掩饰正在发生的事情的实质。

有的父母很得意的一种做法是，设定严格的游戏规则，然后让孩子们觉得是自己在做决定。所谓的"同意工程"看上去给孩子们提供了自主权，但实际上得到的是"一种对命令和服从的保证，这是一种最诱人的组合。但我们应该对它的表象和实质有一个更清晰地理解：它其实是对当权者利益的一种保证和强化"。教育家詹姆斯·宾尼的这番描述也许是受到了政客们行为的启发，但也非常适用于解释某些父母的行为方式。如果我们希望孩子学会如何做选择，我们就必须给他们提供做真正选择的机会。

摆脱奖励

不久以前，威斯康星州的一位西班牙语教师讲述了一个发生在她班级里的故事。为了同时提高学生们的社交能力和学习成绩，她让学生们两两搭档，以便在学习上相互帮助。一个语言能力很强的女孩要求更换自己的伙伴，因为她的伙伴很难跟上学习的进程。这位老师拒绝了女孩的要求，但由此做出了一个更大胆的决定：她不再给学生们打分。

到了学期结束、可以开始轮换伙伴的时候，这位学习优秀的女孩又一次给了老师一个意外：她提出自己是否还能继续选择原来的伙伴。没有了成绩的压力，她开始享受帮助别人并看到他人进步的乐趣。她对关爱的本能选择不再受到外部激励的影响，这些外部激励只会让她在与同学们交往时首先考虑这会对自己得 A 产生怎样的影响。

我想这个故事揭示了这样一个道理，如果我们希望孩子们能够关心别人，或者就像在这个故事中，能够成为集体的一部分，能够做选择并承担责任，我们就必须创造出一种推动他们向这个方向前进的环境，并同时消除相关的障碍。奖励和惩罚对于我们想在家庭和学校中营造这样的环境带来了明显的障碍，它们将会击溃我们培养孩子积极价值观的所有努力，也会破坏本章（及前面两章）描述的所有方法策略的实施效果。

最令人叹服的抛弃外在控制的案例，就来自于那些每天都在这样做的父母和老师们，他们和孩子们用自己的亲身实践鲜活地证明了停止贿赂孩子不仅现实可行，而且还大受欢迎。比如，一些尝试着把班级变成一个充满关爱的集体、让孩子们通过合作来做出决定的老师，就已经提出了要抛弃而不是重新采用那些纠正行为、加强纪律的种种做法。

我知道，本书提出的各种论据会让那些把奖励当作一种有效措施的人坐立不安。实际上，我正希望如此。信奉行为主义理论和实践的人在脑海里一定会闪现出这样的疑问："这是否意味着我是一个不称职的老师（或父母）？"我的答案是，任何勇于自我质疑的人都会因此而展现出孩子们需要学习的勇气和灵活性。（相反，有人更倾向于这样反应："我不在乎你的研究说明了什么——奖励有效，这就够了。"）能够怀疑自己长期以来的思维和行为方式，并重新审视一种根深蒂固的做法，就是一位好老师或好父母的最高标准之一。而斯金纳教条也是最需要我们重新认真审视的问题之一。对此，坏消息是我们已经因为长期信奉行为主义教条而付出了巨大的代价，好消息则是我们能够做得更好。

后 记

本书初版于1993年,它的摘录史无前例地同时发表在了《家长》和《哈佛商业评论》两大杂志上。这一事实似乎也印证了该书提出的一个较少有争议的观点,即奖励手段已经被广泛运用于我们社会中各个年龄段的人群。

当然,更具争议性的观点是奖励手段并没有任何意义。自该书出版以来,我一直试图寻求更好的方式来将论证系统化并对数据进行解释。例如,经常会有人要我解释为什么奖励的负面作用如此明显却依然如此盛行,当然这可能源于多种原因,但我经常回答是由于人们对于激励的误解。尽管我没有在该书中就这一点进行深入论述,但我却发现这一点十分有助于明确总体论证。我们可将它归结为:在没有认真思考过的情况下,我们大多数人以为存在一种叫"激励"的东西,这种东西有的人拥有很多,有的人只有一点儿。一个人受激励的程度可能上升也可能下降。我们给人们奖励以让他们做我们想要的事,因为我们认为这样做可以增强对他们的激励。

如果这种激励的基础模式是准确的,那么这一策略就具有意义。但不幸的是,事实并非如此。"内在激励"和"外在激励"存在着质的差异,而**质比量更重要**。即使存在大量的外在激励,但由于其本质就是错的,所以也不会带来好的结果。因此,我想告诉老师们,他们无需在意学生受到多大激励,就像经理们无需在意员工受到多大激励一样。最重要的不是一个人受到多大程度的激励，而是他是如何被激励的。

简言之，由于人们错误地以为激励只有一种方式，所以尽管奖励弊端重重，却仍然大行其道。指出这个相对简单的错误，有助于理解我在本书第五章讨论过的证据：一旦认识到区分内在激励和外在激励的重要性，便理解了外在激励越多就意味着内在激励越少。

我对该问题提出通俗建议，是在几年前的一档电视节目《奥普拉脱口秀》上。我曾在1996年1月担任该节目的嘉宾，主要是就慷慨的话题讨论人们为什么会去帮助那些有困难的人，如何培养一名有爱心的孩子，等等。（一位制片人刚好看过我写的一本关于利他主义的书）。在录制的长约7分钟的谈话中，我提到，如果你出于某种特殊原因希望培养孩子只关心自己、对他人漠不关心的话，只需在发现他们表现出慷慨时给予他们赞美和奖励就能达到这一目的。这一看似自相矛盾的说法让奥普拉女士感到惊异和好奇，因此上次那位制片人在10月份又一次打电话邀请我重新上一次节目，让我多谈谈奖励的恶果。

然而这一次她有着更加周详的计划，她打算进行一项类似于我书中描写案例的实验，并将整个实验过程拍摄下来在电视上播出，而我则对所发生的事情做出解释。我对制片人说："这真是太棒了！"同时又对自己说："这不会有好结果的。"（这些从事电视制作的人又懂得多少进行一项周密严谨的实验所需要的知识呢？）幸好他们事先都做好了准备工作，并且借用了罗切斯特大学的埃德·戴奇早在25年前就已率先使用的技术手段。

20位小朋友分别被邀请进入一座办公大厦，有一名自称是玩具公司职员的人接待他们。我们请每一位小朋友帮忙对一些新的智力玩具进行评估。其中一半的小朋友得到承诺说，只要完成一项评估就将得到5美元的奖励。在小朋友们玩过所有的智力玩具并做完对它们的评估后，我们将每个小孩都单独留在一个房间待几分钟，并偷偷地将他们拍摄下来。结果表明，当正式的评估结束以后而周围又没有其他人的情况下，那些没有得到奖金承诺的10个小朋友又跑回去玩那些智力玩具，而那些为了奖励而参与评估的小朋友们却没有一个人再去碰那些玩具。

噢，我松了一口气。然而，正像已经读过第五章的读者一样，我对这样的结果一点儿也不感到奇怪。大量的研究（只是没有通过电视播出）发现同样一个事实：人们一旦由于外在激励而去做一件事，他们就会丧失对这件事的兴趣。这一点无论是你自己想明白的，还是通过阅读《个性和社会心理学》杂志或收看《奥普拉脱口秀》了解到的，你都会想到所有的内在动力都是在这一刻被扼杀的。

不用说，奖励产生的恶果并不仅仅局限于玩智力玩具的孩子们身上。从1993年到1999年期间，人们纷纷在报纸和杂志上发表文章，针对行为主义的广泛应用提出各种各样的疑问。结果表明：通过悬赏来抓捕罪犯往往收效甚微，对取得科学成就进行奖励（如诺贝尔奖）事实上会成为科学研究的绊脚石，而通过外在激励来倡导更加健康的生活方式（如锻炼、降压和戒烟等）也往往效果不佳，尤其是从长期效果来看。此外，研究者还针对表扬的效果提出了更进一步的质疑。

在过去的六年中，我明白了一件事：无论有多少证据能够证明奖励并不是行之有效的方法，但有一部分人就是不愿意去考虑这种可能性。例如，《哈佛商业评论》曾将本书第七章的内容择要发表，结果收到大量的读者来信，这些来信从高度批评（一个极端）到彻头彻尾的低俗漫骂（另一个极端），无所不有。此外，当我仔细阅读那些来信时，我发现其中持反对态度的人多是向企业兜售激励策略的咨询公司的从业人员。这使我不由想到：如果我仅仅是针对他们设计的某一个激励方案而写出批评文章，并在文章中提出我自己的解决方案的话，他们的反应也许要温和许多。一直让这些商界人士恼怒不已的是我提出的奖励在本质上就很有问题这一观点。

即使是在企业圈子以外,那些最受到书中论点威胁的人有时还会以胜利者的姿态宣称,由于我是靠能说会写来维持生计的,所以有理由认为我受到外在激励来做一些违心的事。如果每次听闻这样的指控我就能得到一点儿零钱的话,我可能(呵呵,当然,不会有人给我这种激励)已经积攒了大把的零钱了。显然,那些素昧平生的人毫不犹豫地赋予我某些动力导向或价值取向。至少,这种指责反映出大家混淆了努力赚钱和受金钱驱动之间的区别,就像人们搞不清付给员工工资和利用薪酬作为奖励之间的差别一样。

另外一种我经常遇到的反应是:如果在某些特殊场合(如学校的考试成绩)采取奖励手段也要受到批判,将产生极大的误导,因为"我们整个社会正是依靠奖励和惩罚来维持运转的"。这一观点很让我迷惑。我当然明白要彻底否定一种业已普遍存在的东西很困难,但是其普遍性能成为证明它合理存在的理由吗?如果有充分的理由来反对某种做法,那么那些证明它深入人心的证据恰恰反过来凸显出它迫切需要得到改变。

没有人比斯金纳心理学的忠实追随者对这本书表现出更加强烈的愤慨的了,这些学者和咨询师们所笃信的真理受到了我的质疑,或更准确地说,是受到我所描述的所有研究结果的质疑。几年前,就在我计划前往盐湖城进行演讲的前几天,他们在自己的网络论坛上发帖求援。标题是这样的:"紧急支援!艾尔菲·科恩即将驾临犹他州!"贴子的作者征求(并收到了)如何抨击我、尽量减小我的理论影响力以及防范其他突发事件的建议,生怕我的理论会让听众对于世间唯一正确的行为分析产生动摇。

不难理解,当他们中有人跳出来宣称"实验结果表明,奖励事实上并不会有损人们对所做之事的兴趣"时,行为主义者们备感振奋。埃尔伯特大学的学生朱迪·卡麦隆在她的博士毕业论文中对近100项调查进行了认真研究,采取了一种被称为变量分析的数据分析技巧,并最终汇总成一个大的数据库。她的结论是大多数的奖励手段是无害的,并且和她的论文指导老师大卫·皮尔斯一起,于1994年发表了这一研究结果。两年后,她又与罗伯特·艾森伯格合作,而这位先生长期以来坚信奖励可以提高人们的创造性,两人将各自的著作进行了归纳总结,最终发表在《美国心理学家》上。

现在,对行为主义者们想方设法对证据进行分析,试图证明奖励并无害处的行为,你也许不会感到诧异。当然,对一些行为主义的批评者(例如我)所提出的质疑,你也许同样不会感到惊讶。我个人认为仔细探究这些文章是十分重要的,哪怕只是因为它们已经在研究人员中受到了广泛的关注,并且受到那些迷信外在激励和行为管理人士的热情甚至狂热的推崇。

事实上,卡麦隆所得出的结论,即认为奖励基本上是无害的,只是在对相关案例进行片面研究的基础上做出的论断,她忽略了其他相关研究,并混淆了一些重要的区别。例如,她本人对于数据的分析证实:事实上,当人们因为期望获得有形的物质奖励而去完成某件事的时候,他们会比那些从未期望得到奖励的人们花费更少的时间去做这件事。但她却煞费苦心地力图淡化这一发现,竭力强调在某种情况下,如果人们并没有期望获得奖励,采取奖励的手段并没有什么害处。(这样做当然并不让人感到匪夷所思。)

卡麦隆还辩解道:有形的物质奖励也许会产生负面效果,但口头表扬总体来说是大有帮助的。但她是通过如下手段才得出上述结论的:(a)将表扬的各种不同定义都糅合在一起;(b)排除了那些发现赞美有害的研究结论;(c)对于她本人所选择的研究结果进行一番歪曲。例如,她为了证明"外在的口头奖励"可以产生极大的积极作用,便提到了鲁斯·巴特勒的一项实验。但任何人如果愿意花功夫去探究该实验原委的话,就必然能发现该实验对于"评价"和"表扬"实际上进行了区分，并认为前者的确具有积极影响，而后者"连保持最初兴趣的起码水准都做不到"。

该论著的漏洞还有很多，不一而足，但最具决定性的反击来自一篇用新的变量分析纠正卡麦隆错误的论文。我本人衷心希望那篇论文能够及早发表，从而能够收录在我书的第一版当中，因为它是迄今为止最全面地反映了奖励对于内在动力影响的论文，其数据分析也是最准确的。依据一套精心设定的标准，戴奇、理查德·科斯纳和理查德·莱思对于所涉及的案例进行了选择，他们共分析了128项实验，最后发现有形的物质奖励会对内在动力产生明显的负面影响，该影响体现在"年龄跨度在学龄前儿童到大学在校生之间的参与者"进行"包括从填字游戏到猜谜等各项有趣的活动中"，而"其奖励既有现金，又有糖果"。

此外，与行为主义者的论调恰恰相反，对于该调查的研究显示，"迄今为止最有害的"奖励便是"根据人们的表现进行直接的"奖励。该研究结果显示：在熟悉的环境下，只有当别人对你的工作表现予以肯定的前提下，你才能得到自己想要得到的东西，这无疑是最有效的使人们对于所做事情失去兴趣的方法。这次全新的全面分析还发现了另外一个十分有趣的现象：当实验对象是大学生时，口头表扬似乎能够增强他们在学习方面的内在动力，但这对于小朋友却并不奏效，因为他们是最容易经常听到溢美之词的特殊群体。

继本书出版以来的6年间，又出现了很多与商业、教育以及如何为人父母有关的新的研究、文章和事例。后记接下来的部分就是对其进行一一阐述。

商界管理的新动态

在美国商业界,激励机制的两大事实至今未变:它们依然十分盛行,但效果还是不尽人意。我们不妨来看一下由一家咨询公司在1998年底进行的一项调研,它的结果刊登在《纽约时报》上:

> 员工激励计划……扩展到企业中级别较低的员工,但这并不意味着这一计划取得了切实的效果。我们调查了159家企业,其中1/3以上的公司属于《财富》500强企业,最后发现推行各种各样薪酬计划的公司从1990年的47%上升到了72%,但只有其中22%的企业在调研中表示他们的计划达到了所有的预期目标,还有28%的企业表示这些计划对于实现目标毫无帮助。

(即使是这样的统计结果恐怕也夸大了激励计划的成功,因为这纯属那些主管们评估的结果,而他们正是那些计划成功以后的受益者。此外,即使是实际取得的好处也是短期的,而非长远的,只是对工作数量而非工作质量产生作用。)

在过去的几年里,至少从发表于商业杂志的文章来看,不断出现的证据使人们逐渐不再执迷于奖励计划:

· 1993年8月,《培训》杂志(你放心,这不是反行为主义的专刊)的封面上画了一个漂亮别致的枕头上摆着一根发霉腐烂的胡萝卜。文章的题目是:"为什么没有人喜欢你的激励计划。"

· 半年后,《营销管理》杂志刊登了一篇题为《反对佣金》的文章,该文可能触及到了企业中最为根深蒂固的一种奖励模式。

· 在这之后的几个月,《Inc.》杂志也跟着发表了一篇直言不讳的文章《绩效工资对你的企业并无好处》，该文作者是路易斯维尔的一家制造业公司的一位总裁。作者向我们介绍了分红计划是如何在开始的几个月发挥积极作用，而在此之后导致"生产力开始下降"的。不久，由于员工们"整天忙着算计将由谁来为他们所做的工作支付酬金，而无暇考虑什么才是对客户或整个公司有益的"，导致公司就面临了"前所未有的分裂局面"。

·就在同一个月，《美国律师》杂志的一位专栏作家开始关注绩效激励机制在律师事务所里的运用，认为这是"逃避指导、咨询和帮助义务的借口，也就是不作为的借口"。他认为，如果根据绩效来支付薪酬，那么我们可以预见到的结果就是：一旦出现了问题就是"个人的责任，而不是律师事务所的责任"。

·值得一提的还有，1995年7月《CFO》杂志也刊登了题为"绩效薪酬之谜"一文。此文一开始便描述了"部分出于员工士气日渐低落的原因"，杜邦公司取消了一项奖励计划。一位来自得克萨斯州的咨询师曾经谈到，根据他的经验，在实行激励机制的企业中任职的员工"几乎没有人会说他们工作得不错"。

过去的几年里我并没有试图对所有的商业书刊进行巨细靡遗的研究，但就我所知，还有许多文章都提到了相似的问题，但那些主管们也许无需详细阅读这些证据，也应该能意识到外在激励计划离被淘汰的日子已经不远了。那么，问题在于：在我们能够意识到诸如此类的计划失败之后再重复相同的方法于事无补之前，有多少个这样的激励计划早就该被废止了？我们什么时候开始意识到问题出在我们将补偿理解成了激励？

要搞清楚这些问题，可能需要先了解起草激励计划的主管们的动机。在有些情况下，将薪酬与绩效联系在一起并不是真正为了"激励"员工或提高工作质量，让更多的人面临降薪的危险只是为了削减公司在工资方面的开支。然而，即便不谈由此产生的其他问题，并以较宽松的标准来衡量，外在激励还是站不住脚。1995年，有一位咨询师向我递交了一份分析报告，该报告是他为一家移动通信公司"单纯为了维护激励机制而支付的费用"所做的分析。他计算出该企业的销售人员和经理们将整整20%的工作时间都花在了处理与佣金相关的问题上，而为此所浪费的时间每年将消耗该公司数百万美元的成本。他的计算还不包括诸多隐性成本，包括所产生的工作压力、人员流动、欺诈以及销售人员"与政策博弈"的行为（亦即他们想方设法地使自己获得最多的提成，而毫不理会该行为对企业产生的长期危害）。

早在多年前，一家位于南加州的大型电子元件分销机构马歇尔公司（Marshal Industry）就已经认识到奖励制度既浪费成本，又十分有害。长期受流行行为主义观念左右的首席执行官最后终于明白了：他们该问的问题不是"我们该如何奖励下属"，而是"我们该如何停止奖励下属，并且开始学会尊重他们"。正是销售佣金和其他奖励制度的存在阻碍了企业的发展。只有想通了这一点，情况才开始有所转变。经过整整一年的倾听、考虑和"辗转难眠"，首席执行官罗博·罗丁和他的同事们首先取消了一切竞赛，以及诸如此类的让员工们彼此竞争的活动。接下来，他们又取消了对于管理层的奖励。最后，他们采取了一项最大胆的措施：取消销售佣金和其他一切与绩效挂钩的报酬，取而代之的是支付基本工资。结果表明，企业人员流动率惊人地降低了80%，员工士气高涨，销售人员之间开始进行更有效的协调合作，销售业绩和公司利润大幅增长。1992年，当马歇尔开始着手取消奖励制度时，该企业年销售额为5.75亿美金。而当我七年以后再次去核实时发现，其销售额已经翻了三番。罗丁曾坦言，假如公司依然沿用佣金和激励体制，"我也吃不准我们今天还能不能继续参与市场竞争呢"！

马歇尔公司和其他正在逐步取消奖励体制的企业一样，都深受爱德华兹·德明作品的影响,他在本书出版之时便去世了。事实上,我个人的经验告诉我,一个商人越是熟悉德明的文章,他就越是能够接受我所提出的论点和论据。反之,那些对于质量改进一无所知的人却无法理解对绩效工资提出的质疑。遗憾的是,德明去世后,他的观点的影响力日渐衰退。但我还是会遇见一些经理人和咨询师,他们完全接受了德明提出的有必要改进"体系制度"的观点,他们还告诉我说,他们再也不会回过头去批评和操控那些深陷在旧体制中不能自拔的人们。顺着这条思路,我向他们推荐了由彼得·斯哥特斯所著的《领导者指南》一书,该书对绩效评估(即惯常的那种对员工进行评估)提出了最一针见血的批判,而这正是我津津乐读的那部分。

那些渴望获得支持奖励的有力数据的人依然不能如愿。还没有一项经过核实的研究发现,通过奖励制度能够对工作质量产生长期的改进作用。事实上,模拟实验一直表明结果恰恰与之相反。例如,心理学家们发现,当监督者的工作包括奖励管理时,他们往往倾向于给下属提供更少的信息反馈,并在监督方式上更具控制性。

另一项研究与本书谈到过的自我应验的预言有关。一些监督者被告知他们的下属分为两种:十分热爱工作的和纯粹为了钱而工作的。虽然这样的信息纯属虚构,与员工的实际工作态度并无任何关系,但监督者们还是会更多地控制那些他以为是为了钱而工作的下属。由此导致的结果就是员工最终对工作丧失兴趣,而这恰恰又进一步使领导者确认了他对这样的员工采取奖惩手段的英明。另一方面,由于相信那些员工并非单纯为了获得物质奖励而工作,管理者们就会为员工们创造一种更容易使员工享受工作本身的工作环境。

一名英国的研究人员采取了一项更大胆的策略:他要研究奖励计划中所有接受刺激者的体验。他不是向那些提供物质刺激的主管们询问效果如何,而是征求那些受到物质刺激的下属的感受。他对3家完全不同的企业的 1200 名员工进行了调研,并最终得出一致的结论:"总体而言,在所有被调研的企业中,无论是表现突出的员工,还是成绩平平的职员,绩效奖励(PRP)都对员工的工作积极性产生了普遍的负面影响。这一发现结果恰恰有力地证明了当下日趋流行的观点,即绩效奖励常常会削弱广大员工的工作积极性,而且对工作业绩名列前茅的前 5% 的员工(他们是在任何环境中都表现卓越的员工)也几乎起不到提高工作积极性的作用。"就在该研究结果公布不久,一份"确凿的内部报告"揭示:"英国国家税收总署的 6.8 万名工作人员普遍认为将绩效与收入挂钩的做法降低了他们的工作积极性。"

当然,上述报告的公布以及我所提及的所有研究成果和发表的论文,都无法确保奖励制度被彻底取消。事实上,许多近乎荒谬的书籍还在不断出版,如《奖励员工的 1001 种方法》等(我们假设出版商可能拒绝了类似于《待员工如宠物的 1001 种方法》这样的标题)。IBM 在遣散了 13.5 万名员工之后,决定不再给在职人员加薪,而是实行绩效工资。对此,一位咨询师热情地赞美道:"在强硬的大棒政策使用了这么久以后,很高兴看到他们终于转而使用胡萝卜的怀柔政策了。"这一评论的前提当然是假设只有大棒政策或胡萝卜政策这两种可能。现实情况依然是:在激励制度失败的证据被提出来以后(如我在这一节开头所提及的研究),便会有一大堆陈词滥调的旨在建立"成功的激励制度"的建议扑面而来,比如确保目标明确,策略要直接,给员工"记分卡"来帮助他们贯彻和执行等等。此刻,我耳边又回响起了德明那单调古怪有点像牛蛙一般的声音:"难道他们从来都不知道吸取教训吗?"

几年前还公布了另外一项研究成果,该研究表明对于大多数人而言,金钱远不如工作环境的好坏重要。当问及愿意承担某一工作的最重要原因时,在受访者列举的二十条理由中,工资被排在了第十六位,远不及"开诚布公的沟通交流"、"令人兴奋的工作任务"以及"对于工作进程的全权把握"等因素重要。然而,主管们却还是依然坚信报酬不仅是最重要的因素,而且还能激励员工努力工作。

为企业制订薪酬体系的咨询师们尤其普遍相信报酬能够激励员工。他们将员工的收入与其工作绩效直接挂钩,并认为可以由此提高员工的工作质量。然而事实上,我们不妨将制订薪酬制度的专业人士比作办公大楼里维护中央空调的工程师:如果他们的工作出了问题,导致办公室里太热、太冷或者太干燥,那就会影响人们的工作状况。然而,无论中央空调工程师干得多么出色,我们能够期待员工的最佳状态是:完全忘记了室内的温度,一心只想着如何改进工作,并且完全享受整个工作过程。没有人会雇佣一个中央空调工程师来"激励"员工,因此寄希望于一个薪酬专家也同样荒唐可笑。

最有可能理解这一事实的往往不是那些推行激励机制的人,而是被迫接受这些激励机制的人。我曾经在一家石油公司做过一次演讲,该公司的名字在此不便透露。(它可以是任何一家拼写中带两个 × 的石油公司。)由于该公司广泛地使用了打分、评级和奖励的制度,而我的目的却是来批判这种做法,所以我曾经想过要雇佣一名保镖来确保我能够安全地离开会场。然而,让我十分意外的是,听众中的中层主管们都满怀热情地聆听我的演讲,他们甚至还颇感宽慰,全场的人都频频点头表示赞同。他们欣然认同奖励("照着做你就能获得它")实质上是一种控制手段,它能有效地确保企业的高层领导对下属的领导权。无论高层领导者能否清醒地认识到这一点,他们都不太情愿接受对"胡萝卜加大棒"政策提出质疑的观点和数据分析,至少我的经验显示出是这样。职位越高,这种排斥越强烈。

另外有一次在结束演讲后,我收到一份评估表,[1]有人这样写道:

---

[1] 让前来听演讲的听众为我的演讲打分,没有比这种把员工贬低成数字("恭喜你!你得了 4 分!")更具破坏性的行为了。

"演讲十分精彩",接下来是,"你把鞭子从我的手中拿走了,我现在该如何让马儿在道路上飞奔呢?"正如我在前面提出的建议那样,在把奖励作为一种选择之前不妨先考虑一下企业的长期目标。当然,并不是每一位企业领导都能够像这次来听演讲的人那样目标明确,但只有当衡量进步的标准是数量而非质量,当员工们被视为负重的牲畜时,我们才会期待长期依靠分红、奖金、销售提成、激励制度和其他绩效工资等做法。而另一方面,当我们愿意重新反思基本前提时,也许就可以像扔掉马鞭一样扔掉奖励。

学校教育的新动态

这些日子每当我的电话铃声响起,我便随时准备接听一位心烦意乱的家长的来电,他或她的孩子正受束缚于学校各种复杂的奖励制度,因而前来寻求同情或意见。例如,有一位父亲告诉我,他儿子一年级的老师以4分为标准,每天对学生的行为进行评定。儿子向他解释了该制度的施行情况:1分是最低分,很少见,2分是作为触犯老师任何规矩的惩戒,3分表示基本循规蹈矩。"那4分呢?"父亲问道。"哦",儿子问答,似乎单单提到这个数字已经让他肃然起敬了,"要得到4分,你就得是一个雕塑!"

即使是一个很年幼的孩子也能够认识到,行为管理制度并不是用来培养好奇心、创造力或者同情心的,它只会引起盲目的反抗,由此可以明确得出的结论就是——它将学生视为无生命的物体。然而,许多迹象表明这些做法依然十分普遍。近期对全美国近500名小学老师的调查发现,他们中有3/4的人用打分或奖励对行为良好进行肯定。我自己一直积累的证据也证实了这一点：一本教师杂志曾兴高采烈地建议"当你发现学生表现良好时，你应该每个月对此进行奖励"，在一张大大的书签上列举了表扬孩子的100种方法，一大堆的剪报描述了（通常都不是批评）当地学校实行的新的奖励制度，如此等等。我从那些细心周到的记者那里得到这些信息，他们可真是煞费苦心地想尽办法让我的血压升高。

即使奖励不是被用来控制人的行为，它们还是被普遍用来达成学业目标。其中最明显的例子莫过于评分等级了。除了之前提到的研究，我们现在还可以加上埃瑞克·安德曼和他的同事们进行的一系列研究。他们发现：当老师强调获得好成绩或考试得高分时，学生们便会降低对阅读的重视，并更有可能参与作弊。此外，当高中生是为了获得更高的分数来了解时事时，便不如其他同学那样更可能获得渊博的知识，即使将所有的可变因素都考虑进去，结果也是一样。这再一次证明：当学生一心只想拿A时，他们的学习质量势必受到影响。

似乎还嫌等级评定的危害不够大，许多学校现在都推行由企业赞助的奖励阅读的方法。有一种叫做"加速阅读器"的玩意儿就像必胜客的广告"赶快订购吧！"一样令人讨厌。学校从一家获利颇丰的名为"优势学习系统"的公司那里购得成套的软件，这套软件要求学生从其中列出的有限题目中选出要阅读的内容，然后在电脑上就每一本书的内容进行考试，学生由此赢得分数和奖励。许多将稀缺的资金花在这样的软件上的教育工作者只是希望以此来鼓励阅读。然而比起学生读什么来，他们为什么读以及如何读显得更为重要。在以奖励为基础的制度下，"为什么读"的原因就是"为了获得奖励"，而这一动机，正如数据所明确显示的那样，往往会导致学生对阅读本身的兴趣下降。至于"怎么读"，答案便是"走马观花"，至少使用"加速阅读器"的结果就是这样。学生们通过快速浏览来寻找考试答案，这完全不同于我们希望看到的学生打开书本全神贯注地阅读思考。

1997年，加州州立大学的杰夫·迈奎兰发表了一篇对激励阅读的效果进行研究的评论文章。他发现在那些的确产生了正面效果的研究当中，很少有人会去考察能进行自主选择的学生的案例，这也就使得我们很难判断导致这种结果的真正原因究竟是什么。一般来说，这种研究都不会把使用这种方法的学生和那些没有使用这种方法的学生的情况去比较，就更不要说和那些使用这种方法，同时又不受奖励因素影响的学生作对比了。（比如说，其他一些研究已经表明，不考虑时间因素，学校里的自愿阅读在培养技能和兴趣方面都非常有效。）迈奎兰的结论是：没有任何一项既有研究"能够表明，光靠奖励或激励的方法就会对阅读理解、词汇、阅读习惯产生明确的正面效果，事实上，在一个（提供奖励的）案例中，这种做法还带来了负面的作用"。他建议学校把经费花在书籍上，而不要花在为阅读提供外在激励的成套软件上。

毫无疑问，对阅读的激励和评分已经充斥了整个美国，但在过去的几年当中，我越来越清晰地发现，有色人种的孩子们（尤其是那些来自贫穷地区的），才是最容易被奖励和惩罚控制的群体。在那些主要为贫穷的非洲裔和拉丁裔学生开设的学校里，行为主义的控制性方法广为使用。考虑到这些方法对孩子智力、社会性和道德水平发展的破坏作用，这无疑意味着我们又找到了另一种证据来证明这些孩子接受的是最差的教育。但是，这些孩子习惯了服从于这种控制，并把它当成是一种公共政策。在上文中，我曾经提到威斯康辛州采取的一种被称为学习福利的方法——那些没有让自己的孩子就学的家庭将不再享受福利，后来这种方法又被其他二十多个州采用。现在，结果出来了：州审计人员发现这种方法不仅"对提高入学率收效甚微"，而且"对提高毕业率也没有什么显著的影响"。

当然，行为主义者的传统思维方式是：大棒不行，那就用胡萝卜来替代。1995年，两位研究者就力图证明这种改变会起作用。他们设计了一个为期两年的实验，给那些"将在学校里面临不及格风险的少女"提供物质奖励，以激励她们提高自己的成绩。然而，实验结果与实验设计者的预期完全相反，比起那些受到社会性和教育性的服务并且没有受到奖励因素干扰的女孩，这些女孩不论是在考试成绩还是在出勤率上，都表现得更差。更让人印象深刻的是，她们比对照组（什么方法也没使用，任由女孩们自由发展）的表现也更差。如同我们在其他研究中了解到的那样，奖励不仅没有效果，而且还具有破坏性。

得了高分就奖励金钱，这样做的效果实际上是拿奖励换奖励。因此，即便是父母们使用这种方法，我们也会毫不奇怪地看到它产生破坏性的效果。现在，研究已经明确地证明了这一点。一组社会学家同佛蒙特州的一些五年级的孩子及其父母进行了面谈，并仔细观察了那些因为成绩好坏而奖惩孩子的父母们。结果发现奖惩方法"都和更低的成绩和更差的表现相关"，并且还会"导致这些孩子在面对学习任务时积极性更低、乐趣更少、持久性更差"。事实上，奖励似乎比惩罚的破坏性还要更强。

公平地说，这并不能证明是奖励和惩罚引起了这些问题，奖惩更多的时候是用在那些由于某些原因导致学习困难的孩子身上。但至少有一点似乎可以明确，奖励和惩罚并不能带来任何帮助。另外两个实验可以为这种因果关系提供更强有力的证明。一个是在1980年代进行的，该实验研究了近8000名学生，但实验结果并没有公开发表。这项研究不仅发现父母对奖励和惩罚的使用与更低的成绩相关联，还发现那些因成绩优秀而受到奖励的学生们的成绩随后会变得越来越差。

第二个实验是对加利福尼亚州孩子们进行的研究，其结果发表于1994年。艾德勒·高特弗瑞德和她的同事追踪了100个孩子的母亲，从她们的孩子一岁开始观察。八年以后，这些研究人员主要关注了那些努力促使自己的孩子在学校表现优异的母亲，尤其是那些为好成绩提供奖励、对不好的成绩予以惩罚的母亲。这些母亲的孩子们对学习的兴趣更低，因而在学校里表现优异的可能性也更小。矛盾的是，父母们越是关注孩子们的成绩如何，孩子们的成绩就越差。

最后这一点表明，也许不仅仅是奖励和惩罚本身有问题，父母对孩子的表现过分关注也有问题。分数、大棒和其他一些方法的使用表明人们太在意学生们在学校里表现怎么样。这和帮助孩子们对自己所做的事更加投入有着本质的不同。贿赂和威胁的目的在于**提高绩效**（或者，如果你喜欢的话，也可以叫做"提高标准"），但却有可能破坏学习。

我在前文讨论过这个话题，后来，又对此进行了更为详细地阐释，并指出了其对学校改革的指导性意义。我也已经开始寻找评分体系的替代品，并仔细分析了那些会促进（或破坏）学习的内在动力的因素。这让我们对传统教育方法的局限性有了更广泛的认识。只要以本书第一版中引用的一项研究为例就行了，研究者们已经发现，只要课程有足够的吸引力，那些不被打分的学生们在水平测试中的表现，同评分体系下的学生们一样好。这似乎意味着，学生对学习任务缺乏兴趣，虽然被广泛地认为这证明了他们"需要"分数来进行激励，但实际上却可能反映出老师们所教授的内容存在问题。

那么，传统教育的问题究竟出在哪儿？我们应该怎么做？这就是另外一个故事，或者说，实际上就是另外一本书了。

家庭教育的新动态

许多人大声质疑：一旦我成为父母，是否还会继续坚持本书提出的观点。有些人对我是否会改变自己的观点非常好奇，有些人则露出自鸣得意的笑容并喃喃地说道:"好,等你有了孩子之后,让我们听一听你又会怎么说。"他们暗含的意思是:一旦我也为人父母,我就会很快忘记本书提出的奖惩的所有破坏性后果,不得不反过来承认这些父母对孩子所做的一切都是非常必要的。

因此,我特别高兴地告诉你们:在1995年10月上旬一个寒冷而阳光明媚的日子里,安比吉尔·米拉·科恩出生了。她的出生不是为了成为我培养孩子的实验对象,也不是为了增强我的观点的可信度。由于她的存在,由于我和妻子已经花了好几年的时间来克服挑战,包括培养她按时睡觉和刷牙、面对儿童的暴怒和学龄前儿童的固执等等,我已经为我的报告做好了准备。

我对为人父母的第一个观察发现是它比我设想的要烦琐得多,第二个观察是关于孩子成长的书籍似乎让人觉得并不可信。(比如有人甚至这样写道:"在七个月大的时候,您的孩子也许能够在房间里单脚跳来跳去、能够吹奏简单的单簧管乐曲。")第三个观察是我也不知道为什么,我和其他的父母一样,都非常渴望教孩子学会牛叫和羊叫。学会这种事对我们的生活环境来说并没有什么用处,我的女儿也许需要知道的是有一天如何招呼出租车,但不知为什么,我却连续好几小时地训练她,直到她能记住各种家畜的叫声。

但是回到正题:我一直清楚地知道奖励和威胁能够"有效地"带来暂时性的服从,而现在,我更加充分地体会到了让孩子服从对父母来说是多么吸引人,人们是多么容易忽略胡萝卜和大棒的负面效果,以及动用成人的权威来让孩子做你想让他们做的事是多么有诱惑力。我体会到了一个总是醒着的孩子如何剥夺了你的睡眠,以至于你都想去翻书看看心理学家费伯是怎么教父母对孩子进行睡眠训练的。我知道了时间有限的你对一个拥有全世界时间的孩子失去耐心是怎么回事。我也意识到抚育孩子和其他许多事情一样,必须准确地拿捏分寸。父母的有些干涉明显不当，有些则合情合理，但大部分都不太容易清楚地界定。即使是考虑到本书总结过的所有问题，我也必须承认"好好洗完澡之后我们就可以开始讲另外一个故事了"（我的确说过这样的话）听上去和"好好洗完澡之后，我就奖励给你听另外一个故事"似乎并没有什么不同。

然而，尽管我也对孩子做过让步，讲过条件，但我坚守的一条底线是：我可以问心无愧地说，今天我不会收回本书中的任何一个字。我仍然相信我们应该，通常也能够避免对传统的控制性方法的依赖。实际上，尽管父母们有时会不可避免地使用传统奖惩，但让我感到沮丧的主要是和其他一些成人打交道的过程。有的人知道我的女儿已经两岁后会同情地点着头说："那么，我猜她一直都在说不吧？"我的回答是："不，是我们一直在说不。"我的意思是，在女儿眼中我们一定是这样。如果说为人父母教会了我一点什么（除了谦虚之外）的话，那就是我们必须要不断地提醒自己，要从孩子的视角来看待问题。这也是唯一最好的方法，有助于我们避免回到奖励和威胁的老路、把孩子当作一个客体而不是主体。

有人对父母最严厉的批评就是"让孩子自作主张"，这往往意味着这些父母试图让孩子对他们自己的生活有一定的控制权。与此相反，那些让自己的孩子服从的父母则得到了广泛的尊敬。在我们的社会文化背景之下，一个父母所能得到的最高赞赏就是他或者她的孩子"举止得体"（所谓的"温顺"）。当饭店里的陌生人称赞我们的女儿非常"乖"时，他们不是在说她有着令人崇敬的道德感，而是说她不惹人厌烦。难怪人们会宣称放弃对孩子的贿赂和威胁是不现实的，如果我们的目标就是让孩子一辈子照我们说的做的话，这种策略也许就是必需的。

我和妻子会不会因为女儿照我们说的去做而感到高兴呢？当然会。有时我们还会鼓励她那么做。但我们给自己设定的挑战是（尽管我们知道自己也许不能总是达成目标）：超越能买到暂时服从的传统教育方法。我们越是关注长期的目标,希望把孩子培养成一个关爱他人、道德水平高、自信、幸福、有责任感和有思想的人,我们越不可能说出这样的话:"如果你这么做的话我将给你一些好处"、"你给我在外面待一会儿"或者"你必须这么做,因为这是我说的"。

有了孩子以后,一个意想不到的结果就是我和妻子在听到别的父母说"做得好"时更加难受。这种表达以及其他所有类似的说法"……得好",其实是一种口头禅,是一种父母指导综合症的表现,人们会不由自主地对孩子做的每一件事进行评判。(正如前文所言,即使评论是正面的,它也不会改变什么。)父母这么做的动机有时十分可疑,比如父母只是简单地想要强化孩子的某种行为时。而有时却是无可置疑的,比如父母想要表达他们对自己孩子的骄傲和喜悦时。但是,一旦你说完这种有害的经常性的小表扬,它们就会开始对你产生同样的副作用,会让父母们也渴望从孩子们的嘴里听到"表扬得好"之类的话,作为对自己所给予的恭维的回馈。

你可能会纳闷,这样的批评并不能迫使我们为了教育孩子而装腔作势。当孩子大喊大叫时,我们并不会严肃地点点头说:"嗯,我听出了你的愤怒。你想对此进行深入探讨吗?"同样,我和妻子也从不刻意保留对孩子的肯定,我们只是尽量减少带有附加条件的肯定。我们会经常拥抱女儿,让她知道我们很爱她。我们也注意到了她取得的成绩,但我们不会告诉她对自己的成绩应该有什么样的感受,从而偷走了她的快乐。我们不会预先制止,而是让她对自己的所作所为形成自己的评价。当她进行一些新的尝试时,我们会简单地说一句:"你做到了"或者(现在她已经足够大了)问她是怎么做的。在她需要时,我们会给予指导和反馈。我们尽量不去僭取权利,决定她所做的事情是好是坏。从我们经历的每一件事来看,这种方法十分奏效。女儿安比吉尔在感到被欣赏的同时也很为自己感到骄傲,而且也没有沦落为专门喜欢听别人赞美的人。

简言之，我作为一个父亲的经历也充分证实了我在研究、观察、思考、对话和课堂体验基础上得出的结论。（如果事实并非如此的话，这篇后记恐怕要长得多，其余部分则要短得多呢。）我曾说过，与他人一起合作，尽管更困难也更花费时间，但比起单方面地"对他人做什么"（比如提供激励让别人做你想要的事），结果要成功得多。现在我要重申的是：这一结论已经在我自己的家里得到了证实。

这能让所有的人都满意吗？他们一直坚持认为是由于我缺乏做家长的经验才会批评他们使用贿赂和威胁的手段。我的一位朋友，他也是一位十分关注行为操控的心理学家，曾经警告我说："他们会用各种其他说辞来自我防卫的。他们会说，'噢，你有一个女儿，难怪你不需要用奖励的手段，'或者'你当然能应付自如了，因为你只有一个孩子。'但假如你又有了一个孩子，而结论还是这样，他们就会说：'很好，但你有的不是我这样的孩子'。"

他的意思是：不论是一个父亲的经验之谈，还是研究发现的确切数据，都一样不能说服那些不愿意改变的人。我从读者那里收到了令人欣慰的来信：在这些感谢信中，他们讲述了自己是如何放弃奖励的，这一切是如何实行的，他们将如何不会重回旧路，以及他们是如何将这一观点广为传播的，等等。我愿意相信他们的话，相信这本书在他们的转变过程中起到了决定性作用。如果我说人生中的有些事他们必须亲身经历，必须为这些经历做好准备并愿意从中汲取经验，我并不是在故作谦虚。不然的话，他们的反应可能会是不屑一顾或者义愤填膺，就像许多人在读完同样的文字后曾有的反应一样。

在研讨会上和讲座上，我喜欢对人们说：无须为了看到变革的好处而全盘接受我的观点。这并不是一揽子买卖。你不愿意放弃奖励（在家里、学校、公司，在任何地方），但是愿意重新考虑惩罚的意义？很好，做到这一步已经很不错了。你已经承认物质奖励具有破坏性，但还是无法放弃口头奖励？行，就这么做。开着我的列车，能走多远就走多远，想下车的时候就下车。如果没多久你又跳上了列车，变得更加接近"与他人一起做什么"而不是"对他人做什么"的观点了，我们也可以继续这一旅程。

图书在版编目（CIP）数据

奖励的恶果 /（美）艾尔菲·科恩著；冯杨译. ——太原：山西人民出版社，2016.7
ISBN 978-7-203-09714-3

Ⅰ.①奖… Ⅱ.①艾…②冯… Ⅲ.①奖励制度－研究 Ⅳ.①F244.3

中国版本图书馆CIP数据核字(2016)第194782号

版权登记号 04-2016-001

奖励的恶果

著　　者：（美）艾尔菲·科恩
译　　者：冯　杨
责任编辑：贾　娟
装帧设计：陆红强
选题策划：北京汉唐阳光
出 版 者：山西出版传媒集团·山西人民出版社
地　　址：太原市建设南路21号
邮　　编：030012
发行营销：010-62142290
　　　　　0351-4922220　4955996　4956039
　　　　　0351-4922127（传真）　4956038（邮购）
E－mail：sxskcb@163.com（发行部）
　　　　　sxskcb@163.com（总编室）
网　　址：www.sxskcb.com
经 销 者：山西出版传媒集团·山西新华书店集团有限公司
承 印 者：北京市通州兴龙印刷厂
开　　本：655mm×965mm　1/16
印　　张：20
字　　数：260千字
印　　数：1-10000册
版　　次：2016年9月第1版
印　　次：2016年9月第1次印刷
书　　号：ISBN 978-7-203-09714-3
定　　价：48.00元

如有印装质量问题请与本社联系调换